Beck'sche Reihe
BsR 605
Autorenbücher

Ingeborg Bachmann (1926–1973) zählt heute zu den größten Dichterinnen deutscher Sprache in diesem Jahrhundert. Wohl ist ihr lyrisches und erzählerisches Werk Spiegelbild der Verletzbarkeit und Leidenserfahrungen dieser Frau. Aber in ihrem Reichtum, in der beschwörenden Schönheit ihrer Sprache, in der das Entsetzen abwehrenden Härte sprechen die poetischen Bilder weit über die Person der Dichterin hinaus. Peter Beicken ist den Quellen nachgegangen, die neues Licht auf Leben und Werk Ingeborg Bachmanns werfen. Sein Buch ist ein Versuch, den Bildern und Erfahrungsinhalten der Bachmann'schen Lyrik, Prosa und Essayistik deutend sich zu nähern – und die bis heute vorliegenden Urteile über dieses Werk kritisch zu überprüfen.

Peter Beicken, geboren 1943, ist Professor of German an der University of Maryland, College Park, USA. Er hat sich der Literatur der österreichischen Moderne – Kafka – aber auch der Literatur von Frauen – Marieluise Fleisser, Anna Seghers, Christa Wolf – zugewandt.

PETER BEICKEN

Ingeborg Bachmann

VERLAG C.H.BECK MÜNCHEN

CIP-Kurztitelaufnahme der Deutschen Bibliothek

Beicken, Peter:
Ingeborg Bachmann / Peter Beicken. – Orig.-Ausg. –
München : Beck, 1988.
  (Beck'sche Reihe : Autorenbücher ; 605)
  ISBN 3-406-32277-8

NE: Beck'sche Reihe / Autorenbücher

Originalausgabe
ISBN 3 406 32277 8

Umschlagentwurf: Uwe Göbel, München
Umschlagabbildung: R. Piper & Co Verlag München
© C. H. Beck'sche Verlagsbuchhandlung (Oscar Beck), München 1988
Gesamtherstellung: C. H. Beck'sche Buchdruckerei, Nördlingen
Printed in Germany

Inhalt

Vorbemerkung und Danksagung

Ingeborg Bachmanns Werke werden zitiert nach der im Piper Verlag erschienenen vierbändigen Ausgabe ‚Werke' (1978) in der leicht verbesserten ‚Sonderausgabe' (1982) und nach der in Buchform erschienenen Dissertation ‚Die kritische Aufnahme der Existentialphilosophie Martin Heideggers' (1985) (abgekürzt: MH); Bandzahl und Seitenzahl nach dem jeweiligen Zitat. Aussagen Ingeborg Bachmanns werden nach der Sammlung ‚Wir müssen wahre Sätze finden. Gespräche und Interviews' (1983) zitiert (abgekürzt: GuI). Der umfängliche, eingesehene Nachlaß der Dichterin wurde nach Maßgabe schon veröffentlichter Passagen (Suzanne Bothner) in die Darstellung einbezogen, ebenso Materialien aus der Handbibliothek der Dichterin und Aussagen von Ingeborg Bachmann nahestehenden Personen aus dem Film ‚Der ich unter Menschen nicht leben kann' (1980) von Peter Hamm. Die Literatur zu Ingeborg Bachmann findet sich in den Text eingearbeitet und im bibliographischen Anhang auszugsweise den hier dienlichen Zwecken entsprechend zusammengestellt. Ausführlichere Bibliographien bieten Bareiss/Ohloff.

Für freundliche Hinweise, Auskünfte, Unterstützung und Materialbeschaffung danke ich den folgenden Personen, Verlagen und Institutionen: Olga Bachmann, Isolde Moser, Ilse Aichinger, Ingeborg Drewitz, Max Frisch, Hans Werner Henze, Elisabeth Plessen, Otto Bareiss, Frauke Ohloff, Prof. Dr. Robert Pichl (Universität Wien), Dr. Eva Irblich (Österreichische Nationalbibliothek, Wien), Dr. Heinz Lunzer (Dokumentarstelle für neuere österreichische Literatur, Wien), Anna Leube (Piper Verlag), Ernst-Peter Wieckenberg (Beck Verlag), den Abteilungsleitern und Dekanen der University of Maryland, College Park, für Forschungsstipendien und Freisemester, Annelen Kranefuß (WDR Köln), Regine Knierim-

Solibakke; Trude und Leo Bartel, Irene Lazarus, Fritz Berg-
ammer, Lilly und Robert Pick und Kurt Klinger für viele
Wienerfahrungen; Suzy, Sascha und Julie für die große Geduld bei meiner nicht endenwollenden Beschäftigung mit Ingeborg Bachmann.

Für die kritische Durchsicht des Manuskripts danke ich
Peter Schünemann ganz besonders. Gewidmet ist das Buch
dem Nachleben der Dichterin Ingeborg Bachmann.

I. Einleitung

> Dichtern wird man in der Stille gerecht,
> denn wenn alle Deutungen veraltet und alle
> Erklärungen verbraucht sind, erklärt sich ihr
> Werk aus der unverbrauchbaren Wahrheit,
> der es sich verdankt. (IV, 322)

Die Annäherung an Ingeborg Bachmann ist heute – andert-
halb Jahrzehnte nach ihrem Tod – auf neue Weise möglich geworden. Die umfängliche Ausgabe nicht nur ihres dichterischen, sondern auch erzählerischen und essayistischen Werkes
hat eine Grundlage geschaffen, das Urteil zu revidieren, daß
diese Frau nur Lyrikerin gewesen sei. Die vielseitige Neube-
schäftigung mit diesem Werk hat gezeigt, daß der alte ‚Fall
Bachmann‘, dieser von vielen Sensationen, Legenden und
Mißverständnissen umgebene Mythos der Star-Lyrikerin und
Literaturdiva ein Stück Historie geworden ist. Denn trotz der
Nachwirkungen des von den Medien allzu oft und bereitwillig
fortgesetzten Mythos hat sich inzwischen die Einsicht durchgesetzt, daß Ingeborg Bachmann – vergißt man einmal die leidigen Gerüchte und Spekulationen um ihr frühzeitiges und
bestürzend grauenvolles Sterben in Rom im Oktober 1973 –
als eine einzigartige Frau und Autorin vor uns steht, deren
Leben und Werk eine unausweichliche Bedeutung haben: als
die einer der großen Dichterinnen dieser Zeit.

Die Wende, die das Bachmann-Bild entscheidend veränderte, kam nicht mit dem Tod der Dichterin, so sehr damit auch
eine zunächst glanzvoll, dann katastrophal verlaufene Karriere abgeschlossen war. Vielmehr waren es vor allem zwei
Hauptfaktoren, die zur Entdeckung der ‚anderen Bachmann‘
beitrugen. Zum einen machte das Erscheinen der den Nachlaß, vor allem die ‚Todesarten‘-Prosa berücksichtigende vier-
bändige Werkausgabe im Jahre 1978 eine bis dahin kaum

wahrgenommene, geschweige denn anerkannte Vielseitigkeit der als Lyrikerin vereinnahmten Autorin offenkundig. Zum anderen kamen wichtige Perspektiven zur Neuorientierung von Seiten der feministischen Kritik und Literaturwissenschaft, die besonders in Aneignung der theoretischen Impulse zum Diskurs über die Frau die vorher völlig übergangene Problemkonstante des Weiblichen im Werk Ingeborg Bachmanns herausgestellt haben. Was die Dichterin zu Lebzeiten in die Position einer Außenseiterin hatte geraten lassen, wurde jetzt an ihrem erzählerischen und essayistischen Werk als zentrale Fragestellung und als Kunstprinzip erkannt und gewertet: Die „strukturelle Beziehung zwischen Faschismus, Patriarchat, Ethno- und Logozentrismus und die zentrale Rolle der Sprache/Schrift für diesen Zusammenhang, in dem das ‚Weibliche‘ als Verkörperung des verdrängten Anderen den verschiedensten *Todesarten* unterworfen ist." (Sigrid Weigel, ‚Text + Kritik, Sonderband, 5)

Mit der Entdeckung der ‚anderen Bachmann‘ ist die frühere Kritik und Beschäftigung mit der Dichterin, die Peter Conrady aufgrund ihrer zumeist unkritischen Sicht als „fragwürdige Lobrednerei" (Text + Kritik, 1980) bezeichnet hat, jedoch nicht endgültig erledigt. So historisch, ja überholt vor allem die Tageskritik ist: in der Essayistik, in literaturwissenschaftlichen Untersuchungen und in der Literaturgeschichtsschreibung finden sich bei allem längst Veralteten doch auch Aspekte und Einsichten, die noch immer einer Auseinandersetzung wert sind.

Vielfach ist diese Literaturbetrachtung aber im Bann des Mythos der Autorin ahistorisch verfahren und ist bei den Fragen zur Beziehung von Inhalt und Form oft nur zu ungenügenden Ergebnissen gelangt. Nicht selten führte Nachlässigkeit zu unhaltbaren Ansichten und Behauptungen. Das gilt etwa für die in der Tageskritik, der Essayistik und sogar in literaturwissenschaftlichen Beiträgen vertretene Auffassung, Ingeborg Bachmann sei von der Philosophie Martin Heideggers abhängig, während doch die Dichterin und promovierte Philosophin beteuert hat: „Ich habe gegen Heidegger dissertiert!

Denn ich habe damals gemeint mit zweiundzwanzig Jahren, diesen Mann werde ich jetzt stürzen!" (GuI, 137) Bernhard Böschenstein hat sich deshalb unlängst zu Recht gegen die bequemen Interpreten der Dichtung Ingeborg Bachmanns gewandt, die sich ihr „Rüstzeug bei Martin Heidegger" holen, weil sie von dieser Dissertation wissen, ohne aber zu erkennen, daß sie als „Destruktion" beabsichtigt gewesen ist.

Eine nachgetragene Protektion anderer Art ließ Heinrich Böll der Verstorbenen zuteil werden. Er richtete sich gegen jene Bachmann-Fama, die über den Tod der Dichterin bis in die Einzelheiten der Ursachen bescheid zu wissen vorgab und behauptete, ihr Sterben sei die Konsequenz einer literarischen Selbststilisierung gewesen: „Sie starb, als wär's von ihr erdacht" verkündete selbstgewiß einer der vielen Nachrufe. (Bildzeitung, 18.10.1973. Ausgabe Berlin) Nicht minder spekulativ unterstellte Günter Grass in einem Gedicht zum Sterben der Dichterin, Ingeborg Bachmann habe zeitlebens viele „Todesarten" ausprobiert, bis „die letzte paßte." (‚Todesarten', Die Zeit, 26.10.1973, 18) Auch Hans Weigel, der frühe Entdecker, Förderer und vorgebliche Bachmann-Intimus, der der Dichterin eine „Gravitation nach dem Unglücke", „Lust am Untergang" und ein „Übermaß der Leidseligkeit" nachsagen zu müssen glaubte, ließ verlauten: „Sie hat ihr Leben lang den Tod gesucht, den sie in Rom gefunden hat." (Weigel, 18 f.) Gegen derartige Spekulationen setzte Böll seine Bedenken: „Ich wehre mich gegen etwas, das leicht gesagt ist: der Tod habe sie erlöst. Nein, diese Art der Erlösung suchte sie nicht." (Der Spiegel, 22.10.1973, 206).

In welcher Weise bei der Betrachtung von Ingeborg Bachmanns Werk ein Wandel eintreten konnte, zeigt sich an der Beschäftigung Christa Wolfs mit der Dichterin. In ihrem ersten, aus der Mitte der sechziger Jahre datierenden Essay bestimmte sie als Zentrum im Vorstellungsbereich der Autorin „die Frage nach der Möglichkeit der moralischen Existenz des Menschen." Sie wies Ingeborg Bachmann aber zugleich aus sozialistischer Sicht „eine äußerste Position in der heutigen bürgerlichen Literatur" zu, eine vorgewagte Stellung in dem

„Versuch, humanistische Werte gegenüber dem totalen Zerstörungstrieb der spätkapitalistischen Gesellschaft zu verteidigen." (Lesen und Schreiben, 178) Ihre historische Perspektive zur Anwendung bringend, urteilt Christa Wolf, Ingeborg Bachmann sei es nicht gelungen, aus ihrer „Einkreisung" auszubrechen und „den ‚Rahmen des Gegebenen' zu sprengen". Erst wenn das erreicht sei, beginne, „auf neuer gesellschaftlicher Grundlage ... wirklich die ‚Verteidigung der Poesie'". Deutlich wird hier die Notwendigkeit einer sozialistischen Veränderung zur Grundlage einer Poesie mit Zukunft gemacht.

Kaum ein Jahrzehnt später, in ihren Frankfurter Poetik-Vorlesungen (1983), hat Christa Wolf, ausgehend von ihrer Vorstellung einer *subjektiven Authentizität,* die radikale Identität von schreibendem Subjekt und literarischer Figur bei Ingeborg Bachmann so bestimmt: „Die Bachmann aber *ist* jene namenlose Frau aus ‚Malina', sie *ist* jene Franza aus dem Romanfragment, die ihre Geschichte einfach nicht in den Griff, nicht in die Form kriegt." (Voraussetzungen, 151) Das darf nicht im üblichen Sinne als Umsetzung der Biographie ins Werk und als transparente Autobiographie im Erzählten verstanden werden. Auch liegen diese Beobachtungen nicht auf der Linie der in der Frauenbewegung beliebten Erfahrungs- und Selbstverständigungstexte, in denen es weit eher um unmittelbare, autobiographisch-direkte Leidens-Schmerz- und Passionsbücher geht. Die Schreibarbeit Ingeborg Bachmanns zielt nicht nur auf eine Widerspiegelung der im Innern angerichteten Zerstörung ab, sondern läßt auch eine disziplinierte Kompositionsarbeit erkennen, die im Versuch, neue künstlerische Verfahren zu entwickeln, die vorgegebenen Ordnungsmuster der patriarchalischen Erzählkonventionen „zerschreibt". (S. Weigel)

Christa Wolf, ohne die radikalen Verschiebungen in Ingeborg Bachmanns Erzählweise zu verkennen, sieht ihren „Rang als Künstlerin" eben auch darin, „daß sie die Erfahrung der Frau, die sie ist, nicht in ‚Kunst' ertöten kann." (Voraussetzungen) Die sprachliche Formung und künstlerische Gestaltung überwinden also nicht das Leiden, Kunst kompensiert nicht das, was Christa Wolf bei Ingeborg Bachmann als „Besessenheit" erkennt. Von diesem die bisherige Kunstproduktion unversöhnlich unterlaufenden authentischen Schreiben sagt sie: „Eine neue Art Spannung scheint da um Ausdruck zu ringen, in Entsetzen und Angst und in schlotternder Verstörtheit. Nicht einmal Trost, daß dies noch formbar wäre; nicht im herkömmlichen Sinn."

Tröstet und erlöst die Kunst nicht mehr, so kann auch die Künstlerin nicht mehr aus männlicher Sicht als „Märtyrer" (Peter Hamm, Der Spiegel, 5.6.1978) in Beschlag genommen werden. Marlies Janz hat in Abwehr ähnlicher Verstehensversuche von feministischer Seite die Stilisierung Ingeborg Bachmanns „zum Typus der hoffnungslos leidenden Frau" kritisiert und ein vernachlässigtes dialektisches Moment hervorgehoben: „Aus der Perspektive ihrer angeblich ach so tragischen Biographie gelesen, werden ihre Texte mißverstanden als Traueranzeigen für die Unterdrückung, den Ausschluß, die Identitätslosigkeit, den Tod der Frau – als ob diese Texte als veröffentlichte, gelesene und anerkannte Literatur nicht *auch* das Gegenteil beweisen würden: den erfolgreichen Widerstand gegen den Ausschluß und die Anonymisierung der Frau." (Haltlosigkeiten, 32)

Gegen die bequeme Reduzierung des Werkes auf ein biographisches Schema, bei dem die Klischeevorstellungen der Tageskritik nachwirken und das sich mit dem Nachweis authentisch verstandener Erfahrungssuche begnügt, macht Janz Literatur- und Kunstanspruch im Werk Ingeborg Bachmanns geltend. Daraus wird deutlich, daß trotz der negativen geschlechtsspezifischen Erfahrungen, die bei Ingeborg Bachmann stofflich, inhaltlich und thematisch vorwiegen, die künstlerische Gestaltung den Wert der Aussagen mitbestimmt. In den leidenden Frauengestalten ist jenes Wesen dargestellt, das sich, auch im Scheitern, zu behaupten wagt, etwa in dem Sinne wie die Dichterin von der Sängerin Maria Callas sagte: „Sie ist noch immer gescheitert, aber nie klein gewesen." (IV, 342)

Die Differenzierungen der innerfeministischen Kritik – so etwa hält es Irmela von der Lühe für bedenklich, „Dichtung als gelungenes Abbild der eigenen Identität, Literatur als Programm, als Therapie gegen zerstörte weibliche Identität, als bloßen Ausdruck persönlicher und sogenannt geschlechtsspezifischer Erfahrungen" anzusehen (Courage, Sept. 1983) – verweisen nicht nur auf den Kunstanspruch Ingeborg Bachmanns; sie machen auch deutlich, daß ihre Dichtung nicht als eine erstarrte Opferpose betrachtet werden kann. Gegenüber der einseitigen Hervorhebung des Leidensaspekts sei auch eingewandt, daß die Dichterin selbst in ihrer berühmten Rede an die Kriegsblinden ‚Die Wahrheit ist dem Menschen zumutbar' beteuerte: „daß unsere Kraft weiter reicht als unser Unglück, daß man, um vieles beraubt, sich zu erheben weiß." (IV, 277)

Diese Solidarisierung mit den wirklichen Opfern spricht nicht nur zuversichtlich über die unverlierbare Stärke der Menschen, sondern redet auch dem Geist der Erhebung das Wort. Ingeborg Bachmann hat sich zeitlebens geweigert, als Schriftstellerin ihre Verantwortung gegenüber einer der Wahrheit verpflichteten Sprache und Dichtung aufzugeben und an den zeitgenössischen Phrasen, an der Korrumpierbarkeit des Denkens im mediengenehmen Jargon teilzuhaben. Sie stand auch im Widerspruch zu den restaurativen Tendenzen in ihrem Heimatland Österreich und in der BRD der Adenauerzeit. Aus dem Grenzbereich kommend, hat sie von ihrem Land nicht als Nation gesprochen, sondern vom Haus Österreich, ohne damit dem Habsburger Mythos das Wort zu reden. Denn so wie sie die Grenze als Aufforderung zum Überschreiten, als Verbindung getrennter Bereiche verstand, sah sie im Haus Österreich das Gemeinsame des in die Zukunft weisenden Erbes jener Grenzgänger des Geistes und der Kultur, die jeweils eine neue Denkart hervorgebracht hatten: Karl Kraus, Sigmund Freud, Ludwig Wittgenstein, Robert Musil, Franz Kafka, Joseph Roth. In der geistigen Verwandtschaft mit diesen Neuerern und Bewahrern erfüllte sich für Ingeborg Bachmann die Verbundenheit mit ihrem Land und der Menschengemeinschaft im Hause Österreich.

Ziel dieses Buches ist es, die vielfältigen Impulse neuerer Forschung und Kritik aufnehmend, sich der Dichterin Ingeborg Bachmann auf eine Weise zu nähern, die nicht mit ‚Vereinnahmung‘ zu verwechseln ist. Unter Einbeziehung der sich weiterentwickelnden Deutung, profitierend von der philologischen Forschung und differenzierenden Einzeluntersuchungen, möchte ich die Persönlichkeit der Autorin aus den mir bekannten Lebensumständen und den bislang vorliegenden Zeugnissen soweit Gestalt annehmen lassen, daß der einzigartige Bezug zum Werk sich abzeichnet. Aus der ‚Geistigen Autobiographie‘ dieser radikal sich Neuland erschreibenden Schriftstellerin und ihrem Werk sollen in wechselseitiger Erhellung Lebensgang und Kunstprinzip verdeutlicht werden. Dieses an großen Schönheiten, an kühnen Vorstellungen, anmutigem Denken und erregenden Hoffnungen so reiche Werk der Dichterin möchte ich so darstellen, wie ich es verstehe: als ein im Gelungenen Glück verbreitendes, als ein im Scheitern seine Größe nicht verleugnendes. Gewürdigt werden soll die zukunftsgerichtete Anstrengung einer Künstlerin, die immer bedroht war vom Versehrtwerden, zum Schluß zertrümmert von den übermächtigen Gewalten der Zeit.

II. Kindheit und Jugend (1926–1945)

1. Befangenheiten

> Immerzu müssen wir uns und alles, was wir
> tun, wünschen, denken, begründen; das Le-
> ben, wie wir es seit Jahrtausenden leben, ist
> nichts Selbstverständliches (...) (IV, 335)

Ingeborg Bachmann dachte, wenn sie über ihr eigenes Leben
nachdachte und zu einer allgemeineren Einsicht gelangte, in
Zusammenhängen über lange Zeiträume hinweg. Sie wies
dann auf die Geschichte hin, auf all das, was menschliches Leben bestimmt und zum Gegenstand von Überlegungen, Fragen und auch Wunschvorstellungen macht.

Das Leben der Dichterin ist ebenfalls als etwas zu verstehen, das in einen Zusammenhang gehört, der Selbstverständli-
ches fragwürdig gemacht hat. Dieses Leben ist vor allem von
seinem Ende her zu verstehen. Denn das Sterben in Rom, dieser in mancher Hinsicht von ungeklärten Umständen umgebene Unfalltod nimmt dem Werdegang und Lebenslauf der
Dichterin das Selbstverständliche. Es bleibt der Eindruck einer
ungewöhnlichen, einer außerordentlichen Entwicklung, die
diese Persönlichkeit als Ausnahmefall erscheinen läßt. Zugleich ergibt sich dabei die Vermutung, daß dieser Tod die
Konsequenz eines zum Scheitern geradezu hindrängenden
Lebens gewesen sei. Zu verstehen aber eher in dem Sinne, daß
das Leben zum Scheitern verurteilt worden ist durch die Ver-
kehrung des Lebbaren ins *Unlebbare*.

Daß dieses *Unlebbare* mit dem Unverstand der Zeit, mit den
Rückständigkeiten einer sich immer wieder auch gehässig der
Weiterentwicklung widersetzenden gesellschaftlichen Umwelt

zu tun hat, läßt eine fragmentarische Aufzeichnung Ingeborg Bachmanns erkennen. Ein offensichtlich gegen die im Aufbruch befindliche Jugendbewegung der Endsechziger Jahre gerichtetes Vorurteil wird in den Satz eingearbeitet: „Jede Jugend ist die dümmste." Einer Aufzählung weiterer Denunziationen dieser auf Veränderung drängenden Jugend folgt als Fazit das resignierte, bittere Eingeständnis der Autorin: „Ein Gang ums Hauseck ist angetan, einen wahnsinnig zu machen. Die Welt ist eine Krankheit geworden." (IV, 334) Der Vorwurf, der in dieser Feststellung eingebettet liegt, läßt das Leben als eine Krankheit zum Tode erscheinen, eine Krankheit, herbeigeführt von der Widernatürlichkeit der Welt.

Leben und Werk Ingeborg Bachmanns machen auf vielfache Weise befangen. Ein Hauptgrund dafür liegt sicher darin, daß von einem bestimmten Punkt ihres literarischen Durchbruchs an ihre Lebensumstände sehr nachteilig auf den Aufnahmeprozeß des Werkes bei Lesern und Kritikern gewirkt haben. Die vielberufene Lobpreisung der Autorin und der übermäßige Starkult haben ein wirkliches Verstehen ihrer Dichtung beeinträchtigt und auch falsche Momente bei der Betrachtung der autobiographischen Züge im Werk ins Spiel gebracht. Die aus der Biographie stammenden persönlichen Elemente finden sich in Ingeborg Bachmanns Werk als gestaltete Subjektivität vermittelt. Es handelt sich also nicht um durchsichtige Darstellungen eines bloß Privaten, auch wenn man die „personale Botschaft des Werkes" (Neumann, Vier Gründe) betont hat. Christa Wolfs Gleichsetzung von Autorin-Ich und Ich-Figur für den ‚Todesarten'-Zyklus, bezieht sich auf die verarbeitete subjektive Authentizität und lädt deshalb den Leser nicht unbedingt dazu ein, die Werke als verschlüsselte Autobiographie aufzunehmen. Die selbstverständliche Beziehung von Schreib-Ich und Fiktions-Ich, die bei autobiographischen Werken Voraussetzung ist, erscheint bei Ingeborg Bachmann als Unselbstverständliches.

Die besondere Weise jedoch, in der die „Weiblichkeit der Dichterin und ihr Sterben" (Neumann, Vier Gründe) die Aufnahme ihres Werkes gesteuert haben, legt einen einzigartigen

Zusammenhang von Leben und Dichtung, Biographie und Kunstwirklichkeit nahe, der hier unter dem Gesichtspunkt der *verletzten Subjektivität* betrachtet werden soll. Während in der autobiographisch bestimmten Literatur häufig eine mehr oder weniger geradlinige Umsetzung der Lebenswelt in die Fiktion stattfindet, sind bei der verletzten Subjektivität starke Verschiebungen festzustellen. Hier geht das lebensweltliche Material nicht unmittelbar ein in die Dichtungswirklichkeit – als literarischer Ausdruck etwa –, sondern alles an Leidenserfahrung und seelischer Verletzung, was in die Dichtung eingeht, unterliegt einem Prozeß der Veränderung, der von Schutzmaßnahmen, Verdrängungskräften und Selbstzensur mitbestimmt wird. So gelangt die Darstellung qualvoller Erlebnisse nicht unverzerrt ins literarische Werk. Selbst bei einem so autobiographisch ausgerichteten Schriftsteller wie Franz Kafka, der sein Schreiben ganz aufs Abbilden seiner Innenwelt konzentrierte, erscheint die Lebenswelt im Werk verschoben und entstellt, und das Persönliche wird zum Ausdruck des entfremdeten Subjekts. Ingeborg Bachmanns verletztes Selbst ist als identifizierbar Biographisches seltener nachzuweisen, denn das Persönliche findet sich in ihrem Werk aufgehoben in der Darstellung der Verletzungen. Wie denn auch der Titel ‚Todesarten' das Prinzipielle einer negativen Existenz und destruktiver Verfahrensweisen im Lebenszusammenhang eindringlich in den Mittelpunkt stellt.

2. Verletzte Subjektivität

„Die erste Erkenntnis des Schmerzes."
(III, 25)

Die besondere Verwundbarkeit Ingeborg Bachmanns, die in ihrem Werk und ihren Lebenszeugnissen auf so vielfältige Weise zum Ausdruck kommt und zur Sprache gebracht wird, scheint vor allem in zwei Hauptrichtungen zu deuten. Die eine läßt sich aufgrund einer hochempfindlichen Persönlichkeitsveranlagung als Bereich der Kränkung bestimmen. Die andere weist auf die besondere Betroffenheit, mit der Ingeborg Bachmann auf historisches Geschehen reagiert hat. Denn bei ihr ist unverkennbar die intensiv erlebte Zeiterfahrung, die auf ihre schockempfindliche Sensibilität traumatisierend gewirkt hat. Zu diesem schon in der Jugend entwickelten Schmerzbewußtsein tritt die innerseelische Verletzbarkeit im Persönlichen, so daß zum Komplex der verletzten Subjektivität, die an der vorwiegend gesellschaftlich bestimmten Geschichtserfahrung leidet, die Kränkung als menschliches Trauma hinzukommt. Die vielzitierte Zeile aus dem Gedicht ‚Exil‘ (1957), die verzweifelt und emphatisch, aber auch mit deutlicher Polemik ausruft: „Der ich unter Menschen nicht leben kann!" (I, 153), zieht eine klagende Summe aus der doppelten Unmöglichkeit, zu leben, für die die Überwältigung durch die Geschichte und die persönliche Schmerzerfahrung verantwortlich zu machen sind.

So sehr auch die Schmerzerfahrung durch das Geschichtserleben, durch den Alltag des Faschismus, durch Kriegszeit und beengendes Kleinbürgerleben intensiviert wurde, diesem Bereich der Verletzungen stand doch etwas anderes gegenüber, das sich bei Ingeborg Bachmann als Lebenswille, Stolz, Mut zur unbedingten Wahrheit und Sehnsucht nach dem Unversehrbaren geäußert hat. Gerade diese anderen Elemente ihrer Persönlichkeit und geistigen Verfassung ergaben einen außergewöhnlichen Absolutheitsanspruch, der die Welterfahrung und Lebensführung der Dichterin noch konfliktreicher gestaltete, als es ihre ohnehin spannungsvolle innere Lebenswelt in Aussicht stellte.

Ingeborg Bachmanns charakteristische Verschränkung von Überwältigtsein und Lebenszauber, von Zerstörtsein und innerem Aufschwung ist wohl am Eindrucksvollsten reflektiert in dem autobiographischen Schlüsseltext ‚Jugend in einer österreichischen Stadt‘ (1959), der in einzigartiger Weise der poetischen Selbstverständigung zwei Hauptfragen der Existenz der Dichterin vornimmt, die Erforschung der eigenen Kindheit und die Abrechnung mit der entstellenden Zeit. Die poetische Dichte dieses Erzähltextes mit seiner lyrisch-elegischen Stimmung darf nicht darüber hinwegtäuschen, daß es sich um einen zugleich reflektierenden Erinnerungsversuch handelt, der eine sehr persönliche Trauerarbeit im Hinblick auf die verlorene Kindheit und auch den Verlust der Heimat unternimmt.

Anders aber als ein anderer berühmter Versuch, die Kindheit zu erinnern, Walter Benjamins ‚Berliner Kindheit um Neunzehnhundert‘ (1932/33), der ebenfalls im Sinne eines Denkbildes sich der eigenen Kindheit vergewissert, nennt Ingeborg Bachmann ihren Text mit einem verallgemeinernden Anspruch „Jugend". Und diese Verschiebung vom rein Persönlichen und der Periode der Kindheit zum Begriff der Jugend verfolgt eine Absicht, die sich als Abwehr einer zu großen Nähe zur eigenen Vergangenheit verstehen läßt. Es verwundert deshalb auch nicht, daß in dem erzählerischen Rahmen am Anfang und Ende ein Ich spricht, aber in dem rückerinnerten Kindheitsteil durchweg von den „Kindern" gesprochen wird. Daß der Begriff der Jugendlichen überhaupt nicht auftritt, muß nicht eigens betont werden. Dieser eigentümliche Vorgang, daß das erzählende Ich im Erinnerungsteil nicht als Sprechender und schon gar nicht im Sinne einer Identifikation mit der Autorin als Sprechende auftritt, läßt eine Distanz erkennen, die das unwiederholbar Ferne der Kindheit und damit ihren unwiederbringlichen Verlust deutlicher macht. Während die Erlebniswelt der durchweg nur im Plural auftretenden Gruppe der „Kinder" geschichtlich und damit vergangen ist, kann das Ich im Rahmen etwas Überzeitliches beschwören: „Wer möchte drum zu mir reden von Blätterfall und vom weißen Tod, angesichts dieses Baums, wer mich hindern, ihn mit Augen zu halten und zu glauben, daß er mir immer leuchten wird wie in dieser Stunde und daß das Gesetz der Welt nicht auf ihm liegt?" (II, 84)

Die Magie des Baumes liegt in seiner Leuchtkraft für das Erinnern, denn wie bei einer Epiphanie tritt in Erscheinung, was sonst in der Welt unsichtbar bleibt. Das Bild dieses strahlenden Baumes kündet von der Überwindung des Vergänglichen und der Zeit. Das wird der Dichterin besonders schmerzhaft am Ende bewußt, wenn sie sich ihres Fremdseins in der Kindheitsstadt innewird. Ihr weibliches Ich in der literarischen Rede verdrängend notiert sie: „Ein Durchreisender, dem niemand seine Herkunft ansieht." (II, 93) Der wunde Punkt liegt hier wohl darin, daß die Heimatstadt nicht einfach ferngerückt ist, sondern daß umgekehrt zum Heimatverlust das Vergessenwerden tritt. Darauf läßt sich Heinrich Bölls Wort von Ingeborg Bachmann als einer „Heimatvertriebenen" anwenden.

Vergessenwerden bedeutet namenlos werden, enterbt werden. Gegen beides hat sich die Dichterin in ihrer Kindheitserinnerung gewehrt. Sie hat den Ort und die Zeit und damit auch die Welt zurückgerufen und sich weiderangeeignet, die unverbrüchlich ihre bleibt. Diese Inbesitznahme muß die Verwundung der Welt durch Krieg und Zerstörung aufheben und heilen. Das geschieht durch eine poetische Beschwörung, die Sprachzauber und Naturmagie zugleich ist. Auf einen Abschnitt, der die Wirkungslosigkeit der Stadtdenkmäler, ihre lächerliche Monumentalität angesichts der jüngsten Vergangenheit konstatiert, folgt ein epiphanischer Dreischritt, ein Anruf sondergleichen an die Stadt, die befreit wird vom schlimmen Geschehen der Nazi-Vergangenheit und des Krieges. Hier zunächst der Nachweis der Unbrauchbarkeit historischer Monumente in Zeiten ungeahnter geschichtlicher Not: „Der heilige Georg steht auf dem Neuen Platz, steht mit der Keule, und erschlägt den Lindwurm nicht. Daneben die Kaiserin steht und erhebt sich nicht." (II, 92)

Das bekannte Wahrzeichen Klagenfurts, das aus dem sechzehnten Jahrhundert stammende Lindwurmdenkmal, erweist sich in dieser Sicht nicht als Zeichen der Kraft zur Überwindung des Bösen oder der Bedrohung, sondern der die Keule hinter seinem Rücken haltende Lindwurmtöter wird für Ingeborg Bachmann zum Sinnbild der Unfähigkeit, einer – geschichtlichen – Gefahr angemessen zu begegnen. Ebenso zum Symbol der Unfähigkeit wird das Standbild der Kaiserin Maria Theresia. Die Kritik der Dichterin richtet sich aber wohl eher gegen jene, die in diesen Standbildern ihren eigenen geschichtlichen Auftrag und ihr Erbe verkörpert sehen. Und diese Nachfahren haben ihre Unfähigkeit und Unwürdigkeit in der faschistischen Zeit nur zu deutlich bewiesen. Denn Einverständnis mit den Nazi-Machthabern oder aber Mitläufertum oder nur ängstliches Stillhalten haben keinen heroischen Mut und keine Widerstandskraft aufkommen lassen. So beschwört der nächste Abschnitt dieses den Kindern auferlegte Schweigegebot in seiner verhängnisvollen Auswirkung: „O Stadt. Stadt. Ligusterstadt, aus der die alle Wurzeln hängen. Kein Licht und kein Brot sind im Haus. Zu den Kindern gesagt: Still, seid still vor allem." (II, 92)

Kein Wunder, daß sich das Gefühl des Eingekerkertseins ergab und zugleich das Bewußtsein entstand, daß man um die märchenhaften Dimensionen der Kindheit betrogen wurde: „In diesen Mauern, zwischen den Ringstraßen, wieviel Mauern sind da noch? Der Vogel Wunderbar, lebt er noch? Er hat geschwiegen sieben Jahr. Sieben Jahr sind um. Du mein Ort, du kein Ort, über Wolken, unter Karst, unter Nacht, über Tag, meine Stadt und mein Fluß. Ich deine Welle, du meine Erdung." (II, 92)

Der Sinn dieser beschwörende Sprache, die auch die sieben Jahre vom Anschluß Österreichs an das Deutsche Reich 1938 bis zum Ende des Zweiten Weltkrieges 1945 in fast märchenhafte Bilder faßt, liegt wohl darin, dieser Welt des geschichtlichen Schreckens eine Gegenwelt gegenüberzustellen, um die Vision einer vom Albdruck befreiten Zeit und Natürlichkeit zu beschwören: *Welle und Erdung.*

Anders als in der landläufigen Rede, die besagt, man solle Gras über die Geschichte wachsen lassen, wird metaphorisch der geschändeten Natur durch Identifizierung mit ihr („Ich deine Welle, du meine Erdung") ihr altes Recht zurückgegeben.

Noch etwas anderes aber bekommt in diesem Zusammenhang besondere Bedeutung: die Namengebung. Nachdem eine Vielzahl von Straßen, Gassen und Plätzen von den Nazis umbenannt worden war, gibt ihnen die Dichterin hier die ursprünglichen Namen zurück, um den faschistischen Eingriff in den Gang der Geschichte, der sich mit diesen ehrwürdigen Namen verbindet, gleichsam rückgängig zu machen. Es ist ein Versuch selbstbewußter Geschichtskorrektur und Vergangenheitskritik und zugleich ein Beispiel ältester Inbesitznahme durch die Benennung: „Stadt mit dem Viktringerring und St. Veiterring ... Alle Ringstraßen sollen genannt sein mit ihren Namen wie die großen Sternstraßen, die auch nicht größer waren für Kinder, und alle Gassen, die Burggasse und die Getreidegasse, ja, so hießen sie, die Paradeisergasse, die Plätze nicht zu vergessen, der Heuplatz und der Heilige-Geist-Platz, damit hier alles genannt ist, ein für allemal, damit alle Plätze genannt sind. Welle und Erdung." (II, 92)

Aus dieser bloßen Aufzählung der Namen kann man ermessen, mit welchem Schmerz, mit welcher Liebe die Dichterin ihrer Heimat gedenkt, wie bitter für sie die Trauerarbeit der Reinwaschung ist.

Kann man die Verleugnung des Wortes Kindheit im Titel – nur von der „Jugend" ist die Rede – als Geste der Verweigerung des Schmerzes über die dem Kind aufgebürdeten Leiden erkennen? Die Jugend hat von ihnen schon einen gewissen Abstand gewonnen, wie denn die Dichterin als Erwachsene schon zur Fremden geworden ist. Das führt am Ende dieses erregend unsentimentalen, dafür aber umso betroffener machenden Textes zu dem resignierten, fast verzweifelten Eingeständnis, daß die Kindheitswelt kein glückbringendes Erbe und die Heimatstadt kein Ruhepol innerer Zuversicht hat werden können. Dieser Erkenntnisaugenblick bringt das Gefühl überwältigender Scham und Verzweiflung („das Gesicht in die Hände geben"), aber auch die Resignation: „Man weiß dann, daß alles war, wie es war, daß alles ist, wie es ist, und verzichtet, einen Grund zu suchen für alles. Denn da ist kein Stab, der dich berührt, keine Verwandlung. (...) Im bewegungslosen Erinnern vor der Abreise, vor allen Abreisen, was soll uns aufgehen? Das Wenigste ist da, um uns einzuleuchten, und die Jugend gehört nicht dazu, auch die Stadt nicht, in der sie stattgehabt hat." (II, 93)

Wie ein Widerruf wird die Anteilnahme an der eigenen Kindheit und an dem Ort, den es wiederherzustellen galt, wenn nicht in der historischen Zeit, so doch im eigenen Vorstellungsbild mit dem Anspruch auf Dauer, „ein für allemal", in Frage gestellt, wird sogar die Möglichkeit, aus dem Vergangenen zu gültigen Schlüssen zu kommen, bezweifelt. Doch dann ist es das eingangs errichtete Lichtsymbol des Baumes, von dem wieder eine magische Wirkung ausgeht: „Nur wenn der Baum vor dem Theater das Wunder tut, wenn die Fackel brennt, gelingt es mir, wie im Meer die Wasser, alles sich mischen zu sehen: die frühe Dunkelhaft mit den Flügeln über Wolken in Weißglut; den Neuen Platz und seine törichten Denkmäler mit einem Blick auf Utopia; die Sirenen von damals mit dem Liftgeräusch in einem Hochhaus; die trockenen Marmeladebrote mit einem Stein, auf den ich gebissen habe am Atlantikstand." (II, 93)   Mit der Erinnerung an die unselige Vergangenheit, die Gefangenschaft, tatenloses Ausgeliefertsein und Kriegsschrecken in einem bedeutete, bringt der Wunderbaum der Erkenntnis auch die Elemente der Gegenwelt: die Erfahrung inneren Aufschwungs, den Blick aufs Utopische. Dennoch wird das Traumatische, das zurückliegt, nicht verdrängt, sondern es erweist seine Gegenwart unvermindert. Noch im leisen Surren des Liftgeräuschs überlebt das Sirenengeheul der Kriegszeit, und der entbehrungsreiche Kleinbürgeralltag der Kindheit setzt sich fort in der unterschwelligen Kontinuität, die etwa in den Essensmetaphern aufscheint: Das kleine Kinderglück vom einfachen Leben mit dem „trockenen Marmeladebrot" wird zum Bild für das in der Kindheit nicht unmittelbar wahrgenommene Entbehren, während der Biß auf den Stein das schlechthin Unverdauliche ins Bewußtsein hebt. Europa im Rücken, die Weite des Atlantiks vor Augen, in dieser Situation gibt Ingeborg Bachmann einen bei ihr nicht verwundernden Zorn auf die Realität zu erkennen, der diese Mischung aus Trauer und Schock, aus Melancholie und Bitterkeit durch eine trotzige Selbstbehauptung beenden will.

Ingeborg Bachmanns Kindheitsvergegenwärtigung macht

die zentralen Früherfahrungen der Dichterin greifbar, die ihre verletzte Subjektivität verständlich machen. Die Last der Geschichte, das Kriegstrauma und die Verwundung durch die Zeit des Faschismus stehen im Mittelpunkt. Aber dieser Welt des Schmerzes stehen Kräfte entgegen, das naturmagische Erleben, schöne Bilder, die Sehnsucht nach dem Utopischen und die erhebenden Gefühlswelten, wobei der Sprache Zauberkräfte zugesprochen werden mit Verwandlungsfähigkeit, so wie das intensiv Geschaute den Charakter des Epiphanischen bekommt.

3. Bestimmte Momente

Die Einsicht in die verletzte Subjektivität, sei sie durch das Erlebnis der faschistischen Alltags- und Kriegswelt oder durch das Trauma von Erlebnissen in der Kindheit begründet, die auf die Erfahrung von gewöhnlicher Lieblosigkeit und Kränkung zurückgehen – Ingeborg Bachmann hat diese Problemkonstanten ihres Lebens in eindringlichen Erinnerungsbildern gestaltet und ihre Schrecken immer wieder gezeigt.

Während Ingeborg Bachmann in Interviews *gesprächsweise* auf ihre zentrale Geschichtserfahrung und deren verheerende Wirkung eingegangen ist, so erscheint die Erfahrung der Lieblosigkeit und Kränkung vorwiegend unmittelbar im Werk selbst. So sind unverkennbar autobiographische Elemente in den ‚Malina‘-Roman einmontiert, die im Zusammenhang der Fiktion durchaus den biographischen Materialcharakter nicht verleugnen. Es sind auf ihre Weise „Injektionen von Wirklichkeit" (III, 45) in die erzählte Welt. Bausteine der Biographie der Autorin, als solche wenig verschleiert.

Ingeborg Bachmann hat in ‚Malina‘ von ihrer „verschwiegenen Erinnerung" im Gegensatz zu den nur „gewöhnlichen Erinnerungen" gesprochen, von denen sie eine Reihe zum Besten gibt, die den äußeren Lebenslauf in Klagenfurt betreffen, etwa die Einschulung in die Bismarckschule, wo sie das „Einmaleins noch einmal lernen" (III, 24) mußte, das sie doch schon auswendig wußte. Ein kleiner Fall von Gekränktwerden, wenn man so will, wie auch die nächste Einzelheit, die etwas für die Biographie der Dichterin Wichtiges aufgreift: den Religionsunterricht, der sie mit einer anderen Mitschülerin von der katholischen Mehrheit völlig absondert. Wie aus Protest gegen ihre damalige Schulerfahrung hat die Autorin an der Tür des inzwischen geschlossenen Ursulinengymnasiums später „noch einmal gerüttelt." (III, 24) Die „gewöhnliche Erinnerung" tritt die Flucht zurück in die Zeit an, als es um das „Stück Torte nach der Aufnahmeprüfung" ging, also um eine Belohnung, aber das wird verdrängt von einer „verschwiegenen Erinnerung", das erste Liebeserlebnis am „Anfang der Seepromenade des Wörthersees", wo die Neunzehnjährige „zum erstenmal geküßt worden" ist. Aber „von dem Fremden", wie es bezeichnend heißt, sind weder Gesicht noch Namen in Erinnerung. Geblieben ist dagegen das deutliche Bewußtsein von Liebe und Verrat. Der Fremde, dem sie wie noch erinnerlich Lebensmittelkarten geschenkt hat, ist nicht mehr zurückgekommen am nächsten Tag, „denn er war eingeladen bei der schönsten Frau in der Stadt, die mit einem großen Hut durch die Wienergasse ging und wirklich Wanda hieß." (III, 24) Gegen eine solche Nebenbuhlerin mit dem „sicheren Gang einer Frau von fünfunddreißig Jahren" hat die Neunzehnjährige, der auch die Damenattribute „Hut" und „Parfüm" fehlen, keine Chancen.

Wie um diese Niederlage und Niedertracht in der Liebe, dieses Gekränktwerden zu einem Gesetz der Serie zu erweitern, holt die isolierende Erinnerung in „Großaufnahme" eine noch frühere Schmähung, eine in ihrem seelischen Ausmaß einzigartige Verwundung in den Blick. Die Sechsjährige wird auf dem Nachhauseweg von der Schule von einem älteren Buben angerufen, und dieser Anruf auf der kleinen Brücke über die Glan ist wie ein Weckruf für den kindlichen Eros des Mädchens: „Die Worte sind nicht vergessen, auch nicht das Bubengesicht, der wichtige erste Anruf, nicht meine erste wilde Freude, das Stehenbleiben, Zögern, und auf dieser Brücke der erste Schritt auf einen anderen zu, und gleich darauf das

Klatschen einer harten Hand ins Gesicht: Da, du, jetzt hast du es! Es war der erste Schlag in mein Gesicht und das erste Bewußtsein von der tiefen Befriedigung eines anderen, zu schlagen. Die erste Erkenntnis des Schmerzes. Mit den Händen an den Riemen der Schultasche und ohne zu weinen und mit gleichmäßigen Schritten ist jemand, der einmal ich war, den Schulweg nach Hause getrottet, dieses eine Mal ohne die Staketen des Zauns am Wegrand abzuzählen, zum erstenmal unter die Menschen gefallen, und manchmal weiß man also doch, wann es angefangen hat, wie und wo, und welche Tränen zu weinen gewesen wären. Es war auf der Glanbrücke. Es war nicht die Seepromenade." (III, 25)

Durch den ‚Sündenfall' eines anderen, eine alltägliche Kindergemeinheit, ist die jugendliche Autorin „unter die Menschen gefallen", ist sie dem gewöhnlichen Bösen und dem nie begreifbaren Schmerz begegnet. Unvorbereitet und leichtgläubig, noch im Zustand der ‚Unschuld', war das Mädchen auf den Lockruf „Du, du, da komm her, ich geb dir etwas!" gefolgt mit jener inneren Erregung des Liebesverlangens, das hier zum erstenmal betrogen wird, weshalb der spätere Liebesverrat des Fremden auf der Seepromenade nicht der Anfang, sondern die Fortsetzung der schon früher erfahrenen Lieblosigkeit darstellt. Bezeichnend die Reaktion der Sechsjährigen: der Schmerz kann sich nicht in Tränen freien Lauf lassen und überwunden werden. Benommen und wohl auch trotzig und verkrampft wird der Schmerz gespeichert im Innern zum Zweck der Erkenntnis. Das Erfahrene, das die Unnatur darstellt, kann nicht auf ‚normale' Weise abreagiert werden, sondern eingekapselt im Innern bleibt der ungelöste Schmerz Stachel, eine Auszeichnung des Leidens, getragen mit Stolz.

Eine Fortsetzung findet die Kränkung durch den Unverstand, das Rohe der anderen wesentlich später, als die Autorin in einem Wiener Kino „zum erstenmal Venedig gesehen" hat, eine Stadt der Schönheiten, in die sich mitziehen läßt von den Figuren des Films und einer verführerischen Musik, deren Rhythmus einwiegt. Wie die Klänge einer schöneren Welt bleibt diese Musik im Ohr, wird auch öfters wiedergehört, einmal in einem Nebenzimmer, „wo man sie zerfetzte während einer mehrstimmigen Diskussion über den Zusammenbruch der Monarchie, die Zukunft des Sozialismus, und einer begann zu schreien, weil ein anderer etwas gegen den Existentialismus oder den Strukturalismus gesagt hatte, und ich horchte vorsichtig noch einen Takt heraus, aber da war die Musik schon zugrunde gegangen im Geschrei, und ich ohne mich, weil ich sonst nichts mehr hören wollte." (III, 26 f.)

Der Liebesverrat, der Schlag ins Gesicht; hier der Verlust des Schönen im seelenlosen Streit der Gehörlosen. Denn die Auseinandersetzung ist hier ein Nicht-mehr-Zuhören, ein Sich-Überschreien, das Überschreien des andern, um ihn stumm und mundtot zu machen. Musik dagegen „erlöst das Gefühl von der traurigsten Gestalt." (IV, 54) Emphatisch betont die Dichterin in ihrem Aufsatz „Die wunderliche Musik" (1956) die Notwendigkeit der Musik: „Wir brauchen Musik. Das Gespenst ist die lautlose Welt." (IV, 54) So wie der Stimmenkrieg zur „Sprachlosigkeit und Stummheit" derjenigen führt, die den Zerstörungskampf der verschuldeten Sprache verweigern, besteht die Sehnsucht, aus dem „Niemandsland" zurückzukehren mit einer Stimme, die um Klang, Rhythmus und Musik nicht betrogen ist. Als Gegenstück zum Sprachterror der mißbrauchenden Zeit konzipiert Ingeborg Bachmann die menschliche Stimme als Teilhabe an der Wahrheit, Universalität und Unschuld.

„Auf diesem dunkelnden Stern, den wir bewohnen, am Verstummen, im Zurückweichen vor zunehmendem Wahnsinn, beim Räumen von Herzländern, vor dem Abgang aus Gedanken und bei der Verabschiedung so vieler Gefühle, wer würde da – wenn sie noch einmal erklingt, wenn sie für ihn erklingt! – nicht plötzlich inne, was das ist: Eine menschliche Stimme." (IV, 62)

Dieses Wunschbild der menschlichen Stimme als einer Retterin in der verurteilten Zeit schlägt den Bogen zu jener anderen Erinnerung, die Ingeborg Bachmann als den entscheidenden Moment der Zertrümmerung ihrer Kindheit eingeklagt hat: „Es hat einen bestimmten Moment gegeben, der hat meine Kindheit zertrümmert. Der Einmarsch von Hitlers Truppen in Klagenfurt. Es war etwas so Entsetzliches, daß mit diesem Tag meine Erinnerung anfängt: durch einen zu frühen Schmerz, wie ich ihn in dieser Stärke vielleicht später überhaupt nie mehr hatte. Natürlich habe ich das alles nicht verstanden in dem Sinn, in dem es ein Erwachsener verstehen würde. Aber diese ungeheure Brutalität, die spürbar war, dieses Brüllen, Singen und Marschieren – das Aufkommen meiner ersten Todesangst. Ein ganzes Heer kam da in unser stilles, friedliches Kärnten . . ." (GuI, 111)

Es ist das entsetzliche Geschrei, die Massenhysterie der anschlußfreudigen Klagenfurter, was diese tiefgehende, traumatisierende Verschreckung ausgelöst hat. Was die Klagenfurter Zeitung vom 15. März 1938 mit Begeisterung als „Heimkehr Österreichs ins Mutterland" feierte, dabei auf den „Freudentaumel" der Bevölkerung eingehend („Der Jubel, den die Menschenmassen den Teilnehmern am Fackelzug entgegenbrachten, zeigte neben der allgemeinen Begeisterung für die Ereignisse der letzten Tage auch die innere Verbundenheit des Volkes mit seiner strammen Wehrmacht." U. Johnson, 31), mußte der noch nicht zwölfjährigen Ingeborg Bachmann im doppelten Sinne fremd bleiben. Denn wie sich ihre Mutter erinnert, war sie wegen einer Diphtherieerkrankung wochenlang im Krankenhaus und konnte deshalb nur von fern diesen Begeisterungstaumel miterleben. So verwundert es nicht, daß das Gebrüll der entfesselten Massen der Gehörempfindlichen ihre „erste Todesangst" eingejagt hat. Es verwundert auch nicht, daß ihr Schmerzempfinden in der ungezügelten Begeisterung das Bedrohliche, Entsetzliche aufspüren konnte. Die von ihr gewünschte Gegenwelt ist dagegen bestimmt vom inneren Klang, vom lebenwerten Rhythmus der Sprache und vom unmittelbaren Ausdruck der ungeschützten Empfindungen. Das Ausgreifen ins Utopische im Werk Ingeborg Bachmanns, ihre besessene Arbeit an einer neuen Sprache und ihre wahrheitsfanatische Vorstellung von Dichtung sind Vorsätze, aber auch unverbrüchliche Hoffnungen einer Dichterin, die, um das ungebrochene Glück der Kindheit betrogen, an sich und ihre Mitwelt den Anspruch stellte, das Uneingelöste doch noch zu gewinnen, die unzerstörbare Welt zu erneuern. Man kann das Pathos, das in den berauschten und in den klagenden Worten der Dichterin immer mitschwingt, wohl nur aus diesem Willen einer alles umfassenden Wiederherstellung des ungehetzten, leidlosen und vom Schmerz über die Realität befreiten Menschen verstehen. Wenn es heißt: „Die Welt ist zu einer Krankheit geworden" (IV, 334), so ist die Aufgabe der Heilung dem dichterischen Wort zugesprochen. Es ist nicht übertrieben, wenn man Leben und Werk der Dichterin als Versuch versteht, für die eigene Krankheitsgeschichte und für die der Welt ein Heilmittel zu finden. Und hier zeigt sich das Ineinandergreifen von Leben und Werk: unter dem Druck eines immer mehr in die Enge getriebenen Lebens wird auch die Dichtung vom Rettungsversuch zum Krankheitsbericht gezwungen, wird aus der Wunschvision unversehrten Daseins der Nachweis der allgemeinen Unheilbarkeit.

4. Herkunft und Jugend (1926–1945)

Überblickt man Ingeborg Bachmanns Leben, so fallen sofort verschiedene Abschnitte auf, die je nach Gesichtspunkt eine Gliederung ihres Werdegangs nahelegen. Kindheit, Jugend, Studium, die Jahre als freie Schriftstellerin wären da zu nennen, und es erscheint aus verschiedenen Gründen angebracht, zwei große Lebensabschnitte voneinander abzugrenzen: die Zeit in Österreich bis zum Weggang 1953 und die späteren Jahre als freie Schriftstellerin. Gewiß gliedern sich diese Hauptabschnitte in weitere Teilperioden, aber mit der Abkehr vom Heimatland erfolgte ein wichtiger Einschnitt, der durch die Entscheidung für ein Berufsschriftstellertum erst ermöglicht wurde.

Es waren nicht nur berufliche und wirtschaftliche Gründe, die Ingeborg Bachmann dazu veranlaßten, der Heimat den Rücken zu kehren. Sie suchte und fand zunächst in Italien eine menschlichere Lebenswelt und in Rom eine Großstadt, „wo man ein geistiges Heimatgefühl haben kann." (GuI, 23) Die „Heimatvertriebene" hat sich in ihrem selbstgewählten Exil in den freundlicheren Zonen des Südens eine Zuflucht geschaffen, die ihrer Existenz Heimat wird, auch wenn Rom selbst „fremd" und „abweisend" (GuI, 21, 23) wirken kann.

Diesem „Zuhause" mit seinen von der Dichterin über alles geliebten Menschen steht das mit „Haßliebe" bedachte Wien gegenüber. (GuI, 130, 141) Wien, die aus „Haß" verlassene Stadt, die dennoch der eigentliche Gegenstand des Schreibens bleibt, auch in der Ferne, ist wie Österreich zeitlebens „etwas, das immer weitergeht" für die Dichterin, die von ihrer Herkunft, von ihrer Erfahrung Wiens bis zum Ende nicht loskommt, so daß sie in einem späten Interview in sich ein Abklingen der „Haßliebe" zu verspüren glaubt, um „sogar gern nach Wien" zurückzukehren. (GuI, 141, 121) Wien läuft damit der Geburtsstadt Klagenfurt den Rang ab und nimmt im geistigen Haushalt Ingeborg Bachmanns vergleichsweise die Stellung ein, die Danzig als Wirklichkeitserfahrung für Günter Grass hatte, Prag als Entfremdungsbereich für Franz Kafka, Mainz und die Rhein-Main-Gegend als Originaleindruck für Anna Seghers. Aber andererseits hat Klagenfurt nicht jene kleinstädtisch-provinzielle Kerkerrolle für die Dichterin gespielt wie etwa Ingolstadt, die „Schanz", für Marieluise Fleißer. Sondern Klagenfurt und Kärnten bedeuteten eine Erlebniswelt, die erst durch den Einbruch der unheilvollen Geschichte zum Heimatverlust führte.

Klagenfurt, bekanntlich auch Geburtsort Robert Musils, der dort 1880 geboren wurde, aber schon ein Jahr später mit seiner Familie ins böhmische Komotau übersiedelte, wurde in einem früh von Kelten und Römern besiedelten Raum in der zweiten Hälfte des zwölften Jahrhunderts von dem kurpfälzischen Herzog Hermann von Spanheim an der Glan gegründet. Nach volkstümlicher Überlieferung sollen die Klagen über die Unfälle bei Durchqueren des Flusses an der Furt zum Siedlungsnahmen Klagenfurt geführt haben. Aber der Volksmund weiß über den Ort an der Furt auch noch zu berichten, daß nicht der heilige Georg selber, sondern beherzte Fischer den Lindwurm, das spätere Wahrzeichen der Stadt, im Sumpf geködert und dann erschlagen haben. Unerschrockenes Vorgehen und Abwehr der Bedrohung von außen waren in der Folgezeit noch vielfach vonnöten gegen eindringende Türken und Ungarn. Die aufstrebende, in der Reformationszeit zunächst protestantisch gewordene, später wieder erheblich rekatholisierte Stadt hat sich vom sechzehnten Jahrhundert an auf quadratische Weise befestigt. Daher auch die Ingeborg Bachmann noch bewußten Mauern und Tore, von denen der größte Teil allerdings schon zur napoleonischen Zeit geschleift worden war.

Als Landeshauptstadt im Grenzbereich zum Slawentum liegend hat Klagenfurt lange eine das Deutschtum gegen die Slowenen behauptende Rolle eingenommen. Die jahrhundertelangen Auseinandersetzungen der Nationalitäten führten nach dem Ersten Weltkrieg und dem Zerfall des Habsburgerreiches zu einem blutigen Konflikt, als bewaffnete Slowenen große Teile von Südkärnten besetzten, Gebietsforderungen und Unabhängigkeitsansprüche stellten. Die bürgerkriegsähnliche Situation wurde durch eine Volksabstimmung am 10. Oktober 1920 zugunsten der deutschen Mehrheit entschieden. Noch heute erinnert im Zentrum von Klagenfurt eine nach diesem Datum benannte Straße daran, gewiß nicht mit der Zustimmung der slowenischen Minderheit. Parallel zur schon erwähnten Paradeiserstraße (vgl. ‚Jugend‘) verlaufend, wird sie von der „8. Mai-Straße“ gekreuzt, die an einen anderen geschichtlichen Wendepunkt, die Besiegung des Dritten Reiches erinnert.

Die Nationalitätenfrage in diesem Grenzland wird auch heute noch von deutschtümelnden Heimatverbänden wachgehalten. So begrüßt den Reisenden in einem Schaufenster des Hotels Musil eine Anzahl von Plakaten aus dem „Kärntner Freiheitskampf“ mit anti-slowenischen Parolen: „Es gibt kein Slowenisch-Kärnten“. „Österreichbewußte deutsche und windische Kärntner. Einig gegen Slowenisierung! Die Heimat ruft! Bleibt Kärnten treu! Kärntner Heimwehrkämpfer-Bund“.

Angesichts dieser anachronistisch anmutenden Haltung der Kompromißlosigkeit anti-slowenischer Kreise ist bei Ingeborg Bachmann eine zeitlebens auffallende Gegenhaltung festzustellen, die gerade das Bewußtsein der Grenzlandmentalität umkehrt in eine bejahende Bestimmung der grenzenüberwindenden Gemeinsamkeit bei aller verschiedenen ethnischen und kulturellen Herkunft. So erscheinen das Deutsche, Slowenische und Italienische im Grenzbereich nicht als Trennungsfaktoren, sondern als Verbindendes in Geschichte und Kultur. Ihre Zugehörigkeit zu den verschiedenen Bereichen betonend, sagt die Dichterin von sich: „Ich war hüben und drüben zu Hause." (IV, 307) Diese grenzenüberschreitende Selbstverständigung läßt eine Minderheitenachtung erkennen, die einem Versöhnungswillen entspricht, der die kleinbürgerlich enge Bestimmung der Kulturgemeinschaft, wie sie Ingeborg Bachmann während der Zeit des Faschismus zu Bewußtsein gekommen sein muß, aufzuheben sich bemüht.

Sehr früh, in der wohl im letzten Kriegsjahr (1944) entstandenen Heimaterzählung ‚Das Honditschkreuz' wird die Herkunftswelt väterlicherseits, das im deutsch-slowenischen Grenzbereich liegende Gailtal, die Orte Vellach und Hermagor, zum Schauplatz einer historischen Novelle, die den österreichischen Befreiungskampf gegen die französische Besatzung zur Zeit der napoleonischen Kriege schildert. Diese sich im Regionalen keineswegs erschöpfende Jugenderzählung läßt sich als verhüllte Darstellung des geschichtlichen Wunschtraumes der Dichterin nach Befreiung von den deutschen Besatzern deuten. Das heimatliche Terrain ist überfremdet, aber nicht die Nationalitätenfrage ist dafür der Grund, sondern eine der faschistischen Nazi-Herrschaft gleichkommende Besatzungsmacht. Geschichte als Gegenwartsspiegel.

Die Minoritätenfrage wird allerdings gleich zu Anfang der Erzählung in den Mittelpunkt gerückt und, wenn man sich die anti-slawischen Ressentiments der Nazi-Ideologie vor Augen hält, in einer recht positiven Weise behandelt. Zwar ist zunächst das Auftauchen des „wegwerfend" mit „Ah, der Slowen …" begrüßten Mate Banul, der als Hausierer von Villach her mehrfach im Jahr das Gailtal hochzieht, „erschreckend" für die ländliche Waba, eine Häuslerin, die auf ihrem Wagen daherfährt; aber sie zeigt auch keine besonderen Vorurteile gegenüber dem von ihr zurückgewiesenen Slowenen, dessen Blick „brennend und fordernd" ist, eher eine Andeutung seiner dämonischen Natur und nicht ethnische Karikierung, wie sich denn die achtzehnjährige Ingeborg Bachmann beeilt, eine der faschistischen Rassenideologie entgegengesetzte Sicht vom Nationalitätengemisch zu geben, die auf altösterreichische Vorstellungen vom Vielvölkerstaat zurückgreift. Dabei fällt auf, daß gerade der von den Nazis überbeanspruchte Begriff des Völkischen hier zu einem Volk und Folklore vereinenden Geschichtsgemälde umgewandelt wird: „Mate Banul war aber kein Slowene, sondern Windischer. Die Windischen leben im Gailtal, ebenso wie überall im Süden Kärntens inmitten von Deutschen, sie haben ihre eigene Sprache, die weder von Slowenen noch von Deutschen so richtig verstanden wird. Mit ihrem Dasein ist es, als wollten sie die Grenze verwischen, die Grenze des Landes, aber auch der Sprache, der Bräuche und Sitten. Sie bilden eine Brücke, und ihre Pfeiler sitzen gut und friedlich drüben und herüben und es wäre gut, immer so zu bleiben." (II, 491)

Deutlich wird in diesen Zeilen die epische Rehabilitierung einer Minderheit, die zu diesem Zeitpunkt offiziell als der arischen Herrenrasse unterlegen betrachtet wird, und deren Eigenständigkeit als Kulturgemeinschaft, Sprachgemeinschaft und Bewunderung verdienendes Volk die folgenden Sätze fast schönfärberisch ins Bild fassen: „Sie nennen die Gail Zila und haben noch viel Wundersames und Geheimnisvolles in ihrem Tun. Ihre Lieder sind wie vom Traum einer größeren Weite getragen und klingen über die überall nahen Berge weg, so bestrickend und mit dem Wasser der Zila fließend, wie es die Lieder des unendlichen Rußlands täten. Abends lehnen die Gitschen in ihren roten Kitteln am Ufer, und man hört diese Weisen noch weit außer den Weidenbüschen verklingen." (IV, 491)

Hinweise wie der auf das „unendliche Rußland" lassen die

politisch gemeinte Dimension dieses Textes deutlich werden. Was hier so volkstümlich, heimatnah und idyllenhaft propagiert wird, ist Gegenpropaganda zum Nazigeist der Zeit.

Während später Rom ein „geistiges Heimatgefühl" verschafft, ist auch der Herkunftsbereich, das Grenzland Kärnten ein Identitätsbereich geistiger Art, der sich aus der konkreten Vielfalt des historisch Eigenständigen zu einem übergreifenden Ganzen zusammenfügt. Es verwundert nicht, daß Ivan in ‚Malina‘, dem Roman des „Ungargassenlands", ein Ungar, Malina dagegen „nicht aus Belgrad kommt, sondern nur von der jugoslawischen Grenze," (III, 20) wie die Autorin, die sich auch prompt „slowenisch oder windisch" mit ihm unterhält. In Malina (aus dem polnischen Wort für Himbeere) bietet sich dem deutschen Sprach-Ich der Autorin ihr slowenisches und windisches Gegen-Ich als Ergänzung der grenzenüberschreitenden Persönlichkeit.

5. Das Elternhaus

Für Ingeborg Bachmann war es im Elternhaus, wo Offenheit gegenüber dem Slowenischen herrschte und die Pflege des Italienischen – eine Sprache, die der Vater beherrschte und unterrichtete – ihr kulturverbindendes inneres Selbstverständnis stärkte, gerade die Zuwendung elterlicher Liebe und wohlgesinntes Erziehungsverständnis, was ihren Werdegang mitbestimmte.

Matthias Bachmann, 1895 im Gailtal geboren, kam aus einer Bauernfamilie, die in Obervellach bei Hermagor den Tobaihof besaß. Der slowenische Name des Familienbesitzes deutet auf die Kulturtraditionen des Grenzgebietes hin. Ursprünglich sind die Bachmanns protestantische Zuwanderer, die während der Bauernkriege Bayern verlassen und im südkärntner Grenzland Zuflucht gefunden haben, eine familiengeschichtliche Tatsache, die sich bei Nachforschungen zum Ariernachweis während der Nazi-Zeit ergab. Matthias Bachmann schlägt die Lehrerlaufbahn ein mit den Fächern Stenographie und Italienisch, womit er zum Hauptschuldirektor aufsteigt. Verdankt Ingeborg Bachmann ihrem Vater besonders die Italienliebe und die Einführung in diese Sprache, so ist das Verhältnis von Vater und Tochter in vielem anderen auch vom Belehren und Lehrerhaften bestimmt. Das Mädchen muß ihrem Vater auf allsonntägliche Spaziergänge zum Kreuzbergl folgen, wo der Waldlehrpfad abgeschritten wird. Dabei handelt es sich um einen erst später ausführlich beschilderten Weg an vielen verschiedenen Baumarten vorbei, über deren Eigenschaften und, besonders bei Nutzhölzern, Verwendungszwecke das Kind vom Vater belehrt wird. Heute ist dieser nach der Dichterin benannte „Bachmannweg" mit Holztafeln ausgewiesen, auf denen die verschiedenen Bäume und ihr Nutzholzwert verzeichnet sind.

Die Mutter der Dichterin, Olga Bachmann, eine geborene Haas, entstammt einer katholischen Familie aus dem niederösterreichischen Waldviertel, die eine Strickwarenerzeugung betrieb. Als ältestes von fünf Kindern 1901 in Heidenreichstein geboren, war Olga Bachmann eine um ihre Zukunftswünsche betrogene Frau. Obwohl sie Begabung zeigte und den brennenden Wunsch hatte zu studieren, wurde sie mit der rückständigen Maxime „Kochlöffel ist das Beste, was eine Frau studieren kann" beschieden. Bei der Partnerwahl mag die Tatsache, daß Matthias Bachmann als Lehrer dem Akademischen und Intellektuellen näherstand, eine Rolle gespielt haben. Und es verwundert nicht, daß Olga Bachmann zusammen mit ihrem Mann die ehrgeizigen Studienpläne ihrer ältesten Tochter in der entbehrungsreichen Zeit nach dem Zweiten Weltkrieg vorbehaltlos unterstützt hat. Dabei ist noch zu bedenken, daß es sich bei dem Philosophiestudium, das nach einem anfänglichen Jus-Studium fortgesetzt wurde, in keiner Weise um ein ‚Brotstudium' handelte. Das Bekenntnis der Dichterin: „Ich habe nur eines gedacht: daß ich nach Wien gehen und Philosophie studieren müsse," (GuI, 112) erscheint wie Umsetzung des Wunsches der Mutter in die Tat. In dieser Entschlossenheit scheint das, was Olga Bachmann versagt blieb, sich durchgesetzt zu haben.

In nicht unbeträchtlicher Weise hat Olga Bachmann ihrer Tochter Ingeborg einen geistigen und intellektuellen Interessen fördernden Rückhalt zu geben vermocht. Dieser vielseitigen Unterstützung durch die Mutter steht aber auch ein eigenartiges Konkurrenzverhältnis gegenüber. Während die jüngere Schwester Isolde kaum zwei Jahre später im Jahre 1928 geboren wird, kommt im Juni 1939 der von der Dichterin bald über alles geliebte Bruder Heinz Walter zur Welt. Ingeborg Bachmann, die in bezug auf Hausarbeit und Besorgungenmachen in der Familie eine Sonderstellung für sich erlangt hatte und kaum im Haushalt mithalf, was zur gelegentlichen Schelte und auch mitunter zu einem strafenden Klaps der Mutter führte, widmet sich mit Eifer der Umsorgung dieses Brüderchens. Sie macht dabei nicht nur der Mutter Konkurrenz, sondern übernimmt auch freiwillig Aufgaben, wie etwa das Windelwaschen, während sie sonst zu kleineren Arbeiten immer angehalten werden muß. Ein Besitzanspruch und eine mütterliche Fürsorge machen sich hier geltend. Gepaart mit einer tiefgehenden Liebe zum Bruder, kommt es noch Jahre später zu Zuneigungsbekundungen und einer resoluten Entschlossenheit in praktischen Dingen, die man der Dichterin häufig abspricht.

Von Bedeutung ist hier ein Vorfall in den sechziger Jahren, als der Bruder Heinz nach einem längeren Auslandsaufenthalt für eine internationale Ölfirma aus Afrika mit einer schweren Gelbsucht nach Klagenfurt zurückkehrt, wo die Krankenhausbetreuung nicht zur Zufriedenheit der Familie ausfällt. Ingeborg Bachmann, im Selbstbewußtsein ihrer Stellung als prominente Schriftstellerin, läßt ihre Beziehungen spielen und betreibt umsichtig die sofortige Überweisung des Bruders in eine Klinik in Bad Kissingen zur Spezialbehandlung. Bezeichnend ist hier die Entschlossenheit und das Kompetenzverhalten der oft als hilflos, unpraktisch und weltfremd charakterisierten Dichterin.

Als Beispiel für die ihr oft nachgesagte ‚Schusseligkeit‘ und Gedankenverlorenheit mag der überlieferte Bericht ihrer Reise in die USA im Jahre 1955 gelten, als Ingeborg Bachmann mit dem Schiff in New York ankommend zunächst nicht an Land gehen konnte, weil sie ihren Reisepass in Europa vergessen hatte. Erst aufgrund der Bemühungen des späteren US-Außenministers Henry Kissinger, der Leiter eines Sommerkurses an der Harvard Universität war, zu dem die Dichterin eingeladen worden war, ließen die amerikanischen Einwanderungsbehörden die vergeßliche Passagierin einreisen. Auf welche Weise Ingeborg Bachmann ihre wirkliche und scheinbare Hilflosigkeit zu ihrem Vorteil einzusetzen vermochte, ist inzwischen zur Legende geworden.

Den Eindruck einer chronisch zu nennenden Zerfahrenheit hinterließ Ingeborg Bachmann auch bei beruflich und persönlich Nahestehenden. Reinhard Baumgart, in den fünfziger und sechziger Jahren ihr Lektor im Piper Verlag, hat in dem Fernsehfilm ,Der ich unter Menschen nicht leben kann,' (1980) sehr anschaulich geschildert, wie die Dichterin, die durchaus auch den Eindruck einer handfesten Person mit „Händen zum Geflügelausnehmen" machte, selbst ein morgendliches Frühstück bei Freunden zur Fast-Inszenierung eines Existenzchaos werden lassen konnte, sichtbar am Durcheinander von Geschirr, Essensresten, Zigarettenkippen und Aschehäufchen in diversen Tassen und Untertassen. Andererseits konnte sich Ingeborg Bachmann in derselben chaotisch erscheinenden Situation mit einer absolut zu nennenden Aufmerksamkeit Kindern widmen und ganz in der Welt ihrer kindlichen Gegenüber aufgehen, dabei alles andere um sich herum vergessend.

Dieser unvorstellbare Ernst in der Begegnung mit Kindern läßt die Unbedingtheit erkennen, die Ingeborg Bachmann auch in den anderen ihr wichtigen Bereichen, in Sprache, Dichtung und Kunst zum selbstverständlichen Maßstab erhob. Ihre Absolutheitsforderung in menschlichen Beziehungen – in der Liebe und im Bereich der Rede –, führte zu einem Wahrhaftigkeits- und Wahrheitsanspruch, der keine Gedankenlosigkeit im Sprachgebrauch, keine Schludrigkeit und kein Phrasendreschen erlaubte. Daß der Sprache solch ein unermeßlicher Wert beigemessen wurde, daß Sprachreinheit und

Schönheit der Rede zu solch schonungslosem Maßstab erhoben werden konnten, scheint auf Kindheitserfahrungen zurückzugehen.

6. Jugendliche Außenseiterin

Die Jugend Ingeborg Bachmanns kommt in ihrer bildlich durchwirkten Erinnerung vor allem als Erlebnis von Einengung und Zwang ins Bewußtsein. Unterdrückung durch eine strenge Erziehung, mehr noch in der Schule als im Elternhaus, und unerbittliche Sprachregelung verursachen eine Verängstigung und Sprachkonformität, die aber unterschwellig und dann im heimlichen Protest Befreiung anstrebt und eigene Sprachwelten sich schafft. Während den Kindern zuhause in der Mietswohnung in der Durchlaßstraße von den Eltern Stille geboten wird, so daß sie sich „das Flüstern nicht mehr abgewöhnen in diesem Leben", ist der Sprachzwang in der Schule brachialer: „In der Schule sagen die Lehrer zu ihnen: Schlagen sollte man euch, bis ihr den Mund auftut. Schlagen ... Zwischen dem Vorwurf, zu laut zu sein, und dem Vorwurf, zu leise zu sein, richten sie sich schweigend ein." (II, 85) In dieser Sprachnot, die Ausdrucksvermögen und Selbstgefühl schädigt, werden Brüllen und Schreien zu Entlastungen. Die Kinder „schreien manchmal laut im Versteck, um ihre verkrüppelten Stimmen auszuprobieren. Sie stoßen leise kleine Rebellenschreie vor Spinnennetzen aus." (II, 87)

Erziehung als Zwang und Sprachregelung als Unterdrükkung der Kinderpsyche im Entwicklungsgang, die rigide Unterrichtsmechanik („Aufgaben: Unter- und Oberlängen, steilschriftig, Übungen im Horizontgewinn und Traumverlust, auswendig Gelerntes auf Gedächtnisstützen." II, 86) und der von ökonomischen Notwendigkeiten bestimmte Familienalltag, all das summiert sich zu einem unfrohen Lebenslauf, der vor allem in Wunschwelten Erleichterung findet. Das bescheidene Reihenhaus in der Henselstraße, das, in einem Neubaugebiet gelegen, seit 1933 Wohnstätte der Familie ist, repräsentiert ebenfalls die Restriktionen des Kleinbürgerlebens. Zwar gibt es im Vorgarten Rosen, aber im Garten hinter dem Haus überwiegt das Nutzdenken: Apfelbäume und Ribisel-, d. h. Stachelbeersträucher. Die jedes Jahr im Keller eingelagerten Äpfel werden zur Essenstortur, denn die Kinder sind angehalten, die jeweils faulenden Stücke herauszusuchen und nach sachgemäßen Ausschneiden zu verzehren. Weil „nichts weggeworfen werden darf," wächst in den Kindern der Hunger „nach einer fremden verbotenen Frucht." (II, 87) Ersatzwelten bieten sich im Lesen an, und der Lesehunger stillt die Abenteuerlust und weckt eine neue, die den Eros verspürt, den fremden „Liebesdialog", der aber eine „unverständliche Sprache" bleibt, und die Macht des Eros wird gefühlt, ohne daß sich mehr als ein unstillbares Sehnen und Suchen ergibt: „Die Kinder sind verliebt und wissen nicht in wen." Es ist bezeichnend, daß diese kindliche Erotisierung sich in eine „tolle" Sprachlust, eine Lust an der Sprache und eine Lust des Inbesitznehmens durch die Sprache verwandelt: „Sie kauderwelschen, spintisieren sich in eine unbestimmbare Blässe, und wenn sie nicht mehr weiterwissen, erfinden sie eine Sprache, die sie toll macht. Mein Fisch. Meine Angel. Mein Fuchs. Meine Falle. Mein Feuer. Du mein Wasser. Du meine Welle. Meine Erdung. Du mein Wenn. Und du mein Aber. Entweder. Oder. Mein Alles ... mein Alles ... Sie stoßen einander, gehen mit Fäusten aufeinander los und balgen sich um ein Gegenwort, das es nicht gibt.

Es ist nichts. Diese Kinder!" (II, 89)

In der Rückschau begründet die spätere Philosophiestudentin mit diesem Nachvollzug des kindlichen Sprachspiels und seiner erotischen Dynamik ihren Weg zur philosophischen, aber auch dichterischen Aneignung der sichtbaren Welt, die im lustvollen Benennen der Gegensätze ihre Besitzergreifung und Beschwörung aller Dinge vollzieht.

In dieser Sprachmagie ist die erlebte Welt eine verfügbare. Aber für die Kinder ist die Erotisierung der Sprache nur eine vorübergehende Entlastung: „Sie zerbrechen sich den Kopf über ihre Körper und einen nächtlichen Streit im Elternzimmer." (II, 88) Schwierigkeiten der Entwicklung, Probleme in der Familie. Innere und äußere Krisen kommen zusammen. Verunsicherndes gibt es genug. Da sind die Kinderkrankheiten, „Schüttelfrost, Angina, Keuchhusten, Masern, Scharlach," Erschütterungen des zarten Körpers, aber auch Belastungen der Seele „zwischen Tod und Leben", „fühllos und morsch". (II, 89) Mit „neuen Gedanken über Alles" fühlt sich das Ich preisgegeben dem Übermächtigen, das vehement in die Spannungen der Entwicklungsphase einbricht. Es ist der Krieg. Zur inneren Krise gesellt sich das Weltinferno. Bomben jagen das Eis auf den Weihern hoch, Luftangriffe (in Klagenfurt insgesamt 46) bringen den Terror der Zerstörung: Häuser, Plätze, Kirchen, ein Kino und überall Tote, die unter Schuttmassen begraben liegen. Wo vorher noch hochpeitschende Radiomeldungen erklangen, wo marschierende Kolonnen sangen „… bis alles in Scherben fällt", bewahrheitet sich diese Herausforderung an das Zerstörtwerden. In das Gymnasium, das den Ursulinen von den Nazibehörden weggenommen worden war, sind verwundete Soldaten einquartiert. Die Schulkinder müssen für Gefallene Aufsätze schreiben zum Gedenken, und zum Kindergespräch gehören die Unterhaltungen über Zeitzünder und Tellerbomben.

Die Alltäglichkeit des Krieges nimmt ihm nichts von seinem Schrecken. Unerbittlich und unentrinnbar zeichnet sich dieses unheilvolle Geschehen in die Seele ein. Die vom „großen Sterben und Morden" bestimmte Zeit läßt aus den bloßen „Andeutungen" brutale Gewißheit werden: „Man spricht vor ihnen von Genickschüssen, vom Hängen, Liquidieren, Sprengen." (II, 91) Desolat, vom Untergang bedroht erscheint das eigene Heim: „Es ist nie mehr Licht im Haus. Kein Glas im Fenster. Keine Tür in der Angel. Niemand rührt sich und niemand erhebt sich." (II, 91)

Schädigung durch Geschichte. Auf diese traumatisierende Zeit hat die junge Ingeborg Bachmann mit ihren sprachlichen Gegenwelten reagiert. Nach einer Kindheitsphase, in der die Musik und das Komponieren zunächst ausschließlich waren, geht sie über zum Schreiben, das alsbald mit Ausschließlichkeit betrieben wird. Noch während der Gymnasialzeit entstehen Jugendwerke, die in vieler Hinsicht den Klassikern verpflichtet sind. Goethes Vorbild für die lyrischen Versuche ist unverkennbar, in Thematik, Sprache und Rhythmus, während Schillers dramatische Kunst inspirierend auf das Jugenddrama ‚Carmen Ruidera‘ eingewirkt hat. Dieses Stück über Krieg und die „böse Zeit" spiegelt am historischen Beispiel der Besetzung von Zaragoza im Jahre 1808 durch die Franzosen und der spanischen Freiheitsbewegung die zeitgeschichtliche Situation der Beherrschung durch den Faschismus. Auch in den Prosaversuchen, in der Novelle ‚Das Honditschkreuz‘ etwa, wirkt die klassische Erzähltradition von Goethe, Kleist bis Hofmannsthal nach, obwohl in der oft erklärend ausgreifenden und reflektierenden Erzählweise die Lektüre von Robert Musils ‚Der Mann ohne Eigenschaften‘, den Ingeborg Bachmann 1941 im Alter von fünfzehn Jahren las (GuI, 124) Spuren hinterlassen haben mag.

Lesen und Schreiben sind für die junge Ingeborg Bachmann Fluchtmöglichkeiten aus der Todeszone der Kriegswelt, sind Tätigkeiten, die Schmerz, Leid, Trauer verarbeiten helfen, sind also entlastende Stärkungen des Ich, das zugleich sich vortastet zu Gegenwelten, die im Widerspruch zur qualvoll erlittenen Wirklichkeit entworfen werden. Bezeichnend ist dabei, daß sich im Bereich der Gefühle eine gesteigerte Sehnsucht, daß sich durch unverabeitete Trauer aufgrund der vielfachen Schmerzerfahrungen auch eine melancholische Grundstimmung einstellt. Vor allem aber ergibt sich eine deutliche Absonderung innerhalb des sozialen Bereichs, etwa ihre Sonderstellung unter den Mitschülerinnen im Gymnasium, wo sie z. B. die Eigenart ihrer Persönlichkeit auf eigentümlich anmutende Weise unter Beweis stellt. Die immer sehr kränkliche, sehr zarte Schülerin exponiert sich in ihrer Matura-Arbeit damit, daß sie sie in Hexametern schreibt, was nach dem üblichen „Notensystem nicht qualifizierbar" war. (Film) Ein ausgefallener Zug gewiß, wie denn die wegen ihrer Zartheit und Schutzbedürftigkeit „Elfchen" Genannte, wegen ihrer Belesenheit und Weisheit auch „Le ’hibou" (Eule) Gerufene, durchaus die Stellung eines Sonderlings innehatte. Philosophischer Wissensdrang und erstaunliche Geschichtskenntnis werden ihr nachgesagt, ebenso eine phantastisch anmutende Zettelwirtschaft, wo andere Mitschülerinnen sauber geführte Hefte vorzuweisen hatten. Bekannt wurde Ingeborg Bachmann auch für ihre Abneigung gegenüber der Ehe, die sie „entsetzlich" fand, während ihre Mitschülerinnen ihr halb tadelnd, halb scherzhaft unterstellten, „der Liebe heiße Macht" nur aus Büchern zu kennen.

Die Macht der Liebe, mit der die Mitschülerinnen Ingeborg Bachmann neckten, wurde für sie zum Erlebnis in der Begegnung mit Felician, dem Geliebten der Jahre 1944–1945, der in der Briefprosa dieser Zeit als geliebter Mann zum Auslöser einer heftigen, erfüllenden, aber wahnsinnig machenden Liebe wird. Aus den Zeugnissen spricht eine unerfahrene, selbstlosdienend sich anbietende Liebende, die voller Selbstzweifel ihre Gefühle erlebt und beschreibt, die Aufschwünge und Abstürze in rapidem Wechsel erfährt. Der als Gott angehimmelte Mann ist fremd und seelennah zugleich; er verschafft unirdische Seligkeiten, die sinnlos vor Glück machen. Aber auch Trauer und bis zur Verzweiflung gehende Ungewißheit, auch Angst suchen die in hymnischer Sprache sich verströmende Liebende heim. Wie bei den Mädchenfiguren der Marieluise Fleißer läßt sich hier die Opferbereitschaft, die dienende Unterordnung der Frau gegenüber dem verehrten Mann erkennen. Der Liebesenthusiasmus ist ebenfalls von religiösen Vorstellungen und Sprachanwendungen, die vom Himmel auf Erden, vom Paradies selbst reden, durchsetzt. Die nach dem Licht hungernde, sich bereitwillig verschenkende Frau. Der Mann immer noch ein gnädiger Herr, der sich alle Verschwendung, allen Zauber opfern läßt.

Während britische Truppen und slowenische Partisanenverbände im Mai 1945 Klagenfurt besetzen, schreibt die auf das Dichten ausgerichtete Ingeborg Bachmann aus der Zuflucht auf dem großväterlichen Hof bei Obervellach im Gailtal diese Entrückungen ihrer mädchenhaften Seele. Im Herbst 1945, als die junge Studentin sich in Innsbruch zum Philosophiestudium eingeschrieben hat, erlebt sie trostlose Depressionen. Die so intensiv betriebene Beziehung hat sich nicht aufrechthalten lassen. Die ehemals dienende Magd ist jetzt zur Kündigung ihrer in Einfalt eingegangenen Knechtschaft bereit. Zur noch nicht völlig erloschenen Liebesglut tritt ein berechtigter Zorn. Denn trotz der Selbstvorwürfe der Neunzehnjährigen, die sich sogar zweigeteilt sieht in zwei einander nicht verstehende Menschen, wird deutlich, daß der geliebte Felician das inständige Werben nicht in der Weise erhört hat, wie es seine Geliebte hätte fördern können. Und so endet diese Beziehung in einer Ambivalenz zwischen anbetender Unterwürfigkeit und aufbegehrender Liebesunfähigkeit, die weitere Einübung in die Hörigkeit verweigert. Nach den schmerzvollen Schlägen der Kindheit hat Ingeborg Bachmann jetzt die Macht der Liebe, aber auch die verknechtende Gewalttätigkeit des Eros erfahren. Auch das zeichnet sie für ihren weiteren Werdegang.

III. Studium, Wien, Aufbruch (1945–1953)

1. Defizit Provinz

Ingeborg Bachmann hat innerlich viele Ablösungen von der heimatlichen Provinzwelt Klagenfurts vollzogen, als sie zunächst im Wintersemester 1945/46 in Innsbruck Philosophie belegt, um im Sommer 1946 in Graz zusätzlich Jura hinzuzunehmen, bis sie im Herbst des Jahres an der gerade wiedereröffneten Wiener Universität das Philosophiestudium fortsetzt mit den Nebenfächern Germanistik und Psychologie. Aufgrund dieser Studienwahl absolviert Ingeborg Bachmann im September 1947 auch ein Praktikum in der Nervenheilanstalt „Am Steinhof" in Wien, der von dem berühmten Architekten Otto Wagner (1841–1918) gestalteten Anlage mit der imposanten, byzantinischen und klassizistischen Stilen nachempfundenen Kirche, die zugleich der modernen Sachlichkeit den Weg bereitet. Aus diesem Studieninteresse heraus erklärt es sich auch, daß Ingeborg Bachmann sich intensiv mit Psychologie, Psychoanalyse, Psychotherapie, Traumdeutung und Perversionskunde beschäftigt hat. Jedenfalls finden sich verschiedene Hauptwerke der wissenschaftlichen Literatur in ihrer Handbibliothek, darunter S. Ferenczis ‚Versuch einer Genitaltheorie', Otto Ranks psychoanalytischen Studien ‚Sexualität und Schuldgefühl', R. von Krafft-Ebings ‚Verirrungen des Geschlechtslebens', Otto Weiningers ‚Geschlecht und Charakter' und Max Prinz zu Löwensteins ‚Traumweisheit und Traumdeutung'. Werke dieser Art legen nahe, daß die Dichterin über ein bloßes Allgemeinwissen in Fragen der psychologischen Verhältnisse hinausgehend auch genauere Kenntnis auf fachwissenschaftlicher Basis hatte, was für die in ihren Werken sehr zentrale Thematik der psychischen Konflikte von großer Wichtigkeit sein dürfte. Daß sie zudem Sigmund Freud ins

Italienische übersetzte und mit seinen Hauptwerken vertraut war, ist in diesem Zusammenhang von Belang.

Im Sinne eines Aufbruchgefühls war Wien für Ingeborg Bachmann ein ersehntes Ziel, eine „Endstadt", die für die Entbehrungen der Provinz entschädigen sollte. Die „Stadt ohne Gewähr", die „Scheiterhaufenstadt" war jedoch für die Dichterin der schicksalhafte Ort, wo ihre „Ängste und Hoffnungen aus so vielen Jahren ins Netz gingen." (II, 126) Größtenteils blieben diese Hoffnungen uneingelöst, die Ängste dagegen bestätigten und vermehrten sich. Wien wurde für Ingeborg Bachmann vorwiegend ein Ort der Niederlagen, der Demütigung durch Kränkung. Das wird in der Erzählung ‚Das dreißigste Jahr' geschichtlich verankert in der Vergangenheit und auf eine lange Reihe von geschmähten und gekränkten Vorläufern, von Mozart bis zur Dichterin, zurückgeführt.

Daß eine Rückkehr nach Klagenfurt sich nicht anbot, wird aus der Einschätzung gegenüber der Enge, Kleinlichkeit und Unerträglichkeit der Provinz deutlich. Während Ingeborg Bachmann das Grenzland Kärnten immer als Modell des Kulturverbindenden betrachtet hat, geriet ihr ihre Heimatstadt zum Inbegriff der schlechten Provinz, wie diese späte Aussage unmißverständlich eindeutig und gewiß auch einseitig belegt: „Außerdem ist unsere Provinz hier wirklich ruiniert, den See habe ich schon vom Programm gestrichen, weil jeder Quadratmeter von Rhein-Ruhr-Menschen okkupiert ist, (...)" (U. Johnson, 10)

Kärnten als wiederbesetztes Land. Das Okkupationserlebnis der Nazizeit wirkt hier offensichtlich nach und löst diese verbitterte Reaktion aus. Auch in der nächsten Briefstelle an den Freund Uwe Johnson tritt das Gefühl des Heimatvertriebenseins unsentimental scharf hervor: „Man müßte überhaupt ein Fremder sein, um einen Ort wie Kl(agenfurt) länger als eine Stunde erträglich zu finden, oder immer hier leben, vor allem dürfte man nicht hier aufgewachsen sein und ich sein und dann auch noch wiederkommen." (U. Johnson, 15)

So sehr hier Klage, Schmerz und Trauer zum Ausdruck gebracht werden und auch eine heimliche Verwünschung mitschwingt, die Alternative zur Außenseiterposition, das Darin-Leben und im Einverständnis-Sein, auch wenn es Zustimmung zu einem negativen Zustand wäre, wird zumindest zugestanden.

Wien wurde für Ingeborg Bachmann zwar nicht die erhoffte Glücksstadt, aber dann doch der Ort einer tiefgehenden Bereicherung im Persönlichen, Geschichtlichen und Kulturellen. Auf ihre Umgebung, auf Mitstudenten, aber auch Literaten wie Hans Weigel, machte das „kleine Mädchen aus der Provinz" den Eindruck einer staunenden Provinzdame, die mit offenen Augen die traditionsreiche Metropole in sich aufnahm, mit erhobenem Blick die Häuserfassaden abging, in Theater, Oper, Konzert und in Ausstellungen das Defizit reduzierte, das ihr von der Provinz her anhing, obwohl sie gerade in Sachen Belesenheit selbst die Kultiviertesten ihres Bekanntenkreises beeindruckte. Sich als Journalistin ausgebend, stellte sich Ingeborg Bachmann Hans Weigel vor, der aufgrund seiner Beziehungen viele Vermittlungsdienste anzubieten hatte. Mit dem Spürsinn des Literatenoberhaupts erkennt und ermutigt Weigel in der Studentin die Dichterin, und so wird das Studium begleitet von einem an die Öffentlichkeit dringenden Schreiben. Als erste Veröffentlichung erschien noch in der ‚Kärntner Illustrierten' die Erzählung ‚Die Fähre' (1946), worauf jetzt ab 1948 einzelne Gedichte und verschiedene Kurzgeschichten in Wiener Zeitungen und Publikationen folgen. Es sind literarische Gehversuche der in den Literatenzirkeln scheu und zurückhaltend auftretenden Kärntnerin, deren einzelgängerische Eigenart Hermann Hakel auch mit einem krankhaften, ja sogar herrschsüchtigen Ehrgeiz in Verbindung gebracht hat. (Film) Er berichtet auch die charakteristische Ambivalenz der Dichterin, die eine besondere Gespaltenheit an den Tag legen konnte: „Sie war grantig, weil ich, ohne sie zu fragen, ein kleines Gedicht von ihr zum Druck gegeben hab. Darüber wäre mehr zu schreiben, nicht über das Gedicht, sondern über diese zweiundzwanzigjährige Kärntner Lehrerstochter, die, in ihre Intelligenz verliebt, völlig gespalten einmal nur in ihrer Wortwelt, einmal nur in der Realwelt lebt.

In der Wortwelt, von Visionen verfolgt, gibt sie sich aus, in der Realwelt schmecken ihr die aufgetischten Würstel, die sie in ihrer Dichtung unterschlägt." (Hakel, 121)

Diese Tagebuchnotiz vom Dezember 1948 ist aufschlußreich, weil sie den Riß in der Persönlichkeit der Dichterin als eine schon früh wahrnehmbare Konfliktproblematik festhält. Die Dichtung als sprachliche Gegenwelt erscheint abgetrennt von der Wirklichkeitsperspektive und stellt einen gehobenen Anspruch, kontrapunktisch zur alltäglichen Lebenswelt. Das Grantigsein und irritierte Verhalten der Dichterin erscheint heute zumindest darin begründet, daß ihr etwas sehr Typisches im Verhältnis von Männern und Frauen widerfahren ist, nämlich die Bevormundung, die eine andere Schriftstellerin, Marieluise Fleißer, in ihrem Verhältnis zu Brecht fortwährend in viel umfassenderer Weise erleiden mußte, bis sie sich radikal lossagte von dem als „Dompteur" empfundenen Stückeschreiber aus Augsburg. Hakel hat offensichtlich nicht empfunden und erkannt, daß er ein Persönlichkeitsrecht der jungen Dichterin durch sein eigenmächtiges Vorgehen verletzt hatte.

Das von Hakel auf diese Weise erste veröffentlichte Gedicht Ingeborg Bachmanns, das er als Initiator der Aktion ‚Der PEN-Klub stellt vor' in der Wiener ‚Weltpresse' (8. 12. 1948) mit Texten von Gerhard Fritsch u. a. hatte erscheinen lassen, war gewiß nicht der stärkste Text, den die Dichterin zu dieser Zeit vorzuweisen hatte.

Montagmorgen

Noch halb im Schlaf: Sirenen von Fabriken,
vom Sonntagsglockenklang tief untermalt.
Da übersingt das festliche Entrücken
der Bogenstrich der Sonne am Asphalt.

Im Morgenglanz: erhitztes Pläneschmieden ...
Dann schwingt der Woche erster Hammerschlag
weit aus und faßt des Jubels Übersieden
in einen dunklen, schweren Arbeitstag.

Klingen diese beiden Strophen auch noch nicht sehr überzeugend, wenn man sie mit der später erreichten Qualität ihrer Dichtung vergleicht, so fällt doch der Versuch auf, Alltagserfahrung und festliche Gegenwelt, Arbeitswelt und Freizeit am Wochenende, Liebeserlebnis und Fabrikroutine aufeinander zu beziehen, wobei „erhitztes Pläneschmieden" einerseits und „Sirenen" und „Hammerschlag" andererseits etwas konventionell und klischeehaft anmuten. Bildlichkeit und Sprache ergeben eine angestrengte Ausdruckswelt, deren Emphase zu gewollt, zu undifferenziert erscheint. Fast jede Zeile weist ein Zuviel an Ausdruckbetonung und metaphorischer Absicht auf. Das Übertriebene und Überschwengliche führt auch zu Ballungen, die auf diesem kleinen Raum schwerfällig wirken. Besonders das sprachliche Ungetüm „Sonntagsglockenklang" wirkt als zentrales Wort der lautlichen Untermalung fehl am Platze. Auch liegt etwas unfreiwillig Komisches in der Abfolge „erhitztes Pläneschmieden" und „des Jubels Übersieden." Hier wird poetisch zu schnell oder zu heiß gekocht, möchte man einwenden.

Verglichen mit diesem zu theatralisch inszenierten, letzten Endes wohl verunglückten Versuch eines Großstadtgedichts überzeugt die Dichterin weitaus mehr mit den Existenzgedichten, die ihre Selbsterfahrung zum lyrischen Gegenstand machen.

> Abends frag ich meine Mutter
> heimlich nach dem Glockenläuten,
> wie ich mir die Tage deuten
> und die Nacht bereiten soll.
>
> Tief im Grund verlang ich immer
> alles restlos zu erzählen,
> in Akkorden auszuwählen,
> was an Klängen mich umspielt.
>
> Leise lauschen wir zusammen:
> meine Mutter träumt mich wieder,
> und sie trifft, wie alte Lieder,
> meines Wesens Dur und Moll.   (I, 10)

Diese Verse, mit drei weiteren Gedichten ebenfalls von Hakel und zwar in seiner Zeitschrift ‚Lynkeus‘ (Dezember/Januar 1948/49) veröffentlicht, zeigen in ihrer an Trakl anklingenden Sprachmelodie jene Musikalität, die für Ingeborg Bachmanns Lyrik als innerer Klang charakteristisch werden sollte. Ein etwa gleichzeitig, im Mai 1949 veröffentlichtes Gedicht läßt mit den Zeilen „Zerronnen ist der Tag im Naß“ und „Gewonnen ist der Tag im Naß“ (‚Der Gärtner‘) die Sprach- und Klangwelt von Trakls ‚Rondel‘ („Verflossen ist das Gold der Tage“) wiederaufleben. In der musikalisch gestimmten Darstellung des eigenen Wesens, in der Vergegenwärtigung der inneren Tönungen, aber auch durch die spannungsreiche Bezeichnung „meines Wesens Dur und Moll“ gelingt der Dichterin eine sensible lyrische Erfassung des gleichsam vorsprachlichen Grundes der eigenen Existenz – eine Prä-existenz –, die in der intimen Mutter-Kind-Beziehung zu traumhafter Einheit und Geborgenheit verschmilzt. Existenz erscheint hier mehr als ein Klang, ist eher Stimmung als konkretes Dasein mit unabhängiger Eigenart.

Eine andere, beträchtlich verallgemeinerte Bedeutung erlangt diese musikalisch tönende Sprache, wenn das Gedicht aus der Ich-Erfahrung heraus in eine übergreifende Existenzaussage einmündet, deren Anspruch zur Selbstbezogenheit des natürlichen Daseins die Gefährdung des Ich in der Geschichte hinzufügt. Dies ist bei dem gleichzeitig in ‚Lynkeus‘ erschienenen Text „Entfremdung“ der Fall, ein Gedicht, das dem Thema der Existenzverunsicherung gemäß auf die rundenden Dienste der Form, auf partiellen Reim, strophische Gliederung und schöne Klangführung verzichtet, um in einer prosaischeren Manier Existenzbedrohung und Entfremdungsmächte zu gestalten.

In den Bäumen kann ich keine Bäume mehr sehen.
Die Äste haben nicht die Blätter, die sie in den Wind halten.
Die Früchte sind süß, aber ohne Liebe.
Sie sättigen nicht einmal.
Was soll nur werden?
Vor meinen Augen flieht der Wald,
vor meinem Ohr schließen die Vögel den Mund,
für mich wird keine Wiese zum Bett.
Ich bin satt vor der Zeit
und hungre nach ihr.
Was soll nur werden?

Auf den Bergen werden nachts die Feuer brennen.
Soll ich mich aufmachen, mich allem wieder nähern?

Ich kann in keinem Weg mehr einen Weg sehen.   (I, 13)

Unverkennbar sind hier Elemente der Tradition vorhanden, vom Gemeinplatz der zum (Liebes-) Bett gewordenen Wiese (Walther von der Vogelweide) bis zu den süßen, aber schnell verdorrenden Früchten in Hugo von Hofmannsthals ‚Ballade des äußeren Lebens' (1895). Aber Ingeborg Bachmanns dichterisches Verfahren verharrt nicht in einem bloßen Imitieren der Tradition, sondern modernisiert sich durch das Prinzip des Indirekten, Ungenannten, negativ Vorhandenen. Die konsequente Ich-Perspektive und das Aussparen der Gründe für die gefühlte, sinnlich erfahrene Entfremdung konzentrieren die Aufmerksamkeit auf einen Wahrnehmungszustand, der in der Außenwelt wie in der Innenwelt Widersprüchlichkeit, Ungenüge, Sinnentzug festhält. Das Innewerden der Ausweglosigkeit führt zu der besorgten Frage, wie es weitergehen soll, und die Schlußzeile führt schlicht prosaisch, aber in dieser Einfachheit emphatisch-wirkungsvoll die Unmöglichkeit einer neuen Sinnfindung vor Augen, obwohl im Gegensatz zu diesem Fazit in den beiden Zeilen davor zumindest die Möglichkeit einer Wiederannäherung an die Welt, eine mögliche Versöhnbarkeit durch ein neues Einverständnis erwogen wird.

Ob Ingeborg Bachmann, die im Sommer 1948 in Wien den aus Rumänien kommenden Paul Celan kennenlernte, der sich kurz darauf in Paris niederließ, durch diese Begegnung den inneren Auftrieb erhielt, ihre Gedichte zu veröffentlichen, wie Hans Weigel (Film) nahegelegt hat, sei dahingestellt. Das Gedicht ‚Entfremdung' jedenfalls, von Hakel besonders geschätzt als ein Text, der „die ganze Situation der damaligen Zeit und Generation unerbittlich und scharf, so ganz unweiblich und ohne Sentiment einfach hinsetzt", erscheint als ein Meilenstein in der poetischen Entwicklung der Dichterin. Hier gelingen ihr die Integration von lyrischem Klang und prosaischer Fragestellung, Verbindung von traditionsreicher Bildlichkeit und reflektierendem Gestus und die Zusammenschau von persönlicher Glückssehnsucht und Versehrtheit des eigenen Ich durch die alle Natur verkehrenden Mächte der Geschichte. Im existenziellen Anspruch, den dieses Gedicht erhebt, liegt auch seine Beziehung zur Haupttätigkeit der Dichterin zur damaligen Zeit: ihr Studium der Philosophie.

2. Philosophische Grundlegung der Kunst und Sprache

In der Erzählung ‚Das dreißigste Jahr' (1961) wird wohl der entscheidende Erkenntnisaugenblick der jungen Dichterin geschildert, der in ihrem Leben Epoche machen sollte. Dieses der Erzählfigur zugeschriebene Erlebnis bezieht sich auf eine Art plötzlicher Erkenntnis des kaum Zwanzigjährigen in der Wiener Nationalbibliothek, auf einen erhebenden Moment des Erkenntnisglücks, Alles, ja das Letzte begreifen zu können, aber auch auf den fürchterlichen Erkenntnisschock, an die Grenzen des Denkens gestoßen zu sein: Aufschwung und Absturz, Höhenflug des Geistes und Zusammenbruch des Denkvermögens. Das Bewußtsein überschlägt sich, die Denkfähigkeit schrumpft zusammen auf geringe Handlangerdienste für die Wissenschaft, die nicht in die Gefahr der geschilderten Grenzüberschreitung gerät. Was von diesem Durchbruchserlebnis bleibt, ist der Wunsch nach einer neuen, tauglichen Sprache, „das erfahrene Geheimnis auszudrücken." (II, 108) Im Leben der jungen Philosophiestudentin hat sich dieser

Erkenntnisschock nicht dahingehend ausgewirkt, daß sie ihr Studium abgebrochen hat. Vielmehr beendet sie ihre wissenschaftliche Ausbildung im Frühjahr 1950 mit der Promotion. Ihre Dissertation über ‚Die kritische Aufnahme der Existentialphilosophie Martin Heideggers' führt sie allerdings an die Grenzen der Schulphilosophie und des philosophischen Erkenntnisanspruchs. Indem sie sich mit den anti-metaphysischen Standpunkten des Positivismus des Wiener Kreises identifiziert, kritisiert Ingeborg Bachmann Heideggers Denken als Irrationalismus. Das breite Spektrum der Heidegger-Kritik, logischer Positivismus, historischer Materialismus, Neukantianismus, geistesgeschichtlicher Idealismus, Phänomenologie, dialektische Theologie, Neuthomismus, Ontologen und Metaphysiker, wird aufgefächert, um die Fragwürdigkeit der Existentialphilosophie deutlich zu machen. Angelpunkt von Ingeborg Bachmanns eigener Widerlegungsthese in der Schlußbetrachtung ist die Zurückweisung von Heideggers Position unter Berufung auf Ludwig Wittgensteins ‚Tractatus logico-philosophicus. Logisch-philosophische Abhandlung'. (1921) Während sie später eingesteht, Heidegger mit ihrer Arbeit „natürlich nicht gestürzt" zu haben (GuI, 137), war sie ehemals von einer stürmischen Angriffslaune beflügelt.

Ausgehend von I.M.Bochenskis Kritik an Heidegger, die Philosophie dem Ästhetischen angenähert und damit den Unzuverlässigkeiten der künstlerischen Wahrheit ausgeliefert zu haben, fragt Ingeborg Bachmann: „Besteht aber heute, angesichts einer so strengen Fassung des Begriffes wissenschaftlicher Philosophie, wie er vom logischen Positivismus, einigen Neukantianern und etwa Max Weber gefaßt wurde, die Berechtigung einer ‚zweiten Wissenschaft', die die unaussprechbaren, unfixierbaren Unmittelbarkeiten des emotional-aktualen Bereichs des Menschen rational zu erfassen suchen darf, wie Heidegger dies tut?

Das Ergebnis wird immer die gefährliche Halbrationalisierung einer Sphäre sein, die mit einem Wort Wittgensteins berührt werden kann. ‚Wovon man nicht sprechen kann, darüber muß man schweigen'." (MH, 128 f.)

Wittgensteins Auffassung, die logische Sprache der Philosophie dürfe und könne keine verbindlichen Aussagen jenseits des Tatsachenbereichs der Welt machen, weil die Sprache der Philosophie immer nur die Einzelwahrheiten in den tautologischen Sätzen der Logik nachbilden könne, wird hier zum Verdikt gegen eine völlig andersgeartete Philosophie erhoben. Ingeborg Bachmann benutzt den engen, anti-metaphysischen Philosophiebegriff, den von Wittgenstein hinter die Sprachgrenzen, d. h. die Grenzen der logisch verwendbaren Sprache verwiesenen Bereich der allgemeinen Wahrheit, des Lebens, der Existenz, der Grunderlebnisse, des Mystischen und des Göttlichen für die Kunst zu reservieren.

Zunächst wird das von Wittgenstein Ausgeklammerte als eine bedeutende Wirklichkeit anerkannt: „Die Grunderlebnisse, um die es in der Existentialphilosophie geht, sind tatsächlich irgendwie im Menschen lebendig, und drängen nach Aussage. Sie sind aber nicht rationalisierbar, und Versuche hierzu werden immer zum Scheitern verurteilt sein." (MH, 129)

Statt philosophische Erkenntnis über diesen Bereich der Grunderlebnisse, also die Existenz, zu machen, bezichtigt Bachmann Heidegger des bloßen „Geredes". Mit Selbstsicherheit und selbstbewußtem Anspruch fundiert sie ihre Auffassung von der Rolle der Kunst: „Dem Bedürfnis nach Ausdruck dieses anderen Wirklichkeitsbereiches, der sich der Fixierung durch eine systematisierende Existentialphilosophie entzieht, kommt jedoch die Kunst mit ihren vielfältigen Möglichkeiten in ungleich höherem Maß entgegen." (MH, 130)

Den Erkenntnisbereich, den Heidegger seiner Philosophie vorbehalten hatte, beansprucht Ingeborg Bachmann als Darstellungsgegenstand der Kunst: „Wer dem ‚nichtenden Nichts' begegnen will, wird erschütternd aus Goyas Bild ‚Kronos verschlingt seine Kinder' die Gewalt des Grauens und der mythischen Vernichtung erfahren und als sprachliches Zeugnis äußerster Darstellungsmöglichkeit des ‚Unsagbaren' Baudelaires Sonett ‚Le gouffre' empfinden können, in dem sich die Auseinandersetzung des modernen Menschen mit der ‚Angst' und dem ‚Nichts' verrät." (MH, 130)

Von einem „Sturz" Heideggers kann hier aber kaum eine Rede sein. Was Ingeborg Bachmann besetzt und zum Territorium der Kunst erklärt, sind die Existentialien, Sorge, Angst, Geworfenheit, Ungewißheit, das Nichts, die Heidegger zum Hauptgegenstand seines Philosophierens gemacht hatte, mit dem Unterschied, daß seine Widersacherin prinzipiell die philosophische Wahrheitsfindung und Erkenntnismöglichkeit in diesen letzten Dingen für unzulässig und unhaltbar erklärt.

Für die Dichtung folgt als Auftrag die poetische Grenzüberschreitung in der Sprache und die Kunde von den Bereichen, die mit dem logischen Erkenntnisapparat nicht erfaßt werden können. Die Erfüllung dieser Aufgabe gelingt deshalb nicht mit den rationalistischen Aneignungsmethoden der systematischen Schulphilosophie. Vielmehr holt die Kunst in die Sprache und ins sprachliche Bild eine Sicht der äußersten Wahrheiten, die erschüttert, die betroffen macht, die kein Ausweichen in verstandessichere Reflexion zuläßt. So verschafft die Kunst ein Grenzerlebnis im Schock des Erkennens, der stumm macht, der das Wittgensteinsche Schweigen herbeiführt. Was die Dichtung vermittelt, bedarf nicht des Geredes, und so hat sich Ingeborg Bachmann späterhin auch kompromißlos geweigert, ihre eigene Dichtung zu bereden, die Grenze zu den Rationalisierungen zu überschreiten, die Wahrheit des Mystischen an die Phrasen der gängigen Vorstellungen zu verschachern.

Ingeborg Bachmanns poetologische Selbstbestimmung, die in der Dissertation erstmals angestrebt wird, steigert den bei Wittgenstein vorliegenden Anspruch der Sprachethik im Hinblick auf die Reinheit und Aufgabe der Sprache. Wittgenstein überantwortet der Sprache die Aufgabe, jenseits der logisch-rationalen Tatsachenwelt, die sich mit mathematischer Präzision aussagen läßt, eine andere Welt zu erfassen, die des Geheimnisses, des Mystischen. Das für Ingeborg Bachmann „Unsagbare" gilt Wittgenstein als „Unaussprechliches", das aber im Ausgesprochenen „enthalten" ist, also im sprachlichen Kunstwerk in Erscheinung tritt, weil die dichterische Sprache es „zeigt". Anders als bei Brecht, der im Zeigegestus seiner

Kunst die sozialen Verhältnisse demonstrieren, die Klassenge-
sellschaft und ihre gesellschaftlichen Widersprüche aufdecken
will, zielt Ingeborg Bachmann auf das Aufzeigen der Grunderlebnisse, auf die Enthüllung der Elementarsituationen
menschlicher Existenz, obwohl das die beschädigende Geschichtserfahrung miteinschließt.

Wie Ingeborg Bachmann in ihrem späteren Rundfunkessay,
‚Sagbares und Unsagbares – Die Philosophie Ludwig Wittgensteins‘ (1953), darlegt, sind Kunst und Metaphysik verwandt, denn beide bringen „ein Lebensgefühl zum Ausdruck.
Die gefühlsmäßigen und willensmäßigen Einstellungen zur
Umwelt, zum Kosmos, zu den Mitmenschen, zu den Lebens-
aufgaben" (IV, 112) sind Hauptgegenstände beider Fragestellungen, mit dem Unterschied, daß die Kunst nicht argumen-
tiert, also nicht mit dem Erkenntnisanspruch der Metaphysik
auftritt. Im Darstellungsbereich der Kunst kommen aber nicht
nur diese Zentralfragen der Existenz zur Sprache durch das
Aufzeigen oder in Erscheinungtreten. Auch die Welt der ethischen Werte, die zu den „Lebensproblemen" gehören, „denn
sie geben unseren Handlungen die Akzente des Guten und
Bösen, des Wertvollen und Wertlosen" (IV, 118), werden von
der Kunst erfaßt. So wie für Wittgenstein die Sprache selbst
„das Vehikel des Denkens" ist, übernimmt die dichterische
Sprache bei Ingeborg Bachmann die Rolle eines umfassenden
Darstellungsmittels der menschlichen Lebensprobleme.

Der Zeigecharakter der Dichtung führt in Ingeborg Bachmanns Werkentwicklung zu zwei Haupttendenzen. Die eine
führt den poetischen Nachweis, das beispielhafte Vorzeigen
der verletzenden Geschichtseinwirkung auf das Subjekt und
seine ihm wesentliche Lebenssphäre. Die andere Tendenz
bleibt beim Nachweis der Verwundbarkeit nicht stehen, sondern entfaltet eine unermüdlich sich äußernde Vision einer
Durchbrechung des negativ Bestehenden, die dem Wunsch
entspricht, die Grenzen der erfahrbaren Wirklichkeit zu über-
steigen. Diese an die „neue Sprache" gebundene Utopievor-
stellung hat die Aufgabe, die Geschichtsschädigung zu überwinden. Zu den Hauptelementen der weiteren Werkdialektik

gehören die Erfahrung der Gewalt, der Entwurf von Gegenwelten, die verletzte Subjektivität und der grenzenüberschreitende Eros.

Die Grundspannungen in Ingeborg Bachmanns Welterfahrung prägen auch die sich herausbildende Eigenart und Erscheinungsweise ihrer Werke. Die Musikalität der Sprache – Musik als Inbegriff des Absoluten –, die rhythmisierte Gestalt vieler Texte, ihre Eigenschaft, die Klangfülle von Gesang zu vermitteln, schließlich die in der kadenzierenden Sprache vorhandene Stimmung und Tönung bringt eine im Lautlichen wirkende Sprachmagie zur Geltung. Sie ist, wie bei Wittgensteins Gegensatz von Logik und Mystik, wesenhafte Grundstimmung einer den Grenzen des Bewußtseins vorgelagerten Daseinsweise, die als Lebensrhythmus in Erscheinung tritt. Dieser zunächst ungebrochene innere Bereich wird in der Schmerzerfahrung erschüttert und durch Verwerfungen in seiner Gestimmtheit gestört. Diese Erschütterung äußert sich sprachlich in der reichmodulierten poetischen Klage, die sich in den für Ingeborg Bachmann charakteristischen Texten der Betroffenheit vielgestaltig mitteilt. Dieser Absicht, die auch den Leser betroffen, zum Nachfühlenden und Nachvollziehenden der Erschütterung machen will, gesellt sich als zweiter Hauptappell die zum Utopischen hindrängende Aufruf- und Aufbruchsthematik zu. Aus seiner ekstatisch erlebten Selbsterfahrung heraus sucht das poetische Ich, das vergänglichkeitsbewußt und wirklichkeitsempfindlich immer neuer Todesangst ausgesetzt ist, dichterisch eine Stellung zu vermitteln, in der Eigenwelt und Sozialbereich von einer versöhnenden Liebe und Gewaltlosigkeit bestimmt sind.

3. Herrschaft und Knechtschaft

Der Prozeß einer inneren Festigung, einer deutlicheren, selbstbewußten Schreibweise in Prosa und Lyrik vollzieht sich in diesen Nachkriegsjahren in Wien, als Ingeborg Bachmann ihre poetische Selbstfindung durch die philosophische Reflexion des Sprach-, Wahrheits- und Kunstproblems intensiviert. Nachdem in der Jugendlyrik die früheren Existenzerschütterungen und Todesängste suchend, romantisch, mystizistisch, unentschieden, verarbeitet waren, sind auch die Erzeugnisse der ersten Wiener Zeit noch nicht frei von diesem Klärungsvorgang.

Charakteristisch für das Jugendwerk war die Suche nach einer eigenen poetischen Sprache, wobei sich immer wieder die Notwendigkeit der Assimilation der dichterischen Vorbilder, besonders der Klassiker ergab. Überschwenglichkeit und gefühlvoller Ausdruck, exaltierte Sprache und bändigender Formsinn, Unbedingtheit in der Aussage und Ästhetisierung vor allem der Todesthematik zeichnen diese lyrische Phase aus, die in der Kunst einen Rettungsbereich gegenüber den bedrohlichen Lebenszusammenhängen der Kriegszeit schafft. Es sind vor allem die ich-bezogenen, existenziell konzentrierten Gedichte, die schon einen unverwechselbaren Tonfall haben, in denen zugleich die Lebensproblematik dieser Sechzehnjährigen, der leidvolle Gegensatz von Freiheitswille und Eingeengtsein, von Aufbegehren und Gefangenschaft zur Sprache kommt.

> Sklaverei ertrag ich nicht
> Ich bin immer ich
> Will mich irgend etwas beugen
> lieber breche ich.
>
> Kommt das Schicksals Härte
> oder Menschenmacht
> Hier, so bin ich und so bleib ich
> Und so bleib ich bis zur letzten Kraft.
>
> Darum bin ich stets nur eines
> Ich bin immer ich
> Steige ich, so steig ich hoch
> Falle ich, so fall ich ganz.   (I, 623)

Dieser Text aus den Jahren 1942/43 läßt protestantisches Erbe, läßt aber auch Härte und Stolz und sogar Unbeugsamkeit des Charakters erkennen. Die Unbedingtheitserklärung und auch Unabhängigkeitsresolution „Ich bin immer ich" gegen

Schicksal und Menschenmacht ist gewiß nicht nur Trotzreaktion und schon gar nicht kindliches Reagieren, sondern eine bewußte Selbstverteidigung, ein Beispiel unerschrockenen Widerstandes. Diese Lyrik ist zugleich politisch zu verstehen. Wenn es in dem Gedicht ‚Nach grauen Tagen' vom 10. Oktober 1944 heißt,

> Tränen liegen auf meinen Wangen
> aus den Nächten des Irrsinns,
> des Wahnes schöner Hoffnung,
> dem Wunsch, Ketten zu brechen
> und Licht zu trinken . . .
> Eine einzige Stunde Licht schauen!
> Eine einzige Stunde frei sein! (I, 624)

dann wird die politische Zielrichtung dieses Gedichts deutlich auch ohne zeitgeschichtliche Konkretisierung der Nazizeit. Was an diesem Gedicht weiter auffällt, ist die Intensität, mit der die Knechtschaftssituation sinnlich erfahren, das Erleiden der Versklavung und der Freiheitswunsch zur körperlichen Metapher wird: „Licht zu trinken". Das verweist darauf, daß Ingeborg Bachmann, wenn sie körperliche und seelische Befindlichkeit beschreibt, das Soziale und Politische, das Kollektive und Geschichtliche mitdarstellt.

Das in vieler Hinsicht für sich stehende Jugendwerk, die historische Novelle ‚Das Honditschkreuz' gestaltet in seiner vielschichtigen Konfliktstruktur Hauptaspekte der Auseinandersetzung der Dichterin mit dem Zeitgeschichtlichen, gespiegelt in der welthistorischen Situation einer vergangenen Epoche. Das in die napoleonische Zeit verlegte Problem der Fremdherrschaft und des Freiheitskampfes, das Thema der kollektiven und individuellen Entscheidungssituation im politischen wie im privaten Bereich, der Gegensatz von Liebesverlangen und Gemeinschaftsverantwortung und schließlich der Gewissenskonflikt von Berufung zum theologischen Amt und Bereitschaft zur Heimatverteidigung, das sind erzählerisch ehrgeizige Anliegen, die in die Beschreibung des kurzen Lebens des Studenten Franz Brandstetter mit seinen Krisen und Wendepunkten aufgenommen sind. Dieser Kärntner Bauernsohn erscheint wie ein ins Männliche projiziertes Ich der Autorin, die am inneren Zwiespalt dieser konfliktreichen Hauptfigur fiktiv ihre Probleme durchspielen kann. Die bildkräftig geschilderte Heimatwelt des Gailtals, die sicher gehandhabte Dramaturgie der Handlungsführung und die oft reflektiert verweilende epische Gestaltung des auf Wendepunkte zugespitzten Werdeganges des Helden sind in diesem Werk eindringlich und beachtlich. Die bis in sprachliche Regionalismen abgeschilderte bäuerliche Welt läßt die Heimatliebe der jungen Erzählerin erkennen, die in ihrem etwa gleichzeitig entstandenen Preislied ‚An Kärnten‘ die von der Fremdherrschaft geschundene Heimat so besungen hatte:

Sei auch geliebt viel tausendmal
Herbstliches Feuer im Abendstrahl
Todwund von fremder vernichtender Hand
heiliges herrliches Heimatland.   (S. Bothner, 78)

Das klangvolle, schmerzliche Pathos dieser Liebesbekundung durchzieht auch die Novelle, die den Freiheitskampf gegen die Fremdherrschaft uneingeschränkt verherrlicht. Was die sozialen Beziehungen des zwischen zwei grundverschiedenen Frauen stehenden Helden anbetrifft, so ist die Darstellung des Erotischen bestimmt von einer vorwiegend dumpfen Triebhaftigkeit, die die Figuren den dämonischen Mächten ihres Innern ausliefert. Weitgehend unfähig, sich in Liebesdingen zu verständigen, erfahren die Frauen Anziehung und Liebesverlangen von der männlichen Seite vor allem in einer aggressiven, meist willfährig akzeptierten Weise.

Den Zusammenhang von Liebe und Gewalt behandelt Ingeborg Bachmann in den meisten ihrer Erzählungen der ersten Nachkriegsjahre unter deutlicher Bezugnahme auf das Herr-Knecht-Syndrom. In der Kurzerzählung ‚Die Fähre‘ (1946) ist es die Rivalität der schon soziologisch in dieses Schema passenden männlichen Hauptfiguren, des Herren im Herrenhaus und des Fährmanns Josip, der eifersüchtig auf die Anziehung und Macht, die der Herr auf das Dorfmädchen Maria ausübt, reagiert. Willig dem Herrn zu Diensten zu stehen, ja sich selbst ihm anzubieten, wird Maria zum Objekt, um das Josip kämpft, wobei er das Recht der Ausbeutung, das der Herr für sich in Anspruch nimmt, in Frage stellt. Das führt dazu, daß er die zur Unterwerfung bereite, von ihm selbst umworbene Maria nicht über den Fluß setzt und sich im Machtkampf um die Frau selber zum Herrn erhebt. Es kommt allerdings zu keiner weiteren Gewaltanwendung, und sogar eine gewisse Verständigungsbasis ergibt sich, als Josip, an den bald kommenden Winter denkend, sich zu der Bitte durchringen kann: „Wirst du mit mir tanzen?" Worauf die von ihm drangsalierte Maria zumindest einlenkt und mit einem „Vielleicht" (II, 14) die weitere Entwicklung offenhält.

Daß hier die Verhaltensweise männlicher Gewalt gegenüber der Frau einer Kritik unterzogen wird, läßt auch die Kurzerzählung ‚Im Himmel und auf Erden' (1949) erkennen, wo die Gewalttätigkeit als physische Mißhandlung – als Schlag ins Gesicht – sichtbare Spuren hinterläßt, obwohl am Ende die Herrschaft des Mannes über die Psyche der Frau zur Schlußkatastrophe führt. Amelie ist die ergebene, durch nächtliches Nähen mühsam und entbehrungsreich mitarbeitende Frau Justins, der als besessener Spieler Hab und Gut verliert und die „Partnerin seiner Selbstgespräche" (II, 16), wie es bezeichnend heißt, in den Selbstmord treibt. Erotische Faszination, etwa Justins „Lächeln", das Amelie „alles vergessen ließ', ihre Bewunderung der Herrscherfigur, die zugleich „so zärtlich wie zu einem kleinen Kind" sein kann, schließlich die „Bereitschaft", den Mann um jeden Preis zu versöhnen, unterminieren, was als „wilde Entschlossenheit" gelegentlich zum Durchbruch kommt und in Auflehnung, Ablösung, Absage der Frau enden könnte, wenn nicht die Abhängigkeit zu groß, die Ich-Schwäche nicht unübersehbar wäre. Auch der Schock der Erkenntnis am Ende über Justins selbstsüchtige, betrügerische Parasitenexistenz – von der Erzählerin mit unerbittlicher Schärfe kommentiert: „Da stürzte die Einfalt aus ihren Augen und wechselte mit einem Abgrund des Wissens, der mit einemmal ihn und sie und das Gefüge ihrer Beziehungen verschlang" (II, 18) – führt nicht zu einer Befreiung der versklavten Frau, sondern zum Sturz aus dem Fenster, zu ihrer vollständigen Selbstauslöschung.

Der Vorstellung von der psychischen – bis zur physischen Zerstörung gehenden – Knechtschaft der Frau nahe ist auch die Erzählung ‚Die Mannequins des Ibykus' (Wiener Tageszeitung, 6. Oktober 1949), die parodistisch auf Schillers Gedicht ‚Die Kraniche des Ibykus' (1797) Bezug nimmt. Schiller ging es um die Selbstenthüllung derer, die gegen die sittlichen Normen verstoßen hatten. Ingeborg Bachmann inszeniert eine surreal anmutende, den schwarzen Humor des Wiener Kabaretts der Nachkriegsjahre einspannende Farce, die vom Machtkampf zweier Männer ausgeht, eine unversöhnliche und im Mord des einen endende Rivalität, bei der die zum passiven Zuschauen verurteilte Damenwelt für das Opfer Partei ergreift. Die hier zu Schaufensterpuppen verdinglichten weiblichen Figuren, Fetische der männlichen Besitzgier, verlebendigen sich in einer grotesk-alltäglichen Modenschau, an deren Ende der mörderische Sieger des Zweikampfes eines der wieder zur Porzellanfigur erstarrten Mannequins zerbricht. Er weint nach dieser Tat, aber es sind die Tränen eines Kindes, dem sein Spielzeug zerbrochen ist. Der Surrealismus dieser stilistisch uneinheitlichen, dennoch amüsanten Geschichte macht unter dem forcierten schwarzen Humor die tragische Verkettung von Eros und Gewalt, männlicher Herrschaft und Versklavung der Frau deutlich.

Eine Geschichte mit tödlichem Ausgang ist auch die mörderische Bergbesteigung in der Erzählung ‚Die Versuchung' (Wiener Tageszeitung, 7. August 1949), die in gewitterschwüler Atmosphäre Aufstieg und Abstieg, Klimax und Untergang auch im erotischen Sinne durchscheinen läßt: „verwittert, versengt und verloren" stirbt der Held, der undeutlich von einem Fremden zur Besteigung des Berges und Gefährdung seines Lebens verlockt worden ist. Verloren und sterbensbereit ist auch Hanna, die lebensmüde Hauptfigur in ‚Das Ufer' (Wiener Tageszeitung, 3. Juli 1949), deren Tod im Fluß daran scheitert, daß sie wieder ans Ufer gespült und dann von dem selbstlos hilfsbereiten Simon ins Leben zurückgerufen wird.

Hannas „Rausch einer großen Trunkenheit" läßt eine Todes-verfallenheit und einen wiedererwachenden Lebenssinn erken-nen, eine dionysisch entrückte Seelenstimmung und einen die romantische Todessehnsucht verklärenden Taumel.

Die Fabeln dieser Erzählungen sind dürftig, wie denn Inge-borg Bachmann auch in ihrem reiferen erzählerischen Werk auf ausgeprägte Handlungsgerüste verzichtet. Hier kommt hinzu, daß die Gestaltungskraft anders als in der ich-zentrier-ten Existenzlyrik noch unentschieden, die thematische Konse-quenz nur teilweise überzeugend ist. Das Konstruierte der Texte wird von der noch nicht stilistisch einheitlichen Sprache kaum in beeindruckende Kunst verwandelt. So faszinierend die einzelnen Vorstellungsbereiche sind, so konsequent das Herrschafts-Knechtschafts-Syndrom als zugrundeliegende Struktur sich erweist, es fehlt an epischer Stringenz. Dunkel-heit übertönt noch oft den angestrengten Ausdruckswillen, der noch nicht im Einklang mit dem Sprachrhythmus und dem Lebensrhythmus der Figuren steht.

Stärker eingestimmt auf die Polarität von Existenzrhythmus und Welterfahrung sind einige andere Erzählungen dieser Wiener Jahre, in denen auch metaphysische Fragestellungen eine Rolle spielen. So beschwört ‚Die Karawane und die Auf-erstehung' (1949) ein Zwischenreich zwischen Leben und Tod, in dem die Toten in einem monotonen Wanderzug durch eine ebenso eintönige Schattenwelt ziehen. Anklänge an die Thematik des verfehlten Todes in Kafkas ‚Der Jäger Grac-chus' (1917) ergeben sich undeutlich. Aus der Reihe der zur Todeswanderschaft Verurteilten ragt bei Ingeborg Bachmann die Gestalt des Knaben heraus, der dem Ruf einer unergründ-lichen Schicksalsmacht folgend sich als Flamme verzehrt und mit seiner Verwandlung in ein Lichtsymbol das unermeßliche, zwielichtige Dunkel dieser Welt aufhellt. Opferthematik, Auf-erstehungsbegriff und Erweckungsmetapher sind hier quasi-allegorische Mittel, den erschütterbaren Menschen zum Sinn-bild möglicher Rettung zu machen.

Diese Thematik einer Heilszuversicht, einer paradiesischen Gewißheit spielt in die Erzählung ‚Auch ich habe in Arkadien gelebt' (1952) hinein, ein verschlüsselter Text zum künstlerischen Selbstverständnis der Autorin, die das „Geheimnis des Erfolges" schon zu kennen glaubt, während ihr die dichterische Berufung als „ein von großer Entfernung geschwächter Ruf" und „eine vom Wind zerrissene Melodie" erscheint. (II, 39) Das Arkadische, von Ingeborg Bachmann im Rückbezug auf die Vorstellungen der Klassiker, Goethe und Schiller vor allem, konzipiert, ist von einer unwiderstehlichen Anziehungskraft angesichts der Benommenheit, die in einer Art babylonischer Gefangenschaft in der alltäglichen Existenz vorherrscht.

Mit einer an Kafka erinnernden Intention und Intensität geht die kurze Erzählreflexion ‚Das Lächeln der Sphinx' (1949) dem Mythos zu Leibe. Bekanntlich kapitulierte die mythische Sphinx vor der rätselauflösenden Macht des Ödipus und zerstörte sich selbst. In diesem Text kommt es zu einer Revision und Umwertung der Überlieferung, und das führt auch zu einer Einsicht in die notwendige Umkehrung der existierenden Machtverhältnisse. Vor dem Zeitalter der „Gefährdung" sind nicht einmal „alle Regierenden" sicher. (II, 19) Der Herausforderung des Herrschers zum Rätselwettkampf stellt sich die Sphinx, die sich aber dem Triumph ihres Gegners, der zwei Rätsel, das Geheimnis der Erde und des Weltraums löst, zu entziehen weiß. Denn bei der dritten Frage, die nach dem Wesen der von ihm beherrschten Menschen fragt, verliert er, da er das Rätsel nicht löst, sondern in einem beispiellosen Massenmord, der offensichtlich auf die Naziverbrechen anspielt, läßt er alle Untertanen guillotinieren. Die entkommende Sphinx überläßt den besiegten Herrscher seiner Schuld. Unschwer ist in dieser lächelnden Sphinx das Sinnbild weiblicher Ethik zu erkennen, welche die männlichen Untaten als der unmenschlichen Herrschsucht entsprungene Vergehen der Notwendigkeit der Sühne aussetzt.

Einen Versuch, das Arbeiten eines Herrschaftsapparates, einer militärisch organisierten Behörde zu gestalten als Modell einer anonym verwalteten Welt, unternahm Ingeborg Bachmann in ihrem ersten Roman ‚Stadt ohne Namen' (1947–1951), von dem sich nur das Anfangskapital ‚Der

Kommandant' erhalten hat. Kafkas Darstellung geheimnisvoller Gerichtsbehörden und fremdartiger Instanzen löste in der Nachkriegszeit eine starke Neigung zur Nachahmung aus, die sich an den Werken von Hermann Kasack, ‚Die Stadt hinter dem Strom' (1946), Walter Jens, ‚Nein – die Welt der Angeklagten' (1950) und auch Martin Walser, ‚Ein Flugzeug über dem Haus' (1955) als Beschreibung der unwirklichen und verfremdeten Welt ablesen läßt. Diese zeitweilige Kafka-Mode tritt auch in Wien in Erscheinung. Ilse Aichinger, die zwar immer wieder den Kafka-Einfluß bestritten hat, läßt in den Erzählungen des Bandes ‚Der Gefesselte' (1953) die bedrückende Atmosphäre einer ausweglosen Existenzsituation Gestalt werden, die an Kafkas gemahnt und auch zu der flapsigen Titulierung „Fräulein Kafka" führte.

Ilse Aichinger jedenfalls, die um fünf Jahre ältere, deren erster (und einziger) Roman ‚Die größere Hoffnung' 1948 erschienen war, wurde zur Leitfigur für Ingeborg Bachmann, deren „imitatio Ilse" (H. Weigel) nicht frei war von ehrgeiziger Rivalität, obwohl beide seit der Wiener Zeit freundschaftliche Beziehungen pflegten. Ingeborg Bachmanns Romanversuch (Hans Weigel hat die Arbeit finanziell für ein halbes Jahr gefördert) kam unter Qualen, Krisen und Ausbrüchen zu einem Abschluß. Aber weder beim bundesdeutschen S. Fischer Verlag in Frankfurt, wo Ilse Aichinger als Autorin und Lektorin Schrittmacherdienste unternahm, noch beim Biederstein-Verlag in München, wo sich Heimito von Doderer für das junge Talent einsetzte, und auch nicht bei einem Wiener Verlag gelang eine Veröffentlichung. Das Manuskript, in dem die Wiener Verlegerin Änderungen wünschte, was Ingeborg Bachmann durch Schweigen und Nichtreagieren beantwortet zu haben scheint, was ihrem Förderer Hans Weigel „ungeheuer schäbig" vorkam, ist bis auf das erste Kapitel verschollen.

Die Konzeption von Ingeborg Bachmanns ‚Der Kommandant' fügt der Perspektive der Unwirklichkeit und Angst gegenüber den anonymen Mächten, wie sie die Kafka-Mode pflegte, das Moment der Kritik der Irrationalität der Machtapparate hinzu. S., die Hauptfigur, bahnt sich seinen Weg durch eine belagerte, von Uniformierten beherrschte Stadt, wo er sich plötzlich zu seiner Überraschung von einem Stab umringt sieht, der in ihm den von allen erwarteten Kommandanten akzeptiert. Unmittelbar eins werdend mit dieser Rolle in der Machthierarchie erfährt S. das Prekäre dieser Stellung, denn selbst als Befehlshaber fühlt er sich einer unnennbaren Bedrohung ausgesetzt. Wie in einem absurden Spiel mit der Macht kommt es zur erneuten Bestätigung von S. als Kommandant. Deutlich wird an diesem Verfahren die alles persönliche Machtstreben übersteigende Gesetzmäßigkeit von Rollen und Funktionen innerhalb eines Systems, das von geheimnisvollen Mächten gesteuert erscheint. Das Machtprinzip erneuert sich durch die immer wieder vollzogene Unterwerfung unter diese Dynamik des Apparates. Herrschaft und Knechtschaft erscheinen als unaufhörliches Wechselspiel im entfremdeten Gesellschaftszustand. Daß die Autorin ihre Einsicht in die Wiener Nachkriegswelt und die hierarchische Verteilung von Macht in Gesellschaft und Politik hier auf eine verfremdende Art und Weise verarbeitet hat, wird aus diesem Fragment des Romans deutlich.

Schon der Titel ‚Stadt ohne Namen‘ deutet Identitätsverlust an. Verglichen mit anderen Werken der Kafka-Nachfolge läßt Ingeborg Bachmann aber eine weitaus prinzipiellere Infragestellung der Machtstrukturen, ihrer Absurditäten und Antiquiertheiten erkennen. Nicht unähnlich dem „Aufruf zum Mißtrauen", mit dem Ilse Aichinger 1946 eine Leitidee der neuen, später auch skeptisch genannten Generation artikuliert hatte, zielt Ingeborg Bachmann mit ihrer Herrschaftskritik nicht nur auf die Welt der Apparate, sondern auch auf die der Subjekte, die mit Gutgläubigkeit und fraglosem Einverständnis affirmativ sich verhalten und nicht zum gesellschaftsverändernden Widerspruch sich aufraffen.

4. Kränkung und Zuspruch

Die Zeit nach ihrer Promotion im Frühjahr 1950 bis zum plötzlichen Aufstieg zur Starlyrikerin in dem ‚Spiegel'-Artikel von 1954 ist für Ingeborg Bachmann ein etappenweises Voranschreiten der dichterischen Selbstfindung. Hoffnungen auf eine Universitätslaufbahn erwiesen sich als illusorisch. Auch die Karriere als Journalistin, die zumindest zeitweilig in den Jahren 1954–55 zur Tätigkeit als Italienkorrespondentin der ‚Westdeutschen Allgemeinen' unter dem „Pseudonym Ruth Keller" führte, war wenig aussichtsreich. Die Dichterin erinnert sich später: „Und so bin ich eben sofort in ein Büro gegangen, Matritzenschreiben. Sekretärin wäre zuviel gesagt. Es war schon ein Glück, in diesen Jahren in Wien überhaupt eine Stelle zu finden." (GuI, 112) So ergab sich die Arbeit im Sekretariat der amerikanischen Besatzungsbehörde in Wien und danach die Stellung als Script-writer und spätere Redakteurin beim Sender Rot-Weiß-Rot, wo sie u. a. die Hörfunkfassung von Franz Werfels Novelle ‚Der Tod des Kleinbürgers' herstellte. Es folgten im Jahr 1952 die Übersetzungen von Louis MacNeice' Hörspiel ‚The Dark Tower' und Thomas Wolfes Drama ‚Mannerhouse' dem Ingeborg Bachmann zuerst den Titel ‚Das Herrschaftshaus' gab, der zurückgewiesen wurde, was sie erheblich kränkte, wie ihrer Mutter, die ebenfalls den späteren und gebräuchlicheren Titel „Herrenhaus" ihrer Tochter nahelegte, in deutlicher Erinnerung geblieben ist. (Olga Bachmann)

Anstoßen und Gekränktwerden, Ingeborg Bachmann erfuhr es nur zu oft. Schon während des Studiums hatte sich manche Hoffnung zerschlagen. Ein Buchprojekt über literarische Nobelpreisträger kam 1948 durch Verschulden des Auftraggebers nicht zustande. Die Suche nach einem Verlag für den Roman ‚Die Stadt ohne Namen' erwies sich als Rückschlag. Zudem scheint sich Ingeborg Bachmann aufgrund ihrer Kompromißlosigkeit angesichts verlegerischer Änderungswünsche Sympathien verscherzt zu haben. Und selbst da, wo sie Anerkennung erfuhr, war sie zugleich mit Verkennung ihrer eigentlichen Persönlichkeit gemischt. So wie Ilse Aichinger, die 1951 und 1952 bei ihren Lesungen vor der Gruppe 47 großen Eindruck machte und beim zweiten Mal den Preis der Gruppe zuerkannt hielt, vom modischen Jargon der Kritik „Fräulein Kafka" getauft wurde, galt Ingeborg Bachmann bei dem ihr zunächst wohlgesonnenen Heimito von Doderer aufgrund ihrer angeblich männlich starken Prosa nur als *der* Bachmann.

Diese Vereinnahmung ganz bestimmter Erzähleigenschaften unter dem Etikett „männlich" hat seine historische Parallele in der Weimarer Zeit, als der begehrte Kleistpreis für den Roman ‚Aufstand der Fischer von St. Barbara' an einen Autor namens Seghers ging, der wegen der „männlich starken" Prosa auch für einen Mann gehalten wurde, bis sich Anna Seghers als Autorin herausstellte. Typisch sind daran die Selbstverständlichkeiten einer männlich bestimmten Literaturauffassung, die aus heutiger Sicht antiquiert anmutet. Doderers martialische Persönlichkeit konnte sich aber noch härter erweisen. Er, der der jungen Rundfunkredakteurin mittelmäßige Gedichte zur Sendung zugeschickt hatte, wie aus einem Text aus dem Nachlaß hervorgeht, verletzte sie Jahre später, als sein Ruhm als Romancier sprunghaft gestiegen war, auf einer Münchner Abendgesellschaft, sich in der Rolle des Altmeisters der Literatur gefallend, mit einer bösen, eiskalten Bemerkung. Ingeborg Bachmann, getroffen von dieser Schmähung, die alles um sie herum in peinlicher Betretenheit verstummen ließ, brach in Tränen aus. (Kuno Raeber) Männliche Rede und Macht: Vom „starken" ließ sich das „schwache" Geschlecht eine Abfuhr erteilen. Es waren Erfahrungen, die bei Ingeborg Bachmann sich tief eingruben in die Seele, um später in den Alpträumen des Schreibens wieder hervorgeholt zu werden.

So häufig Ingeborg Bachmann Kränkungen erfuhr, so intensiv sie diese Verwundungen erlitt, ihre Wiener Zeit wurde nach der Promotion für fast ein halbes Jahr unterbrochen, als sie im Oktober 1950 nach Paris reiste, wo sie Paul Celan wiedertraf. Im Dezember führte die Weiterreise nach London, wo

Helga Aichinger, die Zwillingsschwester Ilses, sie aufnahm. Nach einer Lesung auf Einladung der Anglo-Austrian Society in London kam es zur Begegnung mit Elias Canetti, der der jungen Dichterin, offensichtlich angetan von ihrem Wesen und Talent, ein Exemplar seines 1948 wiederaufgelegten Romans ‚Die Blendung' mit den ermunternden Dankensworten widmete: „Für Ingeborg Bachmann, die mir Wien wieder nahe gebracht hat und von der ich vieles Schöne erwarte." In seine im Vorjahr neu herausgebrachte ‚Komödie der Eitelkeit' schrieb Canetti im Februar 1951 die ahnungsvollen und von seiner eigenen Bitterkeit gegenüber der „Kränkungsstadt" gezeichneten Worte: „Für Ingeborg Bachmann, damit sie Wien wiedererkennt. Von Elias Canetti" – eine Abrechnung mit der Wiener Gesellschaft der dreißiger Jahre für eine Dichterin, deren eigene Abrechnung mit der „Stadt ohne Gewähr" noch kommen sollte.

Ingeborg Bachmanns Reise nach Paris und London erbrachte für sie nicht nur eine Erweiterung des Horizonts, die sich dann fast unmittelbar darauf in den Gedichten als Motiv der Ausfahrt, des Aufbruchs und des Abschieds niederschlägt; hinzu kam eine Bereicherung im Menschlichen durch die Begegnung mit zwei jüdischen Schriftstellern, die auf besondere Weise ihre innere Anteilnahme, ihre Betroffenheit gegenüber den Leiden in der Zeit des Faschismus und während des Exils wecken konnten. Austausch und Zuspruch, Geistesverwandtschaft und Anerkennung, Zuneigung und Freundschaft, das waren Erlebnisse der Nicht-Kränkung. Das gab der eigenen Schmerzerfahrung der Kindheit und Jugend die Möglichkeit, sich mit dem jüdischen Schicksal zu indentifizieren, daraus auch zu einer neuen Trauerfähigkeit zu gelangen. Die Verehrung, die Ingeborg Bachmann, die selber keine jüdischen Mitschüler gehabt hatte, dem Jüdischen entgegenbrachte, verdeutlicht Hans Weigels Bericht: als er ein von seinen Eltern in die Emigration gerettetes Trachtenkleid aus New York als Geschenk für die Dichterin mitbrachte, entlockte ihr das Geschenk den entzückten Jubelruf: „Ein jüdisches Dirndl". Weigel (Film) betont dann, wie sehr der heimatverbundenen

Dichterin diese Verkettung von Heimatlichem und Jüdischem wie ein einzigartiger Wert erschien.

Die Fähigkeit, sich mit dem jüdischen Schicksal aufgrund solch wesensverwandter Beziehungen zu Einzelpersönlichkeiten wie Paul Celan oder Elias Canetti zu identifizieren hat für Ingeborg Bachmann auch in ihrem Werk bedeutsame Folgen gehabt. Ihr Schreiben als Verarbeitung persönlicher Schmerzerfahrungen nimmt vor allem in der Lyrik die Form einer allgemeineren Trauerarbeit an. Nach dem Verlassen Wiens und Österreichs wird Exil als ein Lebensgefühl, das sich mit diesen nahestehenden Menschen verbindet, zu einem mitbestimmenden Faktor. Exil als geistiger Bestimmungsort wird dann zur Lebensform und zum Schlüsselbegriff der dichterischen Existenz, am nachdrücklichsten und eindrucksvollsten gestaltet in dem Gedicht ‚Exil‘ (1957), wo im Anklang an das Motiv vom Ewigen Juden die eigene Existenz als ein Umhergetriebensein begriffen wird.

5. Ohnmacht im Erfolg. Ein Durchbruch

Der Niederschlag der Reise nach Paris und England findet sich schon wenig später in einer neuen Thematik der Lyrik, die vom Aufbruchsmotiv, von der Vorstellung der ‚Ausfahrt‘ bestimmt wird – so der Titel des Eingangsgedichts der ersten Buchveröffentlichung ‚Die gestundete Zeit‘ (1953), die Ingeborg Bachmanns dichterischen Ruhm begründen sollte. Schon ein Jahr vorher, 1952, erschienen fünf Gedichte unter der Sammelüberschrift ‚Ausfahrt‘ durch Vermittlung des als Herausgeber fungierenden Hans Weigel in der Zeitschrift ‚Stimmen der Zeit‘.

Ein Aufbruch anderer Art, der auch zu einem Verlassen der leidigen Heimatwelt führen sollte, kam zustande, als der „Vater" und Leiter der Gruppe 47, Hans Werner Richter, im April 1952 nach Wien kam. Er lernt dabei zunächst „flüchtig und ohne nachhaltigen Eindruck" die noch unbekannte Dichterin kennen, die eine Sendung mit ihm vorbereiten soll. Sie erscheint ihm als eine junge Frau, auffallend schüchtern und scheinbar hilflos und zugleich voll übersensibler Spannung. Durch Zufall kommen ihm an ihrem Büroschreibtisch Gedichte in die Hände, „für eine Anfängerin zu vollendet, zu ausgereift, in ihrer Weltsicht und Sprache nicht die Gedichte einer jungen Frau, dieser Frau", die vor ihm steht. (Richter, 105) Es sind Gedichte, mit denen sie bisher noch nicht „durchgekommen" ist, wie der Schriftsteller Milo Dor versichert.

Im folgenden Mai lesen auf Richters Einladung hin Ilse Aichinger, die mit ihrer ,Spiegelgeschichte' den ersten Preis davonträgt, Ingeborg Bachmann und Paul Celan in Niendorf an der Ostsee bei der Tagung der Gruppe 47. Stärkeren Eindruck als der sehr verstört wirkende Celan, auf den sie mit den Worten hingewiesen hatte, „der sei sehr arm, unbekannt wie sie selbst, schreibe aber sehr gute Gedichte, bessere als sie selbst," macht Ingeborg Bachmann mit ihrer eigenen Lesung: „Sehr leise, fast flüsternd. Einige sagen nachher: ,Sie weinte ihre Gedichte.' Alle müssen näher rücken, um überhaupt ein Wort zu verstehen. Ingeborg Bachmann wird immer leiser, dann verstummt sie ganz." Jemand muß ihre Gedichte weiterlesen. Sie wird auf ihr Zimmer gebracht, wo sie in Ohnmacht fällt. Eine Ohnmacht im Erfolg. Denn Erfolg hat sie auf Anhieb bei den Kritikern und vor allem bei den Rundfunkleuten, die ihre Gedichte senden wollen. Die zunächst ratlose Kritik spürt hier eine „neue Poesie" und fühlt das Ende der Kahlschlagperiode gekommen. Nach der Trümmerliteratur und ihrem Neorealismus ist jetzt ein Epocheneinschnitt erreicht.

In der Tat weisen die Gedichte Ingeborg Bachmanns aus diesen Jahren eine neue poetische Qualität auf. Gegenüber den Kahlschlagtexten mußte ihr Anspruch, „Dunkles zu sagen", in Niendorf gerade wegen der Sangbarkeit der Sprache und der reichtönenden, traditionsgenährten Klangmelodie eindrucksvoll, ja hinreißend wirken, auch wenn die oftmals befremdliche Bildwelt ratlos machte. Wie dürftig und aufs Notwendigste der nackten Überlebenssituation reduziert nimmt sich Günter Eichs berühmtes Gedicht ,Inventur' (1945) aus, das kunstlos schlicht beginnt:

Dies ist meine Mütze,
dies ist mein Mantel
hier mein Rasierzeug
im Beutel aus Leinen.

Solche Faktizität war freilich Kunstabsicht angesichts der Rui-
nenwelt der ersten Nachkriegszeit. Selbst die Erwähnung des
Schreibens, der poetischen Produktion läßt das Kümmerliche
der Lage deutlich werden, obwohl die dichterische Tätigkeit
zu einem Identitätsgewinn führt. Und die vom Mangel, auch
vom Leiden am Mangel bestimmte Wirklichkeit läßt ein Gefühl von Liebe zu, eine ängstliche Liebe zum Schreibwerk-
zeug, weil sein Verlust verheerend wäre für das zum Schreiben
inspirierte Ich:

Die Bleistiftmine
lieb ich am meisten:
Tags schreibt sie mir Verse,
die nachts ich erdacht.

Welch andere Welten, Vorgänger, Leitbilder poetischer Selbstreflexion, Mythen und Poeten, beschwört Ingeborg Bachmann:

Dunkles zu sagen

Wie Orpheus spiel ich
auf den Saiten des Lebens den Tod
und in die Schönheit der Erde
und deiner Augen, die den Himmel verwalten,
weiß ich nur Dunkles zu sagen.   (I, 32)

Eine Totenbeschwörung in der Nachfolge der Orpheustradi-
tion findet hier statt. Durch die Dunkelheit der Metaphern
und Bilder spürt man das zeitgeschichtliche Erlebnis, die große Todeserfahrung des Krieges hindurch. Beziehungsreich
wird eine Hadeslandschaft evoziert, der „dunkle Fluß", die
„Welle von Blut". Das „Schattenhaar der Nacht," die das Ant-
litz beschneidenden „schwarzen Flocken" der Finsternis, angestrengte, oxymoronhafte Genetivmetaphern entwerfen Bild-
komplexe, die zumindest in ihrer Bauweise an Celans ‚Todes-

fuge' (1945) mit dem unnachahmlichen Beginn: „Schwarze Milch der Frühe ..." erinnern. Das Ende der ‚Todesfuge' mit der parallelen Nennung der beiden Mädchennamen schafft eine eigentümliche Hoffnungsperspektive:

> dein goldenes Haar Margarete
> dein aschenes Haar Sulamith

Trotz der Betroffenheit, die diese Gegenüberstellung hinterläßt, trotz des Gegensatzes von märchenhafter Schönheit und biblischer Todessymbolik besteht in dem Zusammenklang der Namen eine Andeutung der möglichen Verständigung und Versöhnung. Ebenfalls farbsymbolisch ist die Evozierung einer Lebenshoffnung in Ingeborg Bachmanns Gedicht:

> Aber wie Orpheus weiß ich
> auf der Seite des Todes das Leben,
> und mir blaut
> dein für immer geschlossenes Aug. (I, 32)

Wie bei Trakl hat die Farbe Blau hier eine existenzielle, eine metaphysische Bedeutungskraft, fast im Sinne der blaureinen Himmelsdarstellungen im Mittelalter mit ihrem symbolischen Ewigkeitsglanz. Solch daktylisch schwingende Versmelodie ließ den Zuhörern Ingeborg Bachmanns Dichtung als „lyrische Urklänge" erscheinen.

Ein Jahr später, auf der Tagung der Gruppe 47 in Mainz, bestätigte sich die Faszination über Ingeborg Bachmanns Dichtung. Für die Gedichte ‚Die große Fracht', ‚Holz und Späne', ‚Nachtflug' und ‚Große Landschaft bei Wien' erhielt sie den Preis zugesprochen. Damit war der Aufbruch der Dichterin Ingeborg Bachmann zu einem Durchbruch geworden.

So wichtig die Preiszuteilung und die öffentliche Anerkennung ihrer für erstaunlich geltenden Begabung bei Kritik und Publikum waren, nicht unterschätzt werden darf die Bedeutung, die die Gruppe 47 als Ort der Begegnung mit Gleichgesinnten und als Bestätigungsfeld für die Dichterin erlangen sollte. So lernte sie in Niendorf den Komponisten Hans Werner Henze kennen, der von ihrer Erscheinung, ihrem Wesen so fasziniert war, daß er sie ein Jahr später, im Sommer 1953 nach dem Preisgewinn einlud, zu ihm nach Ischia in Italien zu kommen. Es ergab sich bald eine produktive Zusammenarbeit und eine den Bruder-Schwester-Eros wiederholende enge Beziehung, die freiblieb von der sexuellen Beanspruchung der Partner. Henzes Introvertiertheit, auf die Ingeborg Bachmann mit besonderem Verständnis und großer Solidarität reagierte, war kein Hinderungsgrund in einer Lebensgemeinschaft, die über mehrere Jahre hinweg eine das Schöne und die Kunst feiernde Gemeinsamkeit erlebte, von Henze als einzigartiges Fest, als ein „wunderbares, schönes, reines Leben" gepriesen. Der beide Teile fördernde Eros inspirierte die beiderseitige Produktion, als deren Ergebnisse besonders die Libretti zu Henzes Opern, ‚Der Prinz von Homburg' (1958) und ‚Der junge Lord' (1964), zu gelten haben. Aber schon im Oktober 1953, auf der Gruppentagung in Bebenhausen, konnte Ingeborg Bachmann den ‚Monolog des Fürsten Myschkin zu der Ballettpantomime ‚Der Idiot', den sie für Henze angefertigt hatte, vortragen. Dieses schmerzvolle Selbstgespräch eines Wahnsinnigen beeindruckte sehr und „rührte" offensichtlich die Zuhörer beim Vorlesen.

Daß aber die Seelenfreundschaft, die Henze so außerordentlich und inspirierend vorkam, auch getrübt war von Konflikten, Mißverständnissen und männlicher Gewaltanwendung, kam dadurch zustande, daß Henze die schöpferische Gemeinschaft forcierte und Ingeborg Bachmann einen Produktionszwang auferlegte, der sie immer säumiger und unwilliger werden ließ, so daß der von seinem Schöpfungsdrang getriebene Komponist zu sehr drastischen Druckmitteln griff, um die Trägheit und Verschleppungskünste der Dichterin zu durchbrechen. Vom inständigsten Flehen bis zu den „fürchterlichsten repressiven Methoden" („nicht mehr grüßen oder einschließen oder wütend sein oder mit Geschenken überhäufen") mußte er Gebrauch machen, um Ingeborg Bachmann zu zwingen, ihm das Libretto für den ‚Jungen Lord' stückchenweise zu verfassen. (Film) Selbst in der Beziehung zum ‚brüderlichen Menschen' erfuhr die Dichterin jene Machtstrukturen der zwischenmenschlichen Verhältnisse, die sie in ihren Wiener Jahren unter dem Aspekt von Herrschaft und Knechtschaft darzustellen sich bemüht hatte.

6. Die Ware Traum

Das Herrschaft-Knechtschaft-Syndrom mit seiner traumatisierenden Auswirkung auf die Psyche des Einzelnen führte Ingeborg Bachmann dazu, den Bereich der inneren Sehnsüchte, Wunschvorstellungen, aber auch Verdrängungsmechanismen genauer darzustellen. Die Erzählung ‚Ein Geschäft mit Träumen‘ (1952) und das gleichnamige Hörspiel, das im Februar des Jahres zur Erstsendung bei Rot-Weiß-Rot in Wien gelangte, nehmen das Traumthema auf, für das sich die Dichterin seit langem interessierte, das sie auch in der psychologischen Fachliteratur ausgiebig kennengelernt hatte. Dieses Thema war seit Günter Eichs Hörspiel ‚Träume‘ (1951) auch literarisch aktuell. In deutlicher Verarbeitung ihrer Wiener Erfahrungen gestaltet Ingeborg Bachmann das Phänomen der Verdrängung und Wunscherfüllung. In der Erzählung findet ein junger Arbeiter oder Angestellter, von dem sich seine Geliebte angeblich ohne eine „Schuld“ seinerseits abgewendet hat, in einem Laden Träume zum Verkauf. Ihm erscheint Annas Traumbild („auf einem großen weißen Schiff, ihr Körper war mit glänzenden Schuppen überzogen“), ohne daß er bereit wäre, den dafür verlangten Preis – „Träume kosten Zeit“ – zu bezahlen. Am Ende steht ihm, der erkrankt, „von einer wohltätigen, fast schmerzlosen Krankheit ans Bett gefesselt“, jetzt „viel Zeit, schmerzlose und traumlose Zeit“ (II, 47) zur Verfügung, denn seine Firma hat ihn entlassen.

Diese konstruiert anmutende, surrealistische Fabel schildert den Übergang von einer normal erscheinenden Alltagswirklichkeit zu der Traumwelt, in der die verborgenen Sehnsüchte und unerfüllten Wünsche eines Menschen ihm als käufliche Ware zur Verfügung stehen, als konsumierbarer Ersatz für die wahren Träume und die echte Erfüllung der Sehnsüchte in der

Wirklichkeit. Der Schuppenleib der Frau bringt das Undine-Motiv zur Geltung, und der Eindruck liegt nahe, daß es Ingeborg Bachmann sehr stark darum ging, die Verdinglichung des Liebesobjekts in eine Traumgestalt zu kritisieren, eine Verdinglichung, die in der modernen Konsumgesellschaft alles zu einer besitzbaren Ware erniedrigt.

Das Hörspiel ‚Ein Geschäft mit Träumen‘ variiert und differenziert diese Traumthematik. Zunächst wird deutlich, daß Ingeborg Bachmann ihre Erfahrung am Arbeitsplatz, die hierarchisch abgestufte Verwaltungswelt des Senders, in die Fabelstruktur eingearbeitet hat. Denn innerhalb dieser Rangordnung der Bürowelt vom Generaldirektor bis zum Portier nimmt der unverheiratete, bedürfnislose, ganz in seiner Arbeit aufgehende Laurenz eine untergeordnete Stellung ein und wird eines Tages von einer Musik in den Traumladen gelockt, wo er drei Träume angeboten bekommt, die ihn aus seiner Alltagsroutine und angepaßten Existenz herauslösen. Nach einem verschreckenden Alptraum mit Anna erfüllt sich im zweiten Traum sein verborgener Machtwunsch. Der in Wirklichkeit Machtlose erfährt sich jetzt als Herrscherfigur, als „Seine Hoheit, Generaldirektor Minister Doktor Laurenz" vom „Laurenz & Laurenz Transglobe Konzern", der aus schrankenloser Machtfülle in einem Anfall von Größenwahn den totalen Krieg erklärt „gegen alle wie immer möglichen Objekte." (I, 204)

Ziemlich unverhüllt richtet sich Ingeborg Bachmanns Kritik gegen eine noch im Standesdenken befangene Gesellschaft, die eine aus feudalen Zeiten herstammende Titelsucht als Statusdenken in einer äußerlich modernisierten Wirtschaftswelt beibehält. Daß der Wunschtraum von Laurenz die Sehnsucht des kleinen Mannes nach Weltherrschertum persifliert, ist mehr als überdeutlich. Im dritten Traum schließlich kompensiert Laurenz die fehlende Liebe, indem er die schuppige Anna zu seiner Geliebten macht. Diese Büroangestellte, die ihn am Arbeitsplatz kaum wahrnimmt als Mensch und Person, erweist sich als eine das trivial verödete Leben hassende, den Tod liebende Erotikerin, die sich ein „Visum für die Unendlichkeit" (II, 208) verschafft hat. Aber am Montagmorgen, wenn der Arbeitsalltag weitergeht, hat sich nichts für Anna und Laurenz verändert. Den Wunschträumen kommt nur eine vorübergehende Entlastungsfunktion zu, die zu keiner echten Verwirklichung führt.

Die Genealogie dieser Motive reicht bis in die Romantik zurück, bezieht aber auch expressionistische Vorstellungsbereiche mit ein, wenn man an Georg Kaisers Stationendrama ‚Von morgens bis mitternachts‘ (1912) oder auch Ernst Tollers ‚Hinkemann‘ (1923) denkt, ohne von Einfluß sprechen zu wollen. Die vielperspektivische Darstellung der Straßenszenerie verfährt einerseits im wirklichkeitsnahen Dialog, montiert aber andererseits auch poetisch überhöhte Einschübe hinein, etwa das Drehorgellied:

> Zwischen heute und morgen
> liegt die Nacht und der Traum,
> macht euch drum keine Sorgen,
> macht euch drum keine Sorgen,
> zwischen heute und morgen
> liegt die Nacht und der Traum ... (I, 191)

Der bei Heidegger so zentral stehende Begriff der Sorge wird hier in Vorwegnahme des späteren Gedichts ‚Reklame‘ (1956) als Klischee der Vertröstungsideologien entlarvt. Ingeborg Bachmann richtet sich mit ihrer Kritik der falschen Träume gegen die Verdrängungstendenzen der Restaurationsperiode, und sie erforscht gleichzeitig, wie in den seelisch beschädigten Figuren der verwalteten Welt verdinglichte Wunschträume Ersatzbefriedigungen für die unerfüllt bleibenden Sehnsüchte schaffen.

IV. Begründeter Ruhm (1953–1956)

1. Im erstgeborenen Land

„Ich habe fast zu früh aufgehört mit der festen Arbeit, schon 1953. Weil ich damals einmal 1000 Mark als Honorar bekam, habe ich halt gedacht, davon könnt' ich ein ganzes Leben leben. Aber das ging nur kurze Zeit gut, und dann nahm ich wieder eine Nebenarbeit an." (GuI, 112)

Etwas wie Reue, aber auch Einsicht in die möglicherweise verfrühte Entscheidung, die freie Schriftstellerlaufbahn einzuschlagen, klingt in dieser Gesprächsäußerung aus dem Jahre 1971 durch. Aber nach der Preiszuteilung in Mainz fiel die Loslösung von einer relativ gesicherten Stellung beim Rundfunk zusammen mit dem Entschluß, Wien endgültig den Rükken zu kehren. Die Übersiedlung nach Ischia zum „Märchenprinzen" Henze im Herbst 1953 begann als Lebensfest mit einem inspirierenden Aufschwung. Nach einigen Monaten in San Francesco, einem Ortsteil von Forio auf Ischia, und einem längeren Neapelaufenthalt zieht Ingeborg Bachmann 1954 in den Palazzo Ossoli an der Piazza della Quercia in Rom. Aus dem anfänglichen Wunsch, sich Rom zwei Monate lang bloß „anzusehen" wird eine lebenslange Faszination, die zunächst zu einem Dreijahresaufenthalt führt. Rom vermittelt eine neue Seherfahrung, wie der Essay ‚Was ich in Rom sah und hörte' (1955) beredt zur Sprache bringt. In einem gleichzeitigen Interview bekennt die junge Dichterin: „Am meisten fesselt mich vielleicht die große Vitalität Roms, die das Alte mit dem Neuen auf eine so unbegreifliche Weise zu verbinden versteht. Der wirkliche Grund für das Bleiben ist natürlich nicht zu erklären. Liebe zu einer Stadt und ihren Menschen ist eben Liebe. Ich glaube, ich würde auch hierbleiben, wenn die Stadt einen schlechten Einfluß auf meine Arbeit hätte. Nun stellte aber zu meinem Glück unlängst ein deutscher Kritiker einen positiven Stilwandel seit meinem Italienaufenthalt fest. Er schrieb, die neuen Gedichte wären sinnlicher, unmittelbarer und kräftiger geworden, und ich bin geneigt, ihm recht zu geben." (GuI, 13)

Es ist besonders der Gegensatz zu der schwierigen Heimaterfahrung, der Italien und Rom als die Stadt und das Land eines neuen Fühlens und Sehens für Ingeborg Bachmann zum Inbegriff einer schöneren Welt machen.

In Abständen lebt die Dichterin während der nächsten drei Jahre in enger Gemeinschaft mit Henze in einem „bürgerlichen Hausstand", zu dem auch Angestellte gehören, auch wenn die Heizung schlecht ist, Zug durch die Zimmer geht und chronischer Geldmangel dafür sorgt, daß die Miete nicht bezahlt werden kann. Diese Alltagssorgen scheinen aber dem festlichen Charakter des Zusammenlebens, diesem von innen her erfüllten Glanz eines gehobenen Existierens nicht geschadet zu haben. Gegenüber der verlassenen Kränkungswelt herrscht im „erstgeborenen Land" der Dichterin, wie sie es nicht ohne Schwelgen nennt, ein freundlicher genius loci, der Eros und Intellekt aufs Angenehmste inspiriert.

Noch im Dezember 1953 erscheint der erste Gedichtband, ‚Die gestundete Zeit', in der von Alfred Andersch, einem Mitglied der Gruppe 47 herausgegebenen Buchreihe ‚Studio Frankfurt', ruft aber in der Tagespresse nur ein bescheidenes Echo hervor; das ist zum Teil darauf zurückzuführen, daß wegen der Verlagsauflösung nicht die ganze Auflage zur Auslieferung kommt. Damit war freilich noch keine Existenzsicherung erlangt. In der Folge muß Ingeborg Bachmann durch Rundfunkessays, eine etwa einjährige Korrespondentinnentätigkeit für die ‚Westdeutsche Allgemeine' in Essen und Einzelveröffentlichungen notwendige Honorare erarbeiten. So erscheinen 1955 die beiden Essays ‚Was ich in Rom sah und hörte' und ‚Die blinden Passagiere'. Fördergaben und Preise tun ein Übriges. 1955 wird das Hörspiel ‚Die Zikaden' mit der Musik von Henze gesendet. Im gleichen Jahr hält sich Ingeborg Bachmann in den USA auf als Teilnehmerin eines internationalen Seminars der Harvard Summer School, wo sie Eindrücke sammelt, besonders von der Weltstadt New York, die Eingang in ihr berühmtestes Hörspiel, ‚Der gute Gott von Manhattan‘ (1958), finden. Vom Piper-Verlag in München angenommen, veröffentlicht die Dichterin 1956 dort ihren zweiten und letzten Gedichtband ‚Anrufung des Großen Bären‘ (1956), der ihr den Bremer Literaturpreis einträgt. Die Kritik ergeht sich jetzt in Lobeshymnen auf die junge Dichterin, deren Ruhm auch beim lesenden Publikum sich festigt, nachdem schon im August 1954 durch den berühmt-berüchtigten ‚Spiegel‘-Artikel, der ihr Porträt auf die Titelseite brachte, auf etwas sensationelle Weise eine Starlyrikerin kreiert worden war.

1957 wird Ingeborg Bachmann als Mitglied in die ‚Deutsche Akademie für Sprache und Dichtung‘ in Darmstadt aufgenommen. Henzes Vertonungen von ‚Im Gewitter der Rosen‘, ‚Freies Geleit‘ und ‚Nachtstücke und Arien‘ erleben ihre Uraufführung in Donaueschingen. Aber im Herbst des Jahres, als bei Piper eine zweite, veränderte Fassung des Erstlings ‚Die gestundete Zeit‘ herauskommt, wird ein Wohnwechsel nach München notwendig, nicht ohne wirtschaftliche Gründe. Für ein Jahr nun arbeitet Ingeborg Bachmann beim Bayerischen Fernsehen als Dramaturgin. Der Aufenthalt in ihrem „erstgeborenen Land“ war zu einem vorläufigen Ende gekommen.

2. ‚Die gestundete Zeit‘ (1953)

> Gleichsam im deutschen Getto, in Roms Altstadt am Tiber, wird nun wieder einmal deutsch gedichtet – vielleicht irgendwo unter Nietzsches Niveau, aber doch nicht ohne Repräsentanz von lyrischer Dichtung in dürftiger Zeit. (‚Der Spiegel‘, 1954)

Im flott-mokanten ‚Spiegel‘-Ton äußerte man sich anerkennend-herablassend über Ingeborg Bachmann, der man doch zugestand, ein „Stenogramm der Zeit im greifbar sinnlichen Bild" geliefert zu haben. Sie sei eben „bei aller Tortur des Denkens in ihrem Gefühl einfältig genug geblieben, um im Angesicht Roms zum konkreten Bild zu kommen." Diesem Zuwachs an konkreter Sinnlichkeit, den man bei Ingeborg Bachmann aufgrund ihres Italienaufenthalts festzustellen glaubte, hielt man auf der anderen Seite entgegen: „Ihr erster Gedichtband enthält noch vielfach kaum in Bild und Stimmung umgesetzte existenzialistische Abstrakta," für die „der scharf trainierte Intellekt der Doktorin" verantwortlich gemacht wurde, fast mit dem Vorwurf, daß ihr „Gedichtemachen ... beinahe nach lyrisch verbrämter Philosophie' klinge. (‚Der Spiegel', 18. 8. 1954, 26–29; vgl. T + K, 1980, 48 f.)

Den Lobrednern dagegen war „dieser Ton, diese Ferne, dieses Wagnis und diese zarte Unerbittlichkeit" Beweis für die „Höhenzüge deutscher Lyrik." (Kaiser) Der Dichterin „lyrischen Intellekt" zuschreibend, verkündete Günter Blöcker nicht ohne Pathos: „Ihre Verse sind hart im Klang, kühn und bizarr, doch niemals unorganisch in den Bildern; sie sind getragen von einer radikalen Illusionslosigkeit, aber auch von einer noblen, kraftvollen Schicksalsbereitschaft." (Einführung, 23)

Die radikale Illusionslosigkeit erweist sich aus heutiger Sicht als kompromißlose lyrische Zeitgenossenschaft, die im Umfeld der Restaurationsperiode politische Belange und Fragen der Vergangenheitsbewältigung, schlechte Kontinuitäten und bedrohliche Geschichtsentwicklungen poetisch verarbeitet. Daß dabei die lyrische Rede eine unverwechselbare Vielschichtigkeit aufweist, vom Rhythmus, Wechsel der Töne, zur Sprachform und den komplexen Vorstellungswelten im Metaphern- und Bildbereich, ist eine längst erkannte Tatsache. Ingeborg Bachmann fasziniert auch gerade wegen ihrer Fähigkeit, Tradition und Moderne in ihren Dichtungsprozeß produktiv einzubeziehen.

Die Traditionsbindung ergab sich aus ihrer kriegsbedingten Isolation im Herkunftsland, und erst die Wien-Erfahrung schuf wichtige Impulse zur Aneignung der lyrischen Weltmoderne. Die Überlieferung wird dabei einer Umarbeitung unterzogen, um bei der lyrischen Bestandsaufnahme der geschichtsbeladenen und zukunftsgefährdeten Gegenwart eine aufhellende und die Notwendigkeit zur Veränderung signalisierende Funktion übernehmen zu können. Das in die barocke Tradition zurückreichende Verfahren der Allegorisierung, die Fülle der Genetivmetaphern zeigen im Lyrischen eine Denkanstrengung an, die nicht auf den bloßen Schmelz der schönen Sprache sich verläßt. Bei der Bestandsaufnahme der Zeit bekundet die Dichterin ihre Zeugenschaft, ihre intensive Wahrnehmungskraft und das durch die Geschichtstrauer gebrochene moderne Bewußtsein, das im Widerstreit mit den Sehnsüchten nach heiler Welt den gegenwärtigen Zustand als unlebbaren einklagt.

Zeugenschaft dokumentiert sich im ersten Gedicht der ,Gestundeten Zeit', das durch seinen Aufbruchscharakter eine besondere Stellung einnimmt. Der bei der abendlichen Ausfahrt auf dem Schiff Stehende behält das Land, die kleine Fischerhütte im Auge, denn das Zerstörungswerk der Nacht setzt diesem Ort des Wohnens und der menschenfreundlichen Natur so lange zu, bis vom Land nichts mehr zu sehen ist. Da schlagen die „Ungeheuer des Meeres" „mit blanken Säbeln die Tage in Stücke, eine rote Spur/bleibt im Wasser," daß dem Zuschauenden die Sinne schwinden. Diese Nachtvision ist unschwer als Geschichtslektion der vom Krieg verheerten Welt zu erkennen. Sie wird am Ende des Gedichts abgelöst von dem Blick auf den „unverrückbaren Himmel" und „das immerwiederkehrende Sonnenufer", (I, 29) eine deutlich zuversichtlichere Hoffnungsperspektive.

Geschichtserfahrung und Gegenwelt, Vergangenheitsbewußtsein und Gegenwartsklage bestimmen auch ,Abschied von England' und ,Fall ab, Herz'. Der Englandbesuch erweist sich wie eine Vergewisserung des Schmerzes angesichts der Folgen des Kriegsgeschehens, dem nicht nur die Britischen Inseln, sondern auch das Land der Seele der Dichterin erlegen ist. Die Aufforderung zum Abfall spannt das Herz in die Pendelschwingung zwischen „gestern und morgen" und zeigt die entschiedene Ablösung vom angestammten Platz in eine Fremdheit an, die gerade auf die verstörende Zeiterfahrung zurückzuführen ist. Die Unausweichlichkeit der Folterung durch das vergangene Geschehen wird in ‚Paris‘ Thema: „Aufs Rad der Nacht geflochten.“ Kontrapunktisch erscheinen das Lichtmotiv und die Möglichkeit des Glücks im Bestehen der Schönheit in einem an Rilke gemahnenden Sinn. Ingeborg Bachmanns Geistesverwandtschaft mit Celan klingt in diesem Gedicht an, das auch das Tor- und Brunnenmotiv aus ‚Der Lindenbaum‘, (in ‚Früher Mittag‘ steht es im Mittelpunkt) aufweist. Der poetische Höhenflug auf den „Wogen des Lichts“, eine der vielen, oft bemängelten Genetivmetaphern, geht aber ins Verlorene, denn selbst die Verbindung mit den Genien der Vergangenheit hebt die Nacht nicht auf. In ‚Die große Fracht‘ wird diese Lichtsymbolik mit der Metapher vom „Sonnenschiff“ fortgesetzt, ein Bild für die Möglichkeit des Aufbruchs in eine unirdische Existenz, obwohl diese Hoffnung sich beim gellenden Schrei der stürzenden Möwe als verfehlte erweist: die Augen ertrinken im Licht – Ausdruck wohl für das Überwältigtwerden durch eine die Fassungskräfte des Menschen übersteigende Erkenntnis eines höheren Daseins oder eine höhere Macht.

Das unselige Los des Zugrundegehens am Übermächtigen der erfahrenen Welt und ihrem visionären Gegenbild wiederholt sich im menschlichen Austausch der Liebe. ‚Reigen‘ demonstriert auf eine an Schnitzler erinnernde desillusionierende Art den Leerlauf der Liebe, weil die Beteiligten sie unzureichend und gleichsam erstorben zu verwirklichen suchen. Unweigerlich erlischt die Liebe, als schwacher fortgesetzter Versuch existiert sie halbwegs weiter.

Unentrinnbar ist auch der Kreislauf von gewöhnlichem Alltag und der Unwilligkeit des einzelnen, sich aus seiner Anpassung zu lösen. Prosaisch wie bei Brecht beschreiben die folgenden Zeilen aus „Herbstmanöver“ die Unlust, das Verhalten zu ändern, das sich angesichts der Zeitsituation eingestellt hat:

> In den Zeitungen lese ich viel von der Kälte
> und ihren Folgen, von Törichten und Toten,
> von Vertriebenen, Mördern und Myriaden
> von Eisschollen, aber wenig, was mir behagt. (I, 36)

Auf da Unbehagen angesichts der registrierten Fakten folgt die Verdrängung dieses unliebsamen Zeitgeschehens im Wunsch nach Flucht in die „Orangenhaine", wo „zu verbilligten Preisen Sonnenuntergänge" zu sehen sind. Aber das Gewissen entgeht nicht dem Schuldvorwurf und findet sich mit dem Unerledigten konfrontiert:

> Im Keller des Herzens, schlaflos, find ich mich wieder
> auf der Spreu des Hohns, im Herbstmanöver der Zeit. (I, 36)

Zum Peinigenden dieser Lage, die kein moralisch verwerfliches Ausweichen zuläßt, sondern eher solche Fluchtwünsche mit Hohn quittiert, treten die Bewältigungsaufgaben, die anstehen und übernommen werden müssen.

Das Titelgedicht ‚Die gestundete Zeit' fügt der zeitgeschichtlichen Thematik einen Dringlichkeitsappell hinzu, der als Warnung vor der zunehmenden Bedrohung und Gefährdung, der sich der einzelne, der sich die Liebenden gegenüber ausgesetzt sehen, zu verstehen ist. Kritische Stimmen haben Ingeborg Bachmann „Verschwommenheit" oder zu große Deutlichkeit der sprachlichen Bilder vorgeworfen und beklagt: „In den meisten Texten wird überhaupt jede Ursache im Dunkel gelassen – übrig bleibt das Bild des Menschen auf der Flucht als reine Setzung." (Thiem, 63) Daß die unverkennbare Undeutlichkeit und hermetische Qualität das Verständnis der Gedichte oft erschweren, braucht nicht eigens betont zu werden. Aber wie in „Dunkles zu sagen" wird das nicht sofort Verstehbare zum Programmpunkt einer beschwörenden poetischen Eindringlichkeit. Die Prägung „gestundete Zeit" mit ihrer aus der Handelssprache (Wechsel stunden, gestundetes Geld) stammenden Begrifflichkeit läßt das Kalkül erkennen, mit dem die Zeitmetapher als Existenz- und Geschichtsvorstellung evoziert wird. Zeit meint sicherlich kein blindes Fatum, keine immer schon vorgegebene Schicksalsmacht, sondern eine geschichtliche Größe, die aus dem fehllaufenden historischen Prozeß, also aus dem Versagen des seine Wirklichkeit gestaltenden Menschen abzuleiten ist.

Die gestundete Zeit

Es kommen härtere Tage.
Die auf Widerruf gestundete Zeit
wird sichtbar am Horizont.
Bald mußt du den Schuh schnüren
und die Hunde zurückjagen in die Marschhöfe.
Denn die Eingeweide der Fische
sind kalt geworden im Wind.
Ärmlich brennt das Licht der Lupinen.
Dein Blick spurt im Nebel:
die auf Widerruf gestundete Zeit
wird sichtbar am Horizont.

Drüben versinkt dir die Geliebte im Sand,
er steigt um ihr wehendes Haar,
er fällt ihr ins Wort,
er befiehlt ihr zu schweigen,
er findet sie sterblich
und willig dem Abschied
nach jeder Umarmung.
Sieh dich nicht um.
Schnür deinen Schuh.
Jag die Hunde zurück.
Wirf die Fische ins Meer.
Lösch die Lupinen!

Es kommen härtere Tage.   (I, 37)

Modell steht hier der heimkehrende Odysseus, der mythische Held und Repräsentant der geschichtsträchtigen Klugheit und instrumentellen Vernunft, die ihn zur Überwindung des Widrigen geführt haben. Statt endgültiger Heimkehr sich zu erfreuen, zwingen die Bedrohungen der Neuzeit zum Heimatverlust, zur Flucht und Aufgabe jeden Besitzes, jeder Beziehung. So versinkt auch die Geliebte im Sand und wird Teil der sich verfinsternden Landschaft.

Bachmanns poetisches Aufzeigen der Entfremdungszwänge im Gedicht ist gewiß verschieden von der Entfremdungsanalyse und Kapitalismuskritik in Brechts ‚Aus dem Lesebuch für Städtebewohner' (1930), wo die eindringliche Unterweisung „Verwisch die Spuren" ähnlich wie bei Bachmanns „Sieh dich nicht um" dazu auffordert, sich vor der Fremdheit der Verhältnisse durch Verstellung zu schützen. Bei Brecht dient diese Aufforderung zu einem dialektischen Verhalten der Selbstbewahrung gegenüber der dehumanisierten gesellschaftlichen Wirklichkeit. Bei Bachmann scheint das wiedererlassene Orpheus-Gebot, sich nicht nach der versinkenden, untergehenden Geliebten umzudrehen, den Hinweis zu enthalten, nicht in eine lähmende Resignation und Zeitmelancholie zu verfallen, sondern in der Überwindung des Verlusts schon die Möglichkeit einer Rückgewinnung des Verlorenen zu begreifen.

Geht Brechts Appell dahin, Verhaltensstrategien der Selbstverleugnung zur Selbstbewahrung zu befolgen, so zielt Bachmanns Aufruf zur Verstellung auf eine Widerstandsfähigkeit gegenüber der bedrohlichen Zeit, die bei gewissen poetischen Undeutlichkeiten dennoch keine unverbindlichen Unbehaustheitsthesen vertritt. Sondern die konkrete Geschichtsentwicklung ist hier mitgemeint, wie mehrere der Gedichte auch ausdrücklich machen.

Früher Mittag

Still grünt die Linde im eröffneten Sommer,
weit aus den Städten gerückt, flirrt
der mattglänzende Tagmond. Schon ist Mittag,
schon regt sich im Brunnen der Strahl,
schon hebt sich unter den Scherben
des Märchenvogels geschundener Flügel,
und die vom Steinwurf entstellte Hand
sinkt ins erwachende Korn.

Wo Deutschlands Himmel die Erde schwärzt,
sucht sein enthaupteter Engel ein Grab für den Haß
und reicht dir die Schüssel des Herzens.

Eine Handvoll Schmerz verliert sich über den Hügel.

Sieben Jahre später
fällt es dir wieder ein,
am Brunnen vor dem Tore,
blick nicht zu tief hinein,
die Augen gehen dir über.

Sieben Jahre später,
in einem Totenhaus,
trinken die Henker von gestern
den goldenen Becher aus.
Die Augen täten dir sinken.

Schon ist Mittag, in der Asche
krümmt sich das Eisen, auf den Dorn
ist die Fahne gehißt, und auf den Felsen
uralten Traums bleibt fortan
der Adler geschmiedet.

Nur die Hoffnung kauert erblindet im Licht.

Lös ihr die Fessel, führ sie
die Halde herab, leg ihr
die Hand auf das Aug, daß sie
kein Schatten versengt!

Wo Deutschlands Erde den Himmel schwärzt,
sucht die Wolke nach Worten und füllt den Krater mit Schweigen,
eh sie der Sommer im schütteren Regen vernimmt.

Das Unsägliche geht, leise gesagt, übers Land:
schon ist Mittag.   (I, 44 f.)

Dieser Abdruck aus Brechts Exemplar der ‚Gestundeten Zeit‘, 1953, zeigt durch die Unterstreichungen [in unserem Abdruck durch Kursive gekennzeichnet], was er gelten lassen wollte an dem Gedicht. Gerhard Wolf, ‚Im deutschen Dichtergarten‘, S. 97, schreibt dazu: „Es heißt, Ingeborg Bachmann wußte, Brecht, den sie verehrte, habe ihre Gedichte gelesen und an ihnen Veränderungen vorgenommen; es heißt, sie wußte, das Exemplar des Buches gab es in Berlin (DDR), und sie hatte öfter den Wunsch, es zu sehen; zugleich scheute sie diese Begegnung.“

Als eine poetische Trauerarbeit erweist dieses Gedicht, was das Kompositionsprinzip von Thema und Variation, die Motivik und Betroffenheit gegenüber dem Vergangenen anbelangt, seine Zeitgenossenschaft und Verwandtschaft mit Celans ‚Todesfuge‘. Aber auch Anknüpfungspunkte zu Verfahren der spanischen Moderne sind erkennbar: die Kombination von Volkslied und surrealistischer und esoterischer Bildwelt mit ihrer Verschränkung von Natur und Geschichte in allegorischen Konfigurationen. Rafael Albertis ‚El ángel superviviente‘ etwa stellt das die kosmische Katastrophe überlebende Symbol der Hoffnung dar. Bei Bachmann wird der enthauptete Engel zum Sinnbild der unseligen deutschen Geschichte, dieser Tradition des Hasses, die es zu begraben, zu überwinden gilt mit der in der Herzmetapher angedeuteten Wiederherstellung der Liebe. Das Liebesthema als Heimatliebe und Liebestreue bis über denTod klingt an in den zwei einmontierten Mittelstrophen, die das von Schubert vertonte, inzwischen zum Volkslied gewordene Gedicht ‚Der Lindenbaum‘ (1820) von Wilhelm Müller und Goethes Gretchenballade aus dem ‚Urfaust‘, ‚Der König in Thule‘ (1774) mit konkreter Geschichtsklage verbinden. Das volkstümlich vertraute Material der Überlieferung erhält so einen anderen Stellenwert. 1952, sieben Jahre nach der Besiegung des Faschismus ist Deutschland noch „ein Land der Märchen und Henker" (Bürger): Phantasiezauber und Kontinuität verbrecherischer Gewalten. Die Anspielung auf Dostojewskis ‚Aufzeichnungen aus einem Totenhaus‘ verweist auf Deutschland als ein Straflager, wo ungebrochen die Mörder von gestern weiterherrschen und die Dichterin das Schändliche in die zerbrochenen Formen ihrer Poesie faßt.

Die Zeit der Dichtung der nur schönen Worte ist vorbei. So wie die Geschichtslandschaft die schrecklichen Spuren der faschistischen Barbarei in Gestalten vor Augen führt, die geschunden, entstellt, geschwärzt, enthauptet und erblindet sind, so wie das Zerstörungsinventar Scherben, Asche, Halde, Krater, Totenhaus und Henker die ungeheure Zertrümmerung und Verelendung Deutschlands verdeutlicht, ergibt sich im Katastrophenfeld der Geschichte und der ehemals zukunftsweisenden, naturverbundenen Kultur seines Volkes dennoch ein Hoffnungsschimmer. Die Allegorie von der erblindeten, kauernden Hoffnung bürdet dem einzelnen, der sich nicht am

Vergessen und Verdrängen der unabtragbaren Schuld beteiligt, die Verantwortung der Trauerarbeit auf. Einher geht damit die Forderung nach Widerstand gegenüber den restaurativen Kräften und der Versuchung, sich der eigenen Melancholie hinzugeben.

Das Gedicht erweist sich als modern und traditionsangereichert. Auffallend ist die Montage der disparaten poetischen Versatzstücke aus Überlieferung und Gegenwart, aus Naturlyrik und Allegorie; ebenso bemerkenswert ist die Verschiedenheit der poetischen Kunstmittel, die Kombination intellektuell durchsichtiger und evokativ-dunkler Bildvorstellungen. So ergibt sich ein uneinheitliches Gebilde, das die entstellte Wirklichkeit auch im formalen Verfremdungsverfahren reflektiert. Aber die Verwendung des Allegorischen, auch die Verfremdung des Prometheusmythos – statt des (befreiten) Prometheus erscheint der Adler, im Mythos das göttliche Instrument der Bestrafung des Titanensohnes, fortan an den Felsen geschmiedet – ist als „ziellose Zweideutigkeit" kritisiert worden. (Bürger) Ebenso hat man eine „schematische Umkehrung" in den für „schulbuchverdächtige Verse" geltenden Zeilen sehen wollen:

> Wo Deutschlands Himmel die Erde schwärzt
> (...)
> Wo Deutschlands Erde den Himmel schwärzt.

Auch ist die Schlußzeile,

> Das Unsägliche geht, leise gesagt, übers Land:
> schon ist Mittag.

als „ambivalente Haltung gegenüber der Aufarbeitung der faschistischen Vergangenheit" ausgelegt worden, weil das „Unsägliche" als Bezeichnung für den Faschismus eine viel zu abgeschwächte, inhaltsleere Formel sei; als Ersatz für das letzte Mysterium des Unsagbaren dagegen sei es ein dem Thema unangemessener sprachlicher Ausdruck. (Bürger, T + K, Sb, 9)

Das Gedicht als Ensemble verschiedenster Elemente aus der Tradition und Moderne, aus konventionalisiertem Verfahren und poetischer Neuerung präsentiert charakteristische Dissonanzen und Diskrepanzen, die zusammen mit dem Thema der Geschichtstrauer kein gerundetes und stimmiges Ganzes ergeben. Durch einen sehr brutalen Eingriff hat Bertolt Brecht 1954 bei seiner Erstlektüre dieses Problem der Disparatheit gelöst. Er lehnte durch seine Unterstreichungen der beiden Mittelstrophen den fugenhaft thematisierenden und variierenden Rest des Textes ab und konzentrierte sich auf die Konkretisierung des dynamischen Ineinanderwirkens von klassischer Kunst, faschistischer Vergangenheit und bedrohlicher Gegenwartsentwicklung. Brechts Lehrhaftigkeit kritisierte die poetische Abschweifung, das Ausholen und Ausschwingen. Hier wie bei anderen Gedichten Ingeborg Bachmanns scheint er blind gegenüber dem sich an seinem eigenen prosaischen Gedichtton anlehnenden Sprachklang und poetischen Gestus. Er konzentriert und reduziert bis zur Verstümmelung. Von der weitläufigen geschichtsphilosophischen Anstrengung Ingeborg Bachmanns in ‚Große Landschaft bei Wien‘ lassen Brechts Schnitte nur einen lakonischen Vierzeiler übrig:

> Maria am Gestade –
> das Schiff ist leer, der Stein ist blind,
> gerettet ist keiner, getroffen sind
> viele.   (G. Wolf, 118)

In ihrer Dichtung von pragmatischeren, männlichen Händen Striche hinnehmen zu müssen, war nicht neu für die Dichterin. Zur Entstehungszeit dieser ‚Großen Landschaft bei Wien‘ zeigten ihr ihre Rundfunkkollegen Peter Weiser und Jörg Mauthe, daß sie in diesem Gedicht nicht nur den die Geschichte heraufbeschwörenden Blick über Wien vom Kahlenberg aus erkannten, sondern im Rahmen ihrer „Streichtour" haben sie „eigentlich sehr forsch" und ohne daß die Dichterin „Widerstand geleistet hätte" in den Versen „herumgestrichen", weshalb heute auch wohl das Wort „Buchen", für Österreicher eine leicht nachvollziehbare Anspielung auf das „Buchenland", die „Bukowina", aus dem Text des Gedichts verschwunden sein mag. (Film)

Die elfstrophige ‚Große Landschaft bei Wien', an Hölderlins Donauhymne erinnernd, zeigt die Verheerung der Natur durch die technisierte zweite Natur des Menschen, die auch den lange bestehenden Austausch mit der Kultur Asiens unterbunden hat: „Asiens Atem ist jenseits" (I, 59) Der westliche, abendländische Kulturkreis, von den Zivilisationserrungenschaften nur scheinbar fortgeführt, ist dem Untergang geweiht. Mit endzeitlichem Pathos verkündet die Dichterin: „Zweitausend Jahre sind um, und uns wird nichts bleiben." Brecht-Anklänge hier, sicherlich. („Von diesen Städten wird bleiben: der durch sie hindurchging, der Wind!" Aus ‚Vom armen B.B.', 1922) Ingeborg Bachmann verstärkt das Untergangsbewußtsein im Konstatieren des ästhetischen Rückzugs („der Schönheit verfallen"), der einhergeht mit östlichen Versenkungslehren; sie betont zugleich die gescheiterte Heilsvermittlung der Kirche, wenn sie behauptet: „das Schiff ist leer", und sie verweist auf das Einsetzen der Endzeitkatastrophe durch das Bild von den Menschen und Fischen (christliches Heilssymbol), die den „schwarzen Meeren" zutreiben. Weltende und Schwermut, beides ist präsent im Verfall und im deutlichen Bewußtsein dieses Verfalls in der Schlußzeile: „mit dem scharfen Gehör für den Fall."

Angesichts des einsetzenden Untergangs enthält sich diese Geschichtselegie jedes falschen Trostes. Es bleibt bei der Desillusionierung ohne kämpferischen Einsatz für das, was als Abgelebtes und Abgewracktes erkannt worden ist. Zu diesem Ruin der abendländischen Kultur heißt es in dem Gedicht ‚Botschaft' vielsagend:

Unsere Gottheit,
die Geschichte, hat uns ein Grab bestellt,
aus dem es keine Auferstehung gibt.   (I, 49)

Diese kultur- und geschichtspessimistische Perspektive wird in Gedichten wie ‚Alle Tage', ‚Einem Feldherrn', ‚Nachtflug' und ‚Psalm' erkennbar als einzuschränkende Verzweiflung und Hoffnungslosigkeit, insofern das endzeitliche Verfallsgefühl sich mit einer deutlichen Bereitschaft zum Widerstand paart, die sich im Aufruf zur grundlegenden Wandlung und Wende artikuliert. ‚Nachtflug' gestaltet zur Zeit des Koreakrieges besonders eindringlich aus der Sicht der ihre Fliegerangriffe erledigenden Piloten das Geschäft der Zerstörung, ohne daß es zu einer dieses Kriegsgeschehen aufhebenden Aktion käme: „Zu handeln ist nicht Sache der Piloten." (I, 53) Den Blick auf die zu zerstörenden Stützpunkte gerichtet, handeln diese Funktionsträger nur im Rahmen der ihnen vorgeschriebenen Weisungen eines Kriegsapparates, einmal mehr das Herr-Knecht-Verhältnis und seine Auswirkung in der befehlenden Gewalt aufzeigend. Deshalb wird ‚Einem Feldherrn' angeraten: „richte den Tod." (I, 48) Verbunden damit ist die Bitte um eine neue „Fruchtbarkeit", deren ‚Frucht' der Sieg über das widernatürliche Töten ist. Daß in der „Nachgeburt der Schrecken" das Weiterleben des alten Übels vor sich geht, daß die „neuen Mörder" das alte Unheil fortsetzen werden, sagt das Gedicht ‚Psalm.' (I, 54) Es beschwört ohne zu zögern die barocke Vergänglichkeitsidee „Wie eitel alles ist" und ruft zur schützenden Selbstbewahrung in der Verstellung auf. Gegenüber der barocken Ergebenheitshaltung in den Willen und die Gnade Gottes tritt hier die Brecht nachempfundene Strategie des heimlichen Widerspruchs, der zur gegebenen Zeit zum offenen sich bekehren wird.

Als Epochengedicht ist ‚Alle Tage' aufgenommen worden, ein Gedicht mit einer in Ton und Gedankengang unwiderstehlich vorgetragenen Logik des Engagements. Statt mit gefühlvoller Anklage das Widersinnige des Krieges anzuprangern, propagiert hier ein zwingender Ton die Notwendigkeit einer grundlegenden Veränderung der geschichtlichen Verhältnisse durch herzhaftes, tapferes Einstehen für die Sache des Menschen gegen die Macht der Apparate, Ideologien und Verhaltensmuster.

Der Krieg wird nicht mehr erklärt,
sondern fortgesetzt. Das Unerhörte
ist alltäglich geworden. Der Held
bleibt den Kämpfen fern. Der Schwache
ist in die Feuerzonen gerückt.
Die Uniform des Tages ist die Geduld,
die Auszeichnung der armselige Stern
der Hoffnung über dem Herzen.

Er wird verliehen,
wenn nichts mehr geschieht,
wenn das Trommelfeuer verstummt,
wenn der Feind unsichtbar geworden ist
und der Schatten ewiger Rüstung
den Himmel bedeckt.

Er wird verliehen
für die Flucht von den Fahnen,
für die Tapferkeit vor dem Freund,
für den Verrat unwürdiger Geheimnisse
und die Nichtachtung
jeglichen Befehls.   (I, 46)

Krieg als Dauerzustand, als selbstverständlich gewordener Bestandteil der politischen und gesellschaftlichen Wirklichkeit.
Ihrer dialektischen Methode gemäß verkehrt Ingeborg Bachmann die Inhalte und Sinnbezüge militärischen Denkens und
Handelns, um ihr friedliches Gegenteil zu restituieren. Aus
der soldatischen Auszeichnung wird jetzt eine Belohnung für
die Beendigung des Kriegerischen. Fahnenflucht wird aus Desertion zum Bekenntnis des einzig möglichen Widerstandes.
Die größte Tapferkeit ist die Solidarisierung mit dem ehemaligen Feind, und dieses Antikriegsdenken gipfelt in der Denunzierung des Helden traditioneller Art, denn er hält sich fern,
wird zum Hintermann, während der „Schwache ... in die
Feuerzonen gerückt" ist. Als Fazit ergibt sich in diesem Gedicht eine deutliche Absage an die Befehlsgewalt, an die
Machtstrukturen von Autorität und Gehorsam, von Herrschaft und Knechtschaft. In den fünfziger Jahren, zur Zeit der
Ohne-mich-Bewegung der Wiederaufrüstungsgegner und

Atomwaffengegner verkündet das Gedicht ein poetisches Programm der Weigerung und der Humanitätsverteidigung, in seinem appellativen Charakter den Zeilen Günter Eichs aus seinem Hörspiel ‚Träume‘ ähnlich: „Seid unbequem, seid Sand, nicht das Öl im Getriebe der Welt!" (1953)

Gegenüber solcher Politisierung der Lyrik in der Restaurationsperiode der Adenauerzeit, auch wenn sie nicht zeitpolitisch exakt konkretisiert erscheint, sondern eher eine Haltung, eine Gewissensposition verlangt, verschiebt der folgende kleine Text die Aufmerksamkeit auf die poetische Beunruhigung einer sich der traditionellen Symbolik und Metaphernsprache bedienenden Rede, die das ehemals Stimmige lyrischer Aussage durch Zerdehnung der vertrauten Bezüge aufhebt. Der verunsicherte Leser wird so in jede Bedrängnis versetzt, von der das Gedicht handelt.

Im Gewitter der Rosen

Wohin wir uns wenden im Gewitter der Rosen,
ist die Nacht von Dornen erhellt, und der Donner
des Laubs, das so leise war in den Büschen,
folgt uns jetzt auf dem Fuß.   (I, 56)

Katalogartig könnte man auf Vorläufer hinweisen, die als literarische Reihe von Belang sind: Klopstocks ‚Die frühen Gräber‘, ‚Die Frühlingsfeier‘, Goethes ‚Anakreons Grab‘, Höltys ‚Die Mainacht‘, Hölderlins ‚Abendphantasie‘, ‚Wie wenn am Feiertage‘, C. F. Meyers ‚Wetterleuchten‘, Trakls ‚Das Gewitter‘ und Rilkes Rosengedichte. Das vielgestaltige Rosenmotiv, vor allem immer wieder Hauptsymbol der irdischen und himmlischen Liebe, das Gewitter seit dem griechischen Semelemythos Erscheinungsweise des Göttlichen, das sind Bezugspunkte, die bei Ingeborg Bachmann nicht ohne weiteres bestätigt werden aufgrund der Eigenart, daß die Bildvorstellungen lückenhaft sind, Zwischenglieder fehlen und die Bildentsprechungen vieldeutig bleiben. Ist das Gewitter der rosenfarbenen Wolken gemeint, sind die Dornen Spitzen zackiger Blitze, ist es der den Donner begleitende, aufrauschende Wind, der das

Laub zum übermäßigen Donnergeräusch aufwirbelt? Sich nicht festlegend, operiert dieser verrätselnde Text eher mit sprachmagischen Mitteln, um im verfremdeten Naturbild die zeitgeschichtliche Erfahrung der Bedrohung poetisch und zugleich auch hermetisch verschlüsselt als Geheimnisvolles aufzuzeigen.

3. ‚Anrufung des Großen Bären‘ (1956)

In diesem zweiten und, wie sich dann später herausstellte, letzten Gedichtband Ingeborg Bachmanns sah die Kritik sofort einen Zuwachs an poetischer Kunst gegenüber der früheren Dichtung und man glaubte, aufs schönste die Originalität und den Rang dieser Lyrikerin der reinen, großen Poesie darin bestätigt zu finden. (Unseld) Im Gegensatz zu den „Zufälligkeiten der zeitgenössischen Szenerie“, wie man mit deutlicher Abneigung gegenüber wirklichkeitskritischen Aspekten formulierte, sah man den Nachfolgeband zur ‚Gestundeten Zeit‘ geprägt „vom Notwendigen, Immerwährenden, Urbildlich-Wahren.“ (Holthusen) Auf diese Weise wurde der Ingeborg Bachmann immerhin zugestandene „kämpfende Sprachgeist“ unmißverständlich entpolitisiert und auf eine ästhetische Größe dieser „Metaphorikerin von Geblüt“ (Blöcker) reduziert. Für diese sich mit den Zeitverhältnissen der mitfünfziger Jahre arrangierende Sicht ist selbst die poetische Politisierung der Lyrik ein blinder Fleck.

Gegenüber der ‚Gestundeten Zeit‘ fällt bei der ‚Anrufung des Großen Bären‘ auf, daß trotz des Titels und mehrerer Gedichte, die deutlich Anredecharakter haben, der Dringlichkeitsappell des früheren Gedichtbandes verhaltener klingt. Die Aufforderung zu einem Handeln, das Zeitkritik umsetzt in realitätsbezogene Aktion, weicht einem kontemplativeren Verhalten. Das lyrische Ich setzt sich auch stärker mit seiner lebensgeschichtlichen Herkunft, Entwicklung und Zukunftsperspektive auseinander. Auch im Formalen ist in der zum Teil erfolgten Rückkehr zu gebundeneren Formen, zu Reim und traditionelleren Versmaßen und Strophen eine größere poetische Durcharbeitung des Materials im Hinblick auf bewährte Gestaltungsverfahren zu erkennen. Das schafft gegenüber den vorwiegenden Prosarhythmen der ‚Gestundeten Zeit‘ eine merkliche Rückbindung an die lyrische Überlieferung. Der Eindruck ist nicht von der Hand zu weisen, daß die Dichtung Ingeborg Bachmanns damit auch an Vorstellungen von den Aufgaben der Dichtung als geformtes Wort anknüpft, die von den negativen Kategorien der lyrischen Moderne abrücken. Diese poetologische Rückbesinnung gipfelt bei ihr in dem Glauben an die „schöne Sprache“ und das „reine Sein“. (I, 92) Solche Begriffe sind aber nicht gleich als bloßer Ästhetizismus und spekulierende Dichtungsontologie abzutun, sondern sie erfüllen ihren Sinn im Zusammenhang der utopischen Sprachforderung Ingeborg Bachmanns.

Dichtung als ein Feiern und Preisen in einer an Rilke gemahnenden Weise findet sich in der ‚Anrufung‘ besonders in den Versen, die hochgestimmt und getragen die Liebe besingen. Da ist viel spielerische Leichtigkeit am Werk und auch ein märchenhaftes Beschwören, eine ästhetische Verklärung des sinnlich Schönen. Gedichte wie ‚Das Spiel ist aus‘ oder ‚Erklär mir, Liebe‘ lassen die dunkleren Töne zurücktreten zugunsten dieses Zelebrierens der Liebe als Fest. Aber die Janusköpfigkeit der Bachmann'schen poetischen Vorstellungswelt ist dennoch präsent in der ‚Anrufung‘, wenn man die verschiedenen Texte gegeneinander hält. Das dualistische Prinzip wird sogar thematisiert, etwa in dem ‚Brief in zwei Fassungen‘. Der Titel allein schon verweist auf gegensätzliche Botschaften. Von den beiden langen Strophen gibt die erste ein Bild der ewigen Stadt, die Roms Topographie zum Schauplatz einer Stimmung des Verlorenseins, einer liebeskranken Todesverfallenheit macht. Ein „wehes Herz“ (I, 126) findet hier in der Stadt die korrespondierende Erscheinung eines leidvollen Untergangs. Als blendendes Gegenstück dazu gibt sich die prachtvolle Schönheit der römischen Welt: „die Augen hat ein reiner Glanz beflogen“. Als extreme Spiegelschriften sind diese beiden Stadtbilder zugleich poetische Zeichen für die Erfahrungspole des Ich, das sich am Ende „inmitten" findet, in einem Dazwischen der Existenz. Das kann Unentschiedenheit, problematische Ambivalenz bedeuten, aber auch Verbindung der gegensätzlichen Erlebniswelten in der Liebe.

Was als Widerspruch sich geltend macht, wird in den Gedichten der Liebeszuversicht durch die erhebende Kraft der Gefühle zumindest als überwindbar angesehen. In ‚Römisches Nachtbild' heißt der bezeichnende Schluß: „So gewiß ist's, daß nur die Liebe / und einer den andern erhöht." (I, 128)

Diese Erhöhung durch den anderen, diese Überwindung der von den Schrecken der Vergangenheit gezeichneten Realität im liebenden Austausch ist Gegenstand des Gedichts ‚Das Spiel ist aus':

Das Spiel ist aus

Mein lieber Bruder, wann bauen wir uns ein Floß
und fahren den Himmel hinunter?
Mein lieber Bruder, bald ist die Fracht zu groß
und wir gehen unter.   (I, 82)

Wie ‚Ausfahrt' zu Beginn der ‚Gestundeten Zeit' eröffnet dieses Gedicht die ‚Anrufung' mit dem Thema des Aufbruchs. Eine Phantasiereise allerdings ist es, die als Rückerinnerung in einem kindlichen Wunschtraum märchenhafte Fahrten imaginiert. Aber diese Bewegung einer Fahrt „den Himmel hinunter", zu der ganz fraglos der Reim „wir gehen unter" sich einstellt, führt nicht zu jenem Hoffnungsmoment und zu jener Bereitschaft zum Widerstand, die in ‚Ausfahrt' eine moralische Selbstvergewisserung ausdrückten, sondern hier erscheinen die Träume ausgeträumt, das Spiel scheint verloren, ausgespielt.

Die Aufforderung zur Wachsamkeit wird allerdings gegeben, wie denn in der zweiten Strophe die verheerenden Mächte der geschichtlichen Wirklichkeit kurz im Bild des Minenfeldes sich geltend machen:

Mein lieber Bruder, wir zeichnen aufs Papier
viele Länder und Schienen.
Gib acht, vor den schwarzen Linien hier
fliegst du hoch mit den Minen.   (I, 82)

Angesichts dieser aus den Zeitläufen stammenden Gefahren ist kaum Hoffnung im Märchenglauben an die Phantasie zu finden. Der Schlüssel zu den Wunderwelten, die jenseits aller gewöhnlichen Raum-Zeit-Erfahrung zu liegen scheinen, ist aber nicht mehr in sicherer Reichweite, wie folgende Strophe anzeigt:

Nur wer an der goldenen Brücke für die Karfunkelfee
das Wort noch weiß, hat gewonnen.
Ich muß dir sagen, es ist mit dem letzten Schnee
im Garten zerronnen.   (I, 83)

Aber dann ergibt sich doch eine neue Hoffnungsmöglichkeit, wenn „der Kinderkönig, mit dem Schlüssel zu seinem Reich im Mund / uns holt, und wir werden singen:" Die Schlußstrophen lassen die Wiederkehr der kindlichen Wunschwelt im erotischen Erlebnis greifbar werden:

Es ist eine schöne Zeit, wenn der Dattelkern keimt!
Jeder, der fällt, hat Flügel.
Roter Fingerhut ist's, der den Armen das Leichentuch
    säumt,
und dein Herzblatt sinkt auf mein Siegel.

Wir müssen schlafen gehn, Liebster, das Spiel ist aus.
Auf Zehenspitzen. Die weißen Hemden bauschen.
Vater und Mutter sagen, es geistert im Haus,
wenn wir den Atem tauschen.   (I, 83)

Die inzestuösen Anklänge sind von den psychoanalytisch ausgerichteten Interpreten in die Nähe der Todes- und Sexualsymbolik von Robert Musils Gedicht ‚Isis und Osiris‘ gerückt worden. (Politzer) Dieser Schluß mit seiner unauffälligen Verschiebung der vielfachen Anrede „Mein lieber Bruder" hin zum eindeutigeren Begriff „Liebster" enthält trotz der angedeuteten Heimlichkeiten und rätselhaften Bilder („und dein Herzblatt sinkt auf mein Siegel") eine Vorstellung vom brüderlichen Menschen, die ihn zum Inbegriff der in der Kindheit erfahrenen Zärtlichkeit werden läßt. Das zunächst unverfängliche Spiel von Bruder und Schwester führt zwar zur körperlichen Berührung, aber diese Nähe ist ein Ergebnis zärtlicher Zuneigung und eines spielerischen Eros, dem das Bewußtsein des eigenen Triebes und der moralischen Schranken noch weitgehend fehlt. In der späteren Erzählung ,Drei Wege zum See' (1972) wird ein kleiner Vorfall erzählt, der in diesem Zusammenhang von besonderem Interesse ist. Die Hauptfigur Elisabeth Matrei muß ihren jüngeren Bruder Robert aus ihrem Bett werfen, nachdem er „etwas benebelt vom ersten Pernod seines Lebens, anfing, ihre Haare und ihr Gesicht zu streicheln, denn das mußte nun endgültig aufhören, oder es durfte vielmehr gar nicht erst beginnen." (II, 457) Was hier mit eindeutigem Bewußtsein als mögliche Tabuverletzung geschildert wird, erscheint im Gedicht als frühkindlicher Zauber kaum eingetrübt von dem Wissen der Tabuschranken. Auch lassen die Hauptmetaphern, Herzblatt, Siegel, Atemtausch, Verschiebungen aus dem rein Körperlichen und Sexuellen in die Bereiche erotisch zweideutigerer Verständigungen erkennen. Es ist die Rückschau, die das Bewußtsein des Verbotenen durchscheinen läßt. Aber die reproduzierte kindliche Perspektive sieht in dem Bruder-Schwester-Verhältnis eine magisch schöne, wunderbare Gemeinschaft der Zärtlichen, die vom Zwang des Sexuellen noch frei ist, so wie die Beziehung zu Henze für die Dichterin das Erotische unbelastet vom Körperlichen darstellte.

Dennoch ist in dieser Bruder-Schwester-Beziehung mit ihrer eigentümlichen Selbstzensur und den verundeutlichenden Verschiebungen schon eine Ahnung vom Auseinanderstreben der Geschlechterrollen mitgestaltet. Wenn in der ersten Strophe von der ,zu großen Fracht', die zum Untergang führt, gesprochen wird, klingt ein Schuldgefühl durch, das den spielerischen Eros zwischen den Geschwistern als belastend empfindet, also die beginnende Erkenntnis der möglichen Tabuverletzung andeutet. Daß das Kindsein einmal in zwei entgegengesetzte Rollen, die männliche und die weibliche, auseinanderfallen wird, ist hier mit einer schmerzlichen Trauer vorweggenommen. Man hat auf diese Problemkonstante in Ingeborg Bachmanns Werk hingewiesen. Sie zeigt sich deutlich in dem Horoskop in ‚Malina‘, wo vom Persönlichkeitsbild des Ich gesagt wird: „es sei eigentlich nicht das Bild von einem Menschen, sondern von zweien, die in einem äußeren Gegensatz zueinander stünden … Getrennt … wäre das lebbar, aber so, wie es sei, kaum, auch das Männliche und das Weibliche, der Verstand und das Gefühl, die Produktivität und die Selbstzerstörung träten auf eine merkwürdige Weise hervor.“ (III, 248) Das Leiden am Gegensatz, besonders dem von Denken und Sinnlichkeit, Bewußtsein und ungeschiedener Natureinheit ist im Spätwerk so ausgeprägt und bestimmend für das Ich, daß es im Inneren statt Synthese der Polaritäten eine Spaltung und einen verhängnisvollen Widerstreit erfährt, dem die glückliche Überwindung des inneren Widerspruchs in der Liebe, wie es das Gedicht ‚Das Spiel ist aus‘ noch als möglich erscheinen läßt, fehlt. (Höller, Vorschläge, 156)

Wichtiger als das Inzestmotiv erscheint deshalb die Frage der frühkindlichen Einheitserfahrung, die im Bruder-Schwester-Verhältnis sich einstellte. Daraus ergibt sich eine Beziehung auch zum Sprachverhalten Ingeborg Bachmanns: „Sprache ist von ihren Ursprüngen her magisch und zweigeschlechtlich … Das Schreiben der Ingeborg Bachmann hat ganz direkt und schmerzvoll mit dieser Zweigeschlechtlichkeit zu tun.“ (Endres, 82)

In ‚Das Spiel ist aus‘ erscheint der Gegensatz der Geschlechterrollen in der magisch vorweltlichen Zauberwelt aufgehoben, denn sowohl die Karfunkelfee und der Kinderkönig sind Schlüsselfiguren, die Einlaß zum wunderbaren Bereich des Eros und der Natureinheit gewähren; dagegen läßt sich der Dualismus von Männlich und Weiblich als patriarchalischer und matriarchalischer Gegensatz der Konfrontierung entnehmen, die hinter dem Widerspruch zwischen kindlicher Vereinigungssehnsucht und gewalttätiger Zeitwirklichkeit anzusetzen ist.

Der Rückerinnerung an die Wunschwelten der Kindheit im

Eröffnungsgedicht der ‚Anrufung' schließt sich der Zyklus ‚Von einem Land, einem Fluß und den Seen' an. Hier findet eine poetische Herkunftssuche statt, die zugleich den Abschied vom Land der Kindheit beschreibt. Auch hier steht am Ende die Bruder-Schwester-Beziehung als eine Art Geheimbund gegenüber der anderen, gewissermaßen feindlichen Welt im Mittelpunkt:

> Zum Abschied schwören die Geschwister
> auf ihren Bund aus Schweigen und Vertraun.   (I, 94)

Das in der Kindheit Erfahrene, die Identitätslosigkeit als Zustand dauernder Metamorphose und seelenwandlerischer Veränderung klingt an im vierten der zehn siebenstrophigen Gedichte dieses Zyklus.

> In andren Hüllen gingen wir vorzeiten,
> du ginst im Fuchspelz, ich im Iltiskleid;
> noch früher waren wir die Marmelblumen,
> in einer tiefen Tibetschlucht verschneit.   (I, 87)

Auch hier ist als Vorstadium der menschlichen Existenz ein magisch schöner Zustand der Natureinheit ins Bild gefaßt, aus dem sich durch steigernden Gestaltwandel das höhere Dasein entwickelt, wobei sich der Gewinn an Identität zugleich als Verlust eines früheren Wesens erweist. Diese vorbewußte Verwandlung reflektiert auch die vorzeitliche Menschheitsentwicklung und das langsame Herausbilden eines Geschichtsbewußtseins. Dem Identitätsgewinn im Laufe der Zeit, der sich als Zuwachs von Lebensgefühl, Denkfähigkeit und Handlungsmöglichkeit auswirkt, steht die Forderung zur Seite, eine im geschichtsphilosophischen Sinne zielgerichtete Vorstellung von der menschlichen Existenz zu entwickeln: „So such im Höhlenbild den Traum vom Menschen!" (I, 87) Gegenüber der Erfahrung der „kalten neuen Zeit" wird hier der Anspruch erhoben, im Rückgriff auf den schon immer bestehenden Selbstverwirklichungsgedanken des Menschen den vorweltlichen Traum in eine realisierbare Hoffnung zu verwandeln.

Die vorzeitliche Welt, trotz der bukolisch-arkadischen Szenerie dieser Gedichte ist durchaus auch geprägt von destruktiven Kräften in der Natur, auch in der menschlichen. Als Beispiel bietet sich im neunten Gedicht der träumende Hirtenbruder an, dem die vogeltötende Gestalt des Knechts gegenübersteht. Der Liebestraum des panischen Menschen wird kontrastiert vom Amselmord des anderen, wobei der Knecht als Gestaltwerdung der sozialen Unterdrückungssituation die Problematik des von der Herrschaft deformierten Menschen darstellt, denn verkrüppelt und entfremdet zu sein bedeutet hier, dem Gesetz des Unmenschlichen als ausführendes Organ zu dienen. Im Liebestraum aber wendet sich der Bruder an die Schwester, wobei einmal mehr der Zärtlichkeitseros der Geschwister-Beziehung durchscheint in der Bitte um das erhebende Wort der Dichtung, die als beglückende Zauberkraft erlebt wird:

> „O Schwester sing, so sing von fernen Tagen!"
> „Bald sing ich, bald, an einem schönren Ort."
> „O sing und web den Teppich aus den Liedern
> und flieg auf ihm mit mir noch heute fort!
>
> Halt mit mir Rast, wo Bienen uns bewirten,
> mich Engelschön im Engelhut besucht . . ."
> „Bald sing ich – doch im Turm beginnt's zu schwirren,
> schlaf ein! es ist die Zeit der Eulenflucht."   (I, 93)

So sehr die Bruder-Schwester-Beziehung den Eros präfiguriert und inspirierend auf die Dichtung wirkt, gegenüber dieser Erhöhung durch das erotische Einverständnis macht sich eine vorzeitliche Gefahrenwelt geltend, die im Titelgedicht ,Anrufung des Großen Bären' als ein monströses Ungeheuer uralten kosmischen Ursprungs Gestalt annimmt.

Großer Bär, komm herab, zottige Nacht,
Wolkenpelztier mit den alten Augen,
Sternenaugen,
durch das Dickicht brechen schimmernd
deine Pfoten mit den Krallen,
Sternenkrallen,
wachsam halten wir die Herden,
doch gebannt von dir, und mißtrauen
deinen müden Flanken und den scharfen
halbentblößten Zähnen,
alter Bär.

Ein Zapfen: eure Welt.
Ihr: die Schuppen dran.
Ich treib sie, roll sie
von den Tannen im Anfang
zu den Tannen am Ende,
schnaub sie an, prüf sie im Maul
und pack zu mit den Tatzen.

Fürchtet euch oder fürchtet euch nicht!
Zahlt in den Klingelbeutel und gebt
dem blinden Mann ein gutes Wort,
daß er den Bären an der Leine hält.
Und würzt die Lämmer gut.

's könnt sein, daß dieser Bär
sich losreißt, nicht mehr droht
und alle Zapfen jagt, die von den Tannen
gefallen sind, den großen, geflügelten,
die aus dem Paradiese stürzten.

Wegen seines eigentümlich epiphanischen Titels, der zunächst einen gebetsartigen Kniefall der Hirten vor dem außerweltlichen Wesen anzudeuten scheint, und auch wegen der schwierigen Bildbereiche und Metaphern hat dieses Gedicht zu sehr verschiedenen und widersprüchlichen Interpretationen geführt. Der Bär als gefürchtetes „Weltgericht", aber auch als herbeigewünschte „Erlösung der verheerten Welt" (Rasch), gegen diese Gleichsetzung des Bären mit dem christlichen Heilsversprechen hat man die Auffassung gehalten, der urzeitliche Tierdämon weise „auf das Erschrecken vor einer Welt, deren Prinzipien nicht um Gott und Mensch bekümmert sind." Der Bär habe vielmehr die Züge jener „kosmisch ausgeweiteten Gewalt", die „jedem Gedanken an Heilsgeschichte und Auferstehung Hohn sprechen." (Höller, Vorschläge, 163)

Die Hirten rufen in der Tat das Ungetüm an, doch bleiben sie wachsam, mißtrauisch, auch gebannt vor dem noch immer erregenden Äußeren dieses Unwesens, das mit der Nacht zu identifizieren ist, die das Schreckliche, die dunkle Seite der Welt repräsentiert. Die Drohung des Bären in der zweiten Strophe zeigt die spielerische Leichtigkeit und Gewissenlosigkeit dieser Gewalt an. In den beiden Schlußstrophen mahnt die Dichterin die Menschen zur Besinnung angesichts der Gefahr. So steht am Ende in einem merkwürdigen Bildgegensatz zur zweiten Strophe, wo die Zapfen spielerisch geprüft werden, die entschiedenere Vorstellung von der Jagd und vom verlorenen Paradies, evoziert durch das chiffrierte Bild vom Sturz des Satans und der Engel, die bereits in gnostischen Texten als „die Bäume des Paradieses" bezeichnet werden. Ein Gedicht der Gedankentiefe und der Bildkonstruktion, wenn man nur die Verschränkungsmethode betrachtet, etwa in den „Sternenkrallen", wo irdischer und außerirdischer Bereich kombiniert erscheinen.

Ist der Engelsturz Vorausdeutung auf die spätere Apokalypse, so besingen auch die ‚Lieder von einer Insel' nach dem Preisen der Liebe und des Lebens als Fest die Gesetzmäßigkeit des irdischen Untergangs:

> Es kommt ein großes Feuer,
> es kommt ein Strom über die Erde.
>
> Wir werden Zeugen sein.

Selbst in den Gedichten, in denen die Liebe als eine Überhöhung der eigenen Existenz und als eine gewissermaßen utopische Macht der Selbstverwirklichung gefeiert wird, stellt sich als Gegenkraft die Vorstellung eines alles vernichtenden Unheils ein, sei es im Bild des verzehrenden Feuers oder des triumphierenden Todes. Ähnlich dämpfend wie das Ende des Gedichts ‚Das erstgeborene Land' stehen am Schluß der ‚Lieder auf der Flucht' die beiden den Dualismus ausspielenden Strophen:

> Die Liebe hat einen Triumph und der Tod hat einen,
> die Zeit und die Zeit danach.
> Wir haben keinen.
>
> Nur Sinken um uns von Gestirnen. Abglanz und Schweigen.
> Doch das Lied überm Staub danach
> wird uns übersteigen. (I, 147)

Es ergibt sich aber im Anklang an Rilkes Vorstellung von der wirklichkeitsübersteigenden Kraft der Dichtung auch hier eine Hoffnung und Zuversicht, daß dem Lied als dem Inbegriff des geformten Kunstwerks jene Energie zukommt, die die Vergänglichkeit und Beschränkung der menschlichen Existenz überwindet und damit auch das Widrige der zeitgeschichtlichen Erfahrung besiegt.

In ‚Anrufung' stehen eine Reihe von Gedichten für diese zuversichtliche Haltung ein, ohne deshalb den Widerspruch zwischen Utopieverlangen und negativer Zeiterfahrung, zwischen dichterischem Sendungsbewußtsein und Leiden an der „großspurige(n) Zeit" (I, 101) vollends versöhnen zu können. Die poetologische Reflexion verbindet sich in Gedichten wie ‚Mein Vogel' mit der dichterischen Selbstverständigung der Autorin. Am Beispiel der lyrischen Evokation der Eule der Minerva, dem Weisheitsvogel, mit dem Ingeborg Bachmann schon als Schülerin identifiziert worden war, ergibt sich die Tiefe des Dualismus, dem die Dichterin sich ausgesetzt sieht. Denn auch das Ich ist von wesentlichen Gegensätzen im Inneren gespalten, die die alte Polarität von Geist und Körper, Denken und Empfinden fortführen. Der Vogel, als „eisgrauer Schultergenoß" und als „Waffe" gepriesen, nimmt die Stelle eines „dichterischen Über-Ich" (Höller, 156) ein, das in dem Konflikt mit der verheerten Welt und mit der immer wieder als „Nacht" beschworenen Bedrängnis Stärkung und „Beistand" gewährt, auch gegen die Verlockungen des Inneren, gegen eine verzehrende Sehnsucht und Sinnlichkeit, die die auf höherer Stufe („Warte", I, 97) erreichte Übereinstimmung von Ich und Welt, poetischem Bewußtsein und sublimierter Triebnatur gefährden.

Das Pendeln zwischen hochgestimmter dichterischer Sendung, wie sie in ‚Landnahme' sich so kraftvoll äußert im Bild des ins „Horn"-Stoßens („Um dieses Land mit Klängen / ganz zu erfüllen," I, 98), und dem Bewußtsein der Lebensversehrtheit, die in ‚Curriculum Vitae' resignierend die Macht des Nächtlichen bestätigt: „Immer die Nacht. / Und kein Tag." (I, 102) bestimmt eine Vielzahl der übrigen Gedichte des Bandes. So endet ‚Nebelland', das metaphorisch beziehungsreich auch auf die jüngste Vergangenheit anspielt, indem schon der Titel ähnlich wie in Enzensbergers Gedicht ‚landessprache' wenig später auf die Nacht- und Nebelaktionen der faschistischen Herrschaft Bezug nimmt, mit der vielsagenden Beteuerung:

Nebelland hab ich gesehen,
Nebelland hab ich gegessen.   (I, 106)

Im Bild der treulosen Geliebten („Treulos ist meine Geliebte", wird nicht nur eine allgemeine menschliche Unzuverlässigkeit angesprochen, sondern auch über Unbeständigkeit hinaus das Unrecht und der Betrug im Zeitgeschichtlichen beklagt.

Trotz der Möglichkeiten der Wuncherfüllungen in ‚Die blaue Stunde', so ironisiert sie auch erscheinen, trotz der bis zur „Weißglut" getriebenen Liebesekstase in ‚Tage in Weiß' (I, 112) bleibt eine tiefgehende Zwiespältigkeit bestehen, die Christa Wolf anhand der Liebesthematik von ‚Erklär mir, Liebe' (I, 109) als ein „Beispiel von genauester Unbestimmtheit, klarster Vieldeutigkeit" (Wolf, Voraussetzungen, 129) herausgestellt hat. Dem Geist der Liebe, dem in der Hingabe Unversehrbarkeit zuwächst, angedeutet im Bild des Salamanders, der furchtlos und schmerzfrei jede Feuerprobe besteht, läuft ein anderes Denken entgegen, das zielgerichteter, objektbezogener, zweckbestimmter zu sein scheint als der in der personifiziert auftretenden, angerufenen Liebe erscheinende Eros. „Liebes kennen" und „Liebes tun" läßt erkennen, wie sich der Gegensatz von Liebe und Denken unterschwellig auch auf eine Unterscheidung in der Liebe selbst bezieht, auf den Eros des brüderlichen Menschen im Gegensatz zum selbstbewußten und im eigenen Denken befangenen Menschen, als dessen Prototyp der Mann zu gelten hätte.

> Erklär mir, Liebe, was ich nicht erklären kann:
> sollt ich die kurze schauerliche Zeit
> nur mit Gedanken Umgang haben und allein
> nichts Liebes kennen und nichts Liebes tun?
> Muß einer denken? Wird er nicht vermißt?
>
> Du sagst: es zählt ein andrer Geist auf ihn ...
> Erklär mir nichts. Ich seh den Salamander
> durch jedes Feuer gehen.
> Kein Schauer jagt ihn, und es schmerzt ihn nichts.   (I, 110)

Kulminiert in dem Bild vom Feuer bei Ingeborg Bachmann immer wieder die höchste Intensität einer umfassenden Sinnlichkeitserfahrung, so finden sich in der Metapher des Lichts die dazugehörigen Beschwörungen eines überwältigenden Glanzes und einer umwälzenden Erkenntnis. Schon in ‚Mein Vogel‘ ging vom Licht eine Erhöhung des poetischen Auftrags aus. In dem Hymnus ‚An die Sonne‘ wird die menschliche Wahrnehmung, das Sehen gepriesen und verklärt, und zwar als Wahrheitsethos und Handlungsantrieb. Die Verherrlichung der Wahrnehmung als ein Innewerden des Wahren und als Festigung des Gewissens findet sich in ‚Was wahr ist‘ ausgedrückt:

> Du haftest in der Welt, beschwert von Ketten,
> doch treibt, was wahr ist, Sprünge in die Wand.
> Du wachst und siehst im Dunkeln nach dem Rechten,
> dem unbekannten Ausgang zugewandt.   (I, 118)

Hier spricht der „Stolz dessen, der in der Dunkelhaft der Welt nicht aufgibt und nicht aufhört, nach dem Rechten zu sehen". (IV, 277) Angesichts der Korrumpierbarkeit des Menschen in Geschichte und Gegenwart setzt Ingeborg Bachmann beharrlich auf älteste, geweihte Tugenden, Sehen und Rechtschaffenheit, Wahrheitsliebe und Gewissen, Erkenntnis und verantwortungsbewußtes Handeln. Diese unverbrüchliche Humani-

tät wird angesichts der Schönheit einer von der Sonne
verklärten Welt so besungen:

> zu weit Schönrem berufen als jedes andre Gestirn,
> Weil dein und mein Leben jeden Tag an ihr hängt, ist die Sonne.
>
> (I, 136)

Es ist keine sklavische Abhängigkeit von einer göttlichen Instanz, die hier gemeint ist, sondern das Licht der Sonne darf
als Metapher für den lebensgenerierenden Aspekt der im
Menschen korrespondierenden Einsichten gelten. So heißt es
bezeichnend:

> Schönes Licht, das uns warm hält, bewahrt und wunderbar sorgt,
> Daß ich wieder sehe und daß ich dich wiederseh!
> Nichts Schönres unter der Sonne als unter der Sonne zu sein ...
>
> (I, 136)

So wie die Sonne Leben spendet, muß in der menschlichen
Gemeinschaft die Humanität gefördert, der schöne Zustand
einer friedlichen Welt verwirklicht werden, damit der Kreislauf der Zerstörung unterbrochen wird: „diese Utopie muß
auf dem Hintergrund der verantwortungslosen Gewalttätigkeit des Großen Bären gelesen werden, der wüsten Nacht-
und Schreckseite der Welt, die sich über die Menschen fremd
hinwegsetzt, um zu begreifen, welcher Erfahrung dieses Weltverhältnis abgerungen ist, dieser Preis eines menschlichen Lebens mit der abschließenden unaussprechlichen Trauer über
den ‚unabwendbaren Verlust' (I, 137) der Augen." (Höller,
Vorschläge, 164)

4. ‚Die Zikaden' (1954)

So wie die ‚Anrufung des Großen Bären' vom Erlebnis der
perspektiveverändernden mediterranen Welt geprägt ist, in der
ein neues Schauen, ein erhebendes Lebensgefühl und der
Wirklichkeitszauber des „erstgeborenen Landes" eine Hochstimmung erzeugen, sind im Hörspiel ‚Die Zikaden' südliche
Lebenswelt und zeitgeschichtliche Realitätsvorstellung auf ei-

ne symbolträchtige Weise ineinander verwoben. Der reale Südlichkeitsdrang des beginnenden Italientourismus in der Periode des Wirtschaftswunders stellt eine Komponente parat, die mit dem Problem der Vergangenheitsverdrängung verknüpft wird. Aber dieser sozialgeschichtliche Hintergrund wird in dem Hörspiel umgewandelt und in die Thematik der personalen Wirklichkeitsflucht eingearbeitet.

Im Ensemble der Figuren, vom Erzähler abgesehen und den Einheimischen Antonio und den politischen Asylanten Benedikt ausnehmend, haben alle Personen auf dieser Insel Zuflucht gesucht, getrieben von ihrer Wirklichkeitsfurcht und Weltferne und wie von einer Wahnidee besessen. Robinson, der mit seinem schiffbrüchigen Namensvetter aus der Abenteuerliteratur nur den Namen, nicht das Schicksal gemein hat, artikuliert am deutlichsten diese Sucht nach „Vergessen" (I, 230), die ihn seinen endgültigen „Austritt aus der Gesellschaft" (I, 259) erklären läßt. Er gleicht dem Typus des unverstandenen Schriftstellers, an dessen Leben sich die Gesellschaft vergriffen hat durch die „fortgesetzten kleinen Gemeinheiten" (I, 259). Robinson ist unwillig, sich diesem sozialen Zwang, der in der Figur seiner Frau Anna Gestalt annimmt, wieder auszusetzen. Anna behandelt ihn fast wie einen verrückten Spinner, der wieder auf eine ausgefallene Idee gekommen ist. Aber im Gespräch mit dem von der Strafinsel herübergeschwommenen Gefangenen gelangt Robinson zu größerer Klarheit über seine eigene Selbsttäuschung als die anderen verblendeten Wirklichkeitsflüchtenden.

In Charles Brown aus Illinois tritt eine herzgeschwächte, vom Verlust des gefallenen Sohnes traumatisierte Vaterfigur auf, die sich der fixen Idee hingibt, den Sohn eines Tages beim Unterwassertauchen wiederzufinden. Im Gegensatz zu dieser Wahnvorstellung bekämpft Mr. Brown das Gespenst des Krieges, das ihm in dem neunfüßigen Polypen – unschwer als die mythische Hydra, die neunköpfige, von Herkules getötete Schlange zu erkennen – und als durchs Meer ziehender Wolf phantomhaft vor Augen schwebt. Mrs. Brown, ein blondes „Heldenmädchen", „fünfmal geschieden, fünfmal vernichtet von den Gewohnheiten ihrer Männer" (I, 231), verkörpert die geschundene Frau, die zum Verlust ihres Selbst gezwungen wird, angedeutet in der erzwungenen Abtreibung ihres Kindes, wobei sie auch ihre „Stimme" verloren hat. Ihre Wunschfiktionen entstammen ihrer Sehnsucht nach einer alle gesellschaftliche Unterdrückung aufhebenden Ursprünglichkeit und natürlichen Sinnlichkeit, als deren Inbegriff ihr die barfüßig tanzenden Mädchen der Insel erscheinen. Anhand dieser so wesentlich in ihrem Menschsein, in ihrem Frausein zerstörten Figur kritisiert Ingeborg Bachmann deutlich die Gewalttätigkeit der männlichen Partner, deren Dominanzverhalten in den Beziehungen die Frau nicht nur unterdrückt, sondern sie entscheidend zugrunde richtet.

Salvatore, als „Retter" eingeführt, ist ein aus dem Norden stammender, eigentlich konturloser, ja quallenhafter Künstler, der seine Zuflucht zu Heilsvisionen genommen hat, die er zusammenphantasiert, ohne daß es zu wirklichen bildlichen Vergegenständlichungen käme, wie die Szene mit dem modellsitzenden Antonio beweist. Mit dem kalkulierenden Ausstellungsgehabe eines Routiniers verfällt dieser selbsternannte Menschheitserretter einem kolossalen Selbstbetrug. Deutliche Anspielungen auf die Revolution in Ägypten 1954 bietet Ingeborg Bachmann in dem Prinzen Ali, dem Prototyp des im Exil seinen Reichtum verlebenden Prinzen, dessen Wunschtraum auf Selbstaufgabe und freiwilligen Herrschaftsverzicht hinausläuft. In Jeanette tritt die verblendete Frau in Erscheinung, die aus ihrer Eitelkeit einen wissenschaftlichen Beruf und Betrug macht. Überzeugt von dem Glauben an die Überwindbarkeit des Todes durch die Schönheit, will diese perfekte Kosmetikerin der chemischen Verjüngungsmittel die ewige Jugend erlangen, das Alternmüssen aus der Welt schaffen, worin schon ihre Existenzangst sich ausdrückt. Allen diesen Eskapisten, deren Träume auf Entlastung und Wunschglück abgestimmt sind, antwortet in Antonio das wirlichkeitsverbundene Prinzip der Verneinung jeglicher Fluchtmöglichkeit.

Aus diesem Gruppenarrangement ‚kaputter Typen' ragt heraus: der kleine Stefano, der als Ausreißer aus einer unerträg-

lich autoritären Erziehungssituation in seiner Familie legitime-
re Fluchtgründe vorzuweisen hat. Ihn treibt der Wunsch nach
dem gänzlich Anderen der einheimischen Gesellschaft, deren
utopisch gesehener Gemeinschaft er sich als „weißer Bruder,
der zu euch will" (I, 255) anschließen möchte. Hier ist Anto-
nios desillusionierende Verweigerung abgeschwächt durch
Offenhalten einer Möglichkeit: „vielleicht." Als Verlängerung
dieser Kinderflucht aus den repressiven Verhältnissen in die
Geschichtserfahrung der Vergangenheit ergibt sich das Asyl-
schicksal Benedikts, der politischer Verfolgung mit Henkern
„aus Fleisch und Blut" ausgesetzt war, ein deutlicher Hinweis
auf den faschistischen Staatsterror. Benedikt setzt dann auch
mit seiner der Lebensgefahr entkommenen Persönlichkeit den
Kontrapunkt zu den Wirklichkeitsentflohenen, deren „Scher-
gen" nicht mehr politisch-historischer Natur sind, sondern Le-
bensproblem anderer Art: „Krankheit und Rausch, Liebe und
Enttäuschung, Tod und Vergangenheit und die Erinnerung
daran." (I, 264)

Was das Hörspiel fast zu einem Lesestück macht, ist der an-
spruchsvolle, oftmals abstrakt philosophisch vorgebrachte
Überbau, der in den Erzählerkommentaren, aber auch in dem
fortgesetzten Gespräch zwischen Robinson und dem Gefangenen zu finden ist. So basiert das Stück auf einer philosophischen Konzeption, die im Zikadenmotiv auf Goethes Nach-
dichtung ‚Anakreon' anspielend bis auf Platons Allegorie von
den Zikaden als Vermittlerwesen zwischen dem Menschlichen
und dem Göttlichen zurückgreift. Platons Vorstellung im
‚Phaidros' zufolge geht die Sage, daß bei der Entstehung des
Gesanges von den Lebenden etliche dieser Tätigkeit so sehr
sich hingaben, „daß sie singend Essen und Trinken vergaßen
und auch das Herannahen des Sterbens nicht inne wurden!"
(Funke, 23) Daraus leite sich das Geschlecht der Zikaden ab,
nahrungsunbedürftige Wesen, die durch ihren Gesang den
göttlichen Musen dienten. Die Selbstvergessenheit der Kunst-
ausübung im ‚höheren' Auftrag, sie führt zum notwendigen
Entzug aus der menschlichen Wirklichkeit, zur Verneinung
der körperlichen Existenz, bei Ingeborg Bachmann, die Pla-

tons Text wohl gekannt haben muß, auch zum Verlust des Liebens als dem wichtigsten lebensbestimmenden Faktor: „Denn die Zikaden waren einmal Menschen. Sie hörten auf zu essen, zu trinken und zu lieben, um immerfort singen zu können. Auf der Flucht in den Gesang wurden sie dürrer und kleiner, und nun singen sie, an ihre Sehnsucht verloren – verzaubert, aber auch verdammt, weil ihre Stimmen unmenschlich geworden sind." (I, 268)

Platon hält gegen die Selbstvergessenheit und Weltferne der ihrer Menschlichkeit verlustig gegangenen Zikaden die Notwendigkeit der menschlichen Kommunikation: „Aus vielen Gründen also muß man am Mittag ja etwas besprechen und nicht schlafen." Gespräch und Verständigung bewahren vor dem Lebensentzug und Wirklichkeitsverlust der sirenenhaften Zikadenexistenz, deren unmenschliche Dimension Ingeborg Bachmann ebenfalls kritisch sieht.

Im fortgesetzten Gespräch zwischen Robinson und dem Gefangenen, der seine Flucht aufgibt und sich seinen Verfolgern und damit gleichsam den Vertretern der ‚Wirklichkeitsbehörden' zu stellen bereit ist, wird diese Abwehr gegen die Vermeidung der Realität deutlich. Dieses Gespräch findet am Mittag statt, der hier in Anlehnung an Nietzsches Vorstellung vom kritischen Augenblick des Zenits ebenfalls einen Wendepunkt markiert. Den Übergang von mythisch ferner Sage zur historischen Realzeit, von wirklichkeitsfernem Refugium zur Geschichtsverantwortung gegenüber dem kollektiven Schicksal und der eigenen Existenz leitet am Anfang des Hörspiels der Erzähler mit den Worten ein, daß „der Mittag aus seiner Begrifflichkeit stieg und in die Zeit eintrat." (I, 221)

Die Notwendigkeit, sich in Entscheidungssituationen zu bewähren, die Fluchtkonstruktionen der inneren Entlastungsträume und Wunschvorstellungen zu überwinden, wird angesprochen in dem Motiv der „Verwandlung", wenn der Gefangene seine „eigene Verwandlung' thematisiert: „Ich spreche von mir als einem, der ein anderer ist." (I, 241) Solche Selbstreflexion läßt Rückbezüge zur abstrakten Wandlungsutopie des Expressionismus, aber auch das Pathos der existenzialistischen Entfremdungshaltung erkennen. Daß Handeln als lebensbestimmende Aktion gegen die inneren Fluchtverlockungen, gegen die irreführenden Wahnvorstellungen und Wirklichkeitsfiktionen geboten ist, daß Bewahrung im Standhalten des einzelnen gegenüber der Realität gefordert ist, daß schließlich Vergangenes, Geschichtsterror und individuelles Versagen zu verarbeiten sind, darin liegt ein wichtiger Appell des Hörspiels. Es verlangt, die Zikadenmetapher auf den Künstler angewendet, zugleich ein Selbstbekenntnis und eine engagierte, auf Zeitgenossenschaft bestehende Kunst. Allen Fluchtmotiven liegen Sehnsüchte zugrunde, die in der Auseinandersetzung mit der jeweiligen Wirklichkeit ihr Ziel, ihre Lösung finden müssen. Das bedeutet für die Gegenwart ein Vergangenheitsbewußtsein, das einen Wirklichkeitsentwurf für die Zukunft mitgestalten hilft. Die legitimen Wünschen bedürfen einer Versöhnung im einzelnen mit seinem Denken und Fühlen, daß aus den echten Sehnsüchten ethisch vertretbare Hoffnungen und Möglichkeiten der Selbstverwirklichung erwachsen können. Das scheint das mahnende Fazit dieses Hörspiels zu sein, dessen Haupttendenz der Demaskierung der menschlichen Unzulänglichkeiten und verlogenen Traumwelten schon jenen berühmten Satz vorbereitet, der Ingeborg Bachmanns ethischen Rigorismus in der berühmten Rede vor den Kriegsblinden in dem Credo zusammenfaßte: „Die Wahrheit ist dem Menschen zumutbar."

5. Der gute Gott von Manhattan (1957)

Dieses 1957 entstandene, im Mai 1958 erstgesendete Hörspiel stellt eine Engführung und Zuspitzung der in ‚Ein Geschäft mit Träumen' und ‚Die Zikaden' behandelten Konflikte von Traum und Wirklichkeit, Normalität und anderem Zustand dar. Denn hier wird der Gegensatz von Ersatzglück und Zwangssituation, von Wunschlösung und Alltag konzentriert auf den Unbedingtheitsanspruch der Liebe gegenüber dem Gesetz der gewöhnlichen Welt. In dem früheren Hörspiel ‚Ein Geschäft mit Träumen' übernahm die Traumwelt eine Entlarvungs- und auch Steigerungsfunktion gegenüber der unzulänglichen Wirklichkeit. In ‚Die Zikaden' erschien eine Inselwelt, isoliert von der Realität „drüben", wobei die Insel als Zuflucht durch die nur unweit gelegene Strafinsel ihr negatives Gegengewicht erhielt. Das Inselmotiv erscheint auch in ‚Der gute Gott von Manhattan' wieder. Diesmal aber ist die Zuflucht nicht mehr getrennt von einer fernliegenden Wirklichkeit, sondern die Insel Manhattan, von den Indianern „Ma-na Hat-ta", „himmliche Erde" genannt, vereint auf sich beides, Normalität und Steigerungsmöglichkeit, die riesige, babylonisch anmutende Stadt der Wolkenkratzer und den Schauplatz für eine ins Absolute drängende Liebe.

Diese ungewöhnliche Liebe spielt sich im New York der fünfziger Jahre ab. Während hochsommerlicher Hundstage treffen sich im Gedränge der Reisenden auf dem Grand Central Bahnhof Jan und Jennifer, der reiselustige Europäer, der sich auf der Rückreise nach Cherbourg befindet, und die Studentin der politischen Wissenschaften aus Boston. Auf dem Tanzfest ihrer Universität ist ihr der Nichttänzer Jan aufgefallen. Was in Boston nur Augenspiel war, führt bei Jennifer jetzt zum Ansprechen inmitten der Menge. Die Dreiundzwanzigjährige, der „Europäer gefallen", findet also Anschluß, und sehr bald erkunden die beiden die Stadt, in der sie sich deutlich als Fremde vorkommen. Nach einem Stadtbummel, einem gemeinsamen Essen und einem Nachtbarbesuch wird aus der flüchtigen Reisebekanntschaft ein kleines nächtliches Abenteuer in dem Erdgeschoßzimmer eines schäbigen Stundenhotels. Es ist eine Beziehung, die zunächst zu nichts zu verpflichten scheint. Zwar verbringen die beiden Zufallspartner auch den folgenden Tag und die anschließende Nacht zusammen, inzwischen schon im 7. Stock des Atlantic City Hotels, doch nach weiterem Durchstreifen der Stadt im Schein greller Pepsi Cola- und Lucky Strike Leuchtreklamen am Broadway, nach einem Puppentheaterbesuch, auf dem die tragischen Schicksale der großen Liebespaare der Weltliteratur vorgespielt werden, nach einem Zuviel an „Trunkenheit und Weltvergessen" beschließen die beiden dennoch, sich zu trennen. Jan, dessen Schiff zur Ausfahrt bereitliegt, läuft dann doch der fortgehenden Jennifer hinterher, wirft ihr diesen Trennungsversuch als Unverzeihliches vor mit den Worten: „Ich sollte dich schlagen vor allen Leuten, schlagen werde ich dich . . ." (I, 301): Drohung und Liebeserklärung liegen bei Jan dicht beisammen. Er besorgt weitere Hotelzimmer, und die Höherbewegung im Räumlichen über das 30. bis zum 57. Stockwerk korrespondiert mit der Intensivierung der Liebe. Jans exaltierter Liebesüberschwang ergeht sich in einer geborgt klingenden poetischen Sprache, deren Maß an Übertreibung zugleich Fragwürdigkeit anzeigt: „Und darum will ich dein Skelett noch als Skelett umarmen urd diese Kette um dein Gebein klirren hören am Nimmermehrtag. Und dein verwestes Herz und die Handvoll Staub, die du später sein wirst, in meinen zerfallenen Mund nehmen und ersticken daran. Und das Nichts, das du sein wirst, durchwalten mit meiner Nichtigkeit. Bei dir sein möchte ich bis ans Ende aller Tage und auf den Grund dieses Abgrundes kommen, in den ich stürze mit dir. Ich möchte ein Ende mit dir, ein Ende. Und eine Revolte gegen das Ende der Liebe in jedem Augenblick und bis zum Ende." (I, 316)

In dieser emphatischen Sprache kündet sich etwas an, das Jennifer gleichsam instinktiv begreift, wenn sie zu Jan sagt: „Mein Ende. Sag es zu Ende." Und der Liebende geht auf diesen Ruf nach dem Ende durchaus zwiespältig ein, indem er von der „Niedertracht von Anfang an" spricht und auch von „foltern" und „verzweifeln", bis er seine Liebesversicherung in die Aufforderung faßt: „So komm. Ich bin mit dir und gegen alles. Die Gegenzeit beginnt." (I, 316 f.) Aber trotz dieses Anspruchs und trotz dieses Versprechens unterliegt Jan der Verlockung des Alltäglichen. Während er Jennifer zurückläßt, um sich zum Schiffahrtsbüro zu begeben, seine Reise abzubestellen, kehrt er wie zufällig in eine Bar ein, wo er nach der Zeit fragt, sich eine Zeitung geben und einen Drink aufschwätzen läßt, wobei im Radio unterdessen die monotonen Stimmen geheime Befehle auszuteilen scheinen, bis eine dumpfe Detonation die Sendung unterbricht, ein Zeichen, daß Jennifer in dem Zimmer des 57. Stockwerks durch das Bombenattentat in die Luft geflogen ist. In der Rahmenhandlung des Hörspiels, in dem Verhör des guten Gottes von Manhattan durch den Richter, wird dieser Ausgang der Liebe zwischen den beiden ungleichen Partnern von dem Meisterattentäter mit einem Zitat aus Goethes ‚Faust' kommentiert: „Die Erde hatte ihn wieder." (I, 327) Der gute Gott, der Jan als „rückfällig" charakterisiert, sieht in ihm einen normalen Mann, der dem Ruf der „Ordnung" gefolgt ist. Der Widerstreit von Absolutheit der Liebe und Normalität des gewöhnlichen Lebens erscheint aus dieser Sicht richtig und gültig zugunsten der gesellschaftlichen Norm gelöst. Der gute Gott ist oft als Vertreter der gesellschaftlichen Konvention, als Repräsentant der Ordnung des gewöhnlichen Lebens angesehen worden. Seine Verbrechen rechtfertigt er aus dem „Gesetz" der Welt, wie er denn seine Mission, gegen den „anderen Zustand", gegen den „Grenzübertritt" der beiden Liebenden vorzugehen, in dem „Glaubensbekenntnis" zusammenfaßt: „Ich glaube an eine Ordnung für alle und für alle Tage, in der gelebt wird jeden Tag. Ich glaube an eine große Konvention und an ihre große Macht, in der alle Gefühle und Gedanken Platz haben, und ich glaube an den Tod ihrer Widersacher. Ich glaube, daß die Liebe auf der Nachtseite der Welt ist, verderblicher als jedes Verbrechen, als alle Ketzereien." (I, 317)

Dieser pathetisch verkündete Glaube mit seinen mephistophelischen Obertönen enthält eine Totalitätsvorstellung, die einen Einheitsgedanken propagiert, der die Liebe als eine Macht, die die Vereinzelung überwinden hilft, von vornherein ausschließt. Denn die „große Konvention" des guten Gottes hat Züge einer konformistischen Zwangsgemeinschaft, die das Problem der Individualität eher durch praktische Zielrichtungen zu beheben sucht. Das wird deutlich an der Antwort des guten Gottes, der den Vorwurf des Richters, ein „krankhafter Phantast" zu sein, mit dem Hinweis auf das Phänomen der Ehe übergeht, indem er pragmatische Verhaltensweisen, die auf „Kameradschaft und wirtschaftliche Interessengemeinschaft" abzielen, in den Mittelpunkt rückt. Die von Ingeborg

Bachmann bekämpfte Ehe wird dann als „annehmbarer Status innerhalb der Gesellschaft" unter dem Aspekt der heute viel berufenen Ausgewogenheit gelobt: „Alles im Gleichgewicht und in der Ordnung." (I, 319)

Solches Ordnungsdenken, das auf einen vollkommenen Zustand im Sinne konformistischer Anpassung hinarbeitet, beabsichtigt eher etwas Totalitäres und Terroristisches als eine Utopie gesellschaftlichen Glücks. Daß die Verneinung des gesteigerten Liebesverhaltens und seines Absolutheitsanspruchs den erhebenden partnerschaftlichen Eros verbannt, ergibt sich aus der weiteren Erhellung der janusköpfigen Struktur des Hörspiels.

Ingeborg Bachmann sah im guten Gott durchaus die „Personifizierung dieser Dinge, die (...) die Liebenden vernichten," und die Dichterin betrachtete ihr Werk als ein „sehr rational aufgebautes Stück, in dem sehr genaue Dinge stehen." (GuI, 86) Trotz der Verschränkung von Rahmen- und Haupthandlung, trotz des Ineinanderschiebens der verschiedenen Ebenen und trotz des Widerspiels der Gegensätze in den Figuren und ihrer Standpunkte und Lebensansichten lassen Handlung und Form eine klare Widerspruchsstruktur erkennen. So ist schon die Figurenzeichnung „ein junger Mann aus der alten Welt" für Jan und „ein junges Mädchen aus der neuen Welt" (I, 270) für Jennifer mit deutlichen symbolischen Hinweisen befrachtet, was bei der Charakterisierung der immer wieder auftretenden anonymen Stimmen als „monoton und geschlechtslos" ebenfalls auffällt. Ihrer eigenen Aussage nach war Ingeborg Bachmann bemüht, einen „Grenzfall von Liebe" zum Beispiel zu nehmen, „einen dieser seltenen ekstatischen Fälle, für die es tatsächlich keinen Platz in dieser Welt gibt und nie gegeben hat." (GuI, 86) Jan und Jennifer fügen sich damit den Vorbildern einer langen Tradition der tragischen Liebespaare ein, von Orpheus und Euridike, Tristan und Isolde bis zu Romeo und Julia. Die Gründe für den unweigerlichen Untergang dieser Liebenden lagen, so verschieden sie auch waren, vor allem jenseits der Kontrolle dieser Paare. Daß hier nicht ein Universalfaktor, etwa die Vergänglichkeit der Liebe der entscheidende Grund war, sondern die Problematik von Gesellschaft und Individuum, wird besonders deutlich in der Begegnung von Jan und Jennifer, die an der Unvereinbarkeit ihrer absolut gesetzten Liebe mit der Normwirklichkeit ihrer gesellschaftlichen Umwelt zugrundegehen. Sie scheitern aber auch an der Verschiedenheit ihrer jeweiligen Liebesauffassung.

Daß die von dem guten Gott als eine große Ordnung reklamierte Welt eine eher gespaltene Wirklichkeit umgreift, die von großen Widersprüchen gekennzeichnet ist, enthüllt sich auch in der grundlegenden Differenz der beiden Liebenden, die über den Geschlechterunterschied hinausgeht. Es ist dies ein Unterschied der Rollen von „Mann" und „Mädchen", der die Verschiedenheit der Gesellschaftsentwicklung, also die Mann-Frau-Differenz als historisches Phänomen greifbar macht. Dabei deutet sehr vieles darauf hin, daß hier die Herr-Sklavin-Beziehung tiefgehend wirksam ist. Jan, von anfang an zielstrebig, draufgängerisch, besitzergreifend, auch brutal im Körperlichen, wie Jennifers märtyrerhafte Wundmale an den Händen erkennen lassen, herrscht sein „Kind" an mit Befehlen wie „Pas d'histoires" (‚keine Geschichten'). Für ihn ist dieses weibliche Wesen etwas, das gefügig gemacht werden muß, zugleich aber auch eine Herausforderung an seinen männlichen Bestätigungstrieb darstellt: „Hast du mich nicht aufgefordert zu allem?" (I, 283) Nicht zufällig ist es die Zigeunerin, diese Figur der Frau als verrufene Außenseiterin, die den Zustand von Jennifers Verletzbarkeit an der verwundeten Hand, die deshalb unlesbar geworden ist, deutlich macht. Vom guten Gott wird sie konsequent verfolgt. Er sieht in ihr, die ihm immer wieder entkommt, ein „Unwesen," das die „Liebenden in Besitz nimmt und verteidigt voller Verblendung." (I, 303) Die geheimnisvolle, Liebe stiftende Rolle der Zigeunerin kann der gute Gott nur in der Sprache des Besitzdenkens erfassen. Ebenfalls eine Randfigur, ein sozialer Außenseiter, der Bettler, liefert dem Paar vor seiner ersten Liebesnacht beziehungsreich ein Motto über die „schmerzenreiche Stadt," das der Inschrift über dem Höllentor in Dantes ‚Göttlicher Komödie' entlehnt ist: „Per me si va nella città dolente, Per me si va nell'eterno dolore, Per me si va tra la perduta gente." („Durch mich gelangt man zu der Stadt der Schmerzen, Durch mich zu wandellosen Bitternissen, Durch mich erreicht man die verlorenen Herzen.")

Rat und Warnung anderer Art erhält das Paar von den Eichhörnchen des guten Gottes, die als „Agenten", nämlich als Nachrichtendienst, Briefträger, Melder und Kundschafter ihres zwielichtigen Herrn ebenso zweifelhafte Dienste leisten. Jan behauptet, einen Brief mit der geheimnisvollen Botschaft „Sag es niemand" erhalten zu haben zugleich mit der Prophezeiung, er werde den Abend mit Jennifer „auf der himmlischen Erde verbringen . . ." (I, 279) Die Anspielung im veränderten Zitat auf Goethes berühmtes ,Divan'-Gedicht „Selige Sehnsucht", das in asianischer, also verschlüsselter Manier die Liebenden zur Verschwiegenheit auffordert, ist hier deutlich. Goethes Selbstschutzhinweis, „Sagt es niemand, nur den Weisen," gerät bei den Agenten des guten Gottes zu einem warnenden Geheimhaltungsimperativ weniger aus Beschützungsabsichten, sondern viel eher aus dem Mordplan des guten Gottes heraus, der auch den Vorwurf des Richters, die Eichhörnchen seien gerüchteweise „mit dem Bösen im Bund" (I, 273) nicht abstreitet. Daß Ingeborg Bachmann hier Anleihen bei der nordischen Mythologie verarbeitet hat, lehrt das Beispiel des Eichhörnchens Ratatoskr, das auf der Weltesche Yggdrasil zwischen der Schlange an der Wurzel und dem Adler am Gipfel als Bote zwischen feindlichen Mächten Odin Botendienste leistet, woraus Funke und andere die naheliegende These abgeleitet haben, die Eichhörnchen seien die Verkörperung des Feindlichen und der die Liebenden bedrohenden Welt.

Das Hörspiel ist ein Lehrstück besonderer Art. So wie der gute Gott nur dem Namen nach positive Eigenschaften für sich beanspruchen kann, so wie die mythologisch vorbelasteten Tiere als seine Agenten zu Handlangern eines mörderischen Terrorismus werden, erliegt Jan, ohne es zu wissen, den irreführenden Botschaften, die die infame Seite der unheiligen

Herrschaft des guten Gottes maskieren. Was Jan empfänglich macht für die ihn bearbeitende Agententätigkeit, was ihn letzten Endes dem Willen des guten Gottes entsprechend sich verhalten läßt, sind die in ihm wirkenden Rollenmuster einer Männlichkeitsvorstellung, die mit den Normen der gesellschaftlichen Konvention, für die der gute Gott einsteht, konform geht.

Der Unterschied zwischen weiblichem und männlichem Rollenverhalten, aber auch Jennifers und Jans sehr unterschiedliche Reaktionen auf diese vorgegebenen Rollenmuster geben dem Leser bzw. Zuhörer zu verstehen, in welcher Weise gesellschaftlicher Einfluß bis ins Innere der Figuren hinein wirksam ist, in welcher Weise dann auch der gute Gott eine Verkörperung dieser in den monotonen Stimmen ganz anonym auftretenden Mächte ist. Den terroristischen Aspekt dieser das Individuum schädigenden, es verfolgenden und zu Tode hetzenden Gewalt läßt die Gestalt des guten Gottes deutlich erkennen, insofern er sowohl seine Gegenspielerin, die Zigeunerin, als auch Jennifer zu vernichten sucht. Aber auch in der Beziehung zwischen Jennifer und Jan macht sich der zerstörerische Einfluß der gesellschaftlich vermittelten Gewalt geltend. Wie sehr diese Gewalt ein Gegenstück zur Liebeshandlung ist, lassen die verschiedenen Äußerungen vor allem Jans erkennen, dessen Aggressionen über bloße Androhungen hinausgehen und wirkliche körperliche Gewalttätigkeiten zur Folge haben, wie Jennifers Wundmale an den Händen beweisen. Auch seelische Grausamkeiten sind Teil von Jans Verhaltensnorm. Während Jennifer die erotische Beziehung durch das Augenspiel und Ansprechen Jans eigentlich als Initiatorin eröffnet hat, besteht eine seiner ersten Handlungen darin, diese willige Reisebekanntschaft in das schäbige Stundenhotel zu schleppen, ein „fürchterliches Haus", weshalb Jennifer auch sein nicht sehr feinfühliges Liebesverhalten als „furchtbar" beklagt, ein Vorwurf, den Jan mit einer Frage quittiert: „Warum küßt du mich aber? Warum?" (I, 284) Man könnte hier Spekulationen verschiedener Art anstellen, um dieser Frage auf den Grund zu gehen, z.B. läßt sich Jennifer auf etwas ein, weil sie zu leiden bereit ist; weil Liebe immer ein Risiko, das des Verletztwerdens, des Selbstverlustes einschließt; weil dieser Frauentypus den fünfziger Jahren entsprechend die Bereitschaft zeigt, männliche Gewalt oder Lieblosigkeit als naturgegeben hinzunehmen; weil die Frau als Liebende sich zu unterwerfen bereit ist. Manches hiervon wird im weiteren Fortgang indirekt bestätigt, aber es gibt auch ein anderes wichtiges Moment, das der Liebeshoffnung.

In welcher Weise der Glaube an die Liebe und die beseligende Hoffnung auf das Liebesglück zu einer tragischen Verblendung führen kann, zeigt sich an Jennifers Verhalten, trotz der niederschmetternden Weissagung der Zigeunerin, die aus ihrer entstellten Hand keine Zukunft lesen konnte, sich dem inneren Sog zur Liebeshingabe zu überlassen und dabei die deutlichen Hinweise auf Jans Gewalttätigkeit nicht in eine entschiedene Handlung, nämlich eine klare Verabschiedung umzusetzen. Zwar kommt es einmal, nach der Kündigung des Zimmers im 7. Stock zu einem Trennungsversuch, als Jennifer sich entschlossen zum Gehen wendet, aber sie wird unter Androhung von Schlägen („Ich sollte dich schlagen vor allen Leuten, schlagen werde ich dich . . .“ [I, 301]) von Jan zurückgezwungen, geködert auch von seinem Versprechen, ein Zimmer im 30. Stock gefunden zu haben. Wie sehr diese räumliche Höherbewegung eine symbolische Entsprechung zu Jennifers Wunsch nach erhebender Liebessteigerung ausdrückt, deutete sich schon in der Szene an, als sie, hingerissen von der Liftfahrt in den 7. Stock begeistert ausrief: „Auffahrt! Was für eine Auffahrt!“ (I, 289) Im Zeichen dieser Liebesbegeisterung ist Jennifer bereit, ihr „Gesicht zu verlieren,“ „ohne Stolz“ zu sein und „nach Erniedrigung“ zu vergehen. (I, 302) Erst durch Jans Anruf wird ihr klar, daß sie in einer Art Ohnmacht zur völligen Selbstauflösung bereit war.

Daß die weibliche Bereitschaft zur bedingungslosen Selbstaufgabe nicht Ergebnis eines entselbstenden Liebesspiels ist, sondern Resultat einer spielerischen Machtausübung durch den männlichen Partner, verdeutlicht sich in Jennifers Aussage gegenüber Jan: „daß ich mich jetzt hinrichten ließe von dir oder wegwerfen wie ein Zeug nach jedem Spiel, das du ersinnst." Wie sehr solch eine bedingungslose Kapitulation Jans Selbstgefühl stärkt, weil es ihn als Überlegenen im Herr-Sklavin-Verhältnis bestätigt, geht aus seiner Antwort hervor: „Du mußt einmal sehr stolz gewesen sein, und ich bin jetzt sehr stolz auf dich." (I, 302) Es ist der Stolz des Siegers im Kampf der Geschlechter, der in jeder Einzelbeziehung wiederholt, was in der Entwicklung der patriarchalischen Gesellschaft die Norm der Rangordnung der Geschlechter, der Herrschaft des Mannes über die Frau gewesen ist.

Grundvoraussetzung dieser Herrschaftsverhältnisse ist die Konsolidierung der männlichen Macht in einer anthropologischen Dualität, zu der hinzukommt, daß die Frau, wo sie Stärke und Widerstandskraft zeigt, dazu gebracht wird, diese zu widerrufen, so wie Jennifer ihrem Stolz absagt, oder aber die Gefahr einer wirklichen Besiegung oder gar Auslöschung zu laufen, ein Schicksal, das Jennifer am Ende erleidet, nachdem sie Jan fast zu einer grundlegenden Wandlung seines Männlichkeitsverständnisses geführt hat. Die diffamierende anthropologische Einschränkung der Frau auf ein bloß sinnliches Wesen wird in dem Hörspiel durch die Gestalt des Graphologen vorgenommen, der aus ihren „zu kräftigen Unterlängen" auf „Sinnlichkeit" schließt, während die „zu engen Großbuchstaben" Jans darauf deuten, daß er „etwas verberge," wobei ihm zugleich „kühne Phantasie" (I, 283) zugestanden wird. Jans verborgene Eigenschaften werden klarer durch Jennifers offene Verhaltensweise. Daß sein Machttrieb nicht nur zur physischen Gewalttätigkeit führt, sondern auch das Kommunikationsmittel Sprache statt als Verständigungsmittel auch als Beherrschungsinstrument verwendet, macht Ingeborg Bachmann vielseitig deutlich. Sie führt vor, wie die männliche Sprachregelung und Bestimmung der Frau als nur sinnliches Wesen akzeptiert und verinnerlicht wird. Für Jan ist die „gelehrige" Jennifer ein Objekt, das er in Teile der Sinnenlust zerlegen kann: „Ich werde neugierig auf dein nasses Haar und deinen nassen Mund, deine Wimpern voll Tropfen." Dem Lustobjekt Frau macht er allerdings klar, daß sein Genießen keine vertraglichen Pflichten beinhaltet, sagt er ihr doch: „Du wirst ganz hell und weiß und vernünftig sein, und wir werden einander nichts vorwerfen." (I, 290) Geht man fehl, wenn man diese der Frau vom Mann auferlegte ‚Vernünftigkeit' als Ausbeutungsgehorsam entlarvt? Das geht soweit, daß Jennifer sich von Jan in einem Sprachspiel dazu bringen läßt, während sie auf der Brooklyn-Brücke stehen, ihm ihre ganze Existenzhoffnung zu verdanken, nämlich daß sie sich „beschützt", „gerettet" und „geborgen" fühlt. (I, 291 f.)

Sprache als männliches Machtinstrument in einem die Frau einkreisenden, gefangennehmenden Sinn verwendet Jan auch in den spielerisch durchgeübten Brieftexten, die er angeblich nach dem Abschied zu schreiben beabsichtigt, wobei die Floskelhaftigkeit schon in der grammatischen Reihung, etwa dem „wir werden, wir sollten, wir müßten" (I, 297), was an die berühmte Antwort Dantons in Büchners Drama erinnert: „Ich werde, du wirst, er wird", überdeutlich als nichtssagender Leerlauf zu erkennen ist. Die diesen „Scherz" nicht verstehende Jennifer wird dann mit weiteren Sprachklischees traktiert, die Jan ebenfalls spielerisch zitiert, obwohl Jennifer inständig an die innere Wahrhaftigkeit des Gesagten glauben möchte, denn für sie sind diese Worte aus den biblischen Psalmen eine Liebesverheißung: „‚Ich bin trunken von dir, mein Geist, und wahnsinnig vor Begierde nach dir. Du bist wie Wein in meinem Blut und nimmst Gestalt an aus Traum und Rausch, um mich zu verderben.'" (I, 297) In der Form einer Sprachregelung zwingt Jan seiner Geliebten jetzt diese in der Wirkung selbstmörderisch beabsichtigte Hingebungssprache auf. Daß Jennifer vor der völligen Identifikation mit dieser ihr Selbst aufhebenden Ausdrucksweise eine entscheidende Bedingung als innigen Wunsch, der dann nicht erhört oder erfüllt wird, äußert, klingt in ihrer Bitte an: „Errette mich! Von dir und von mir. Mach, daß wir uns nicht mehr bekämpfen und daß ich stiller werde zu dir." (I, 306 f.) Jan scheint auf diese Bitte um Gewaltlosigkeit in der Liebe einzugehen, denn er gibt den Anschein, als ringe er sich zu einer grundlegenden inneren Wandlung durch: „Ich möchte nur ausbrechen aus allen Jahren und allen Gedanken aus allen Jahren, und ich möchte in mir den Bau niederreißen, der Ich bin, und der andere sein, der ich nie war." (I, 310) Sieht man einmal vom existenzialistischen Pathos dieses inneren Befreiungsversuches ab, so fällt die betonte Kampfeshandlung auf, die sehr typische männliche Thematik, die hier zur Sprache kommt. Während Jennifer den bloßen Worten Glauben schenkt („Du bist schön, und bist ja schon, wie du nie warst."), während sie Jan mit liebevollem Verständnis fördert, überzeugt er sich sofort von der Unmöglichkeit, „daß das mit uns geschehen soll. Du mein, ich dein. Vertrauen gegen Vertrauen." (I, 310 f.) Jan erinnert dann an das „Gesetz der Welt", an die Gesetzmäßigkeit des Freund-Feind-Denkens, an die Notwendigkeit der Herrschaftsausübung, an die unaufhebbare Gewalt zwischen Menschen, an die Undurchführbarkeit friedlicher Verständigung.

Hineingedrängt in die Rolle der Hingabe erprobt Jennifer die Wirksamkeit der im ‚Hohelied' so verheißungsvoll klingenden Liebessprache. Nochmals um Gewaltlosigkeit bittend („Tu mir nicht mehr weh.") bekennt sie: „Auf den Knien vor dir liegen und deine Füße küssen? Ich werde es immer tun. Und drei Schritte hinter dir gehen, wo du gehst. Erst trinken, wenn du getrunken hast. Essen, wenn du gegessen hast. Wachen, wenn du schläfst." (I, 321) Damit scheint sie die Zauberformel gefunden zu haben, denn Jan gibt sich geschlagen: „Ich weiß nichts weiter, nur daß ich hier leben und sterben will mit dir und zu dir reden in einer neuen Sprache; (...) Und in der neuen Sprache, denn es ist ein alter Brauch, werde ich dir meine Liebe erklären und dich ‚meine Seele' nennen. das ist ein Wort, das ich noch nie gehört und jetzt gefunden habe, und es ist ohne Beleidigung für dich." (I, 321) Der bezeichnende Unterschied zwischen Jan und Jennifer ist der, daß sie eine alte überlieferte, ihr völlig unbekannte Sprache ernsthaft erneuert, während Jan zwar von einer neuen Liebessprache reden kann, ohne sie aber wirklich zu meinen. Er kann dem Anspruch der abstrakt geforderten Utopie der Liebe nicht genügen. Statt zu einer neuen Semantik zu gelangen, bleibt er in den alten Verhaltensmustern gefangen. Weil die Entscheidung in der Beziehung zu Jennifer gefallen war, verspürt Jan plötzlich Lust, „allein zu sein, eine halbe Stunde lang ruhig zu sitzen und zu denken, wie er früher gedacht hatte, und zu reden, wie er früher geredet hatte an Orten, die ihn nichts angingen, und zu Menschen, die ihn auch nichts angingen. Er war rückfällig geworden, und die Ordnung streckte einen Augenblick lang die Arme nach ihm aus." (I, 327)

Das Motiv des Mannes, der seine Unabhängigkeit bewahren will, der vor der Treue der Frau und der ihm abverlangten Treue zurückschreckt, ist oft gestaltet worden, auf eine amüsant-groteske Weise in Max Frischs ‚Geschichte von Isidor' aus dem Roman ‚Stiller' (1954). Es ist das Odysseusmotiv in seiner abgewandelten Form. Ingeborg Bachmann läßt wenig Zweifel, daß sie die männliche Abneigung gegen die Verbindlichkeit einer tiefgreifenden Liebes- oder Ehebindung als ein Stück patriarchalischer Ausbeutungsgeschichte der Frau versteht. Jan hat das unmißverständlich klargemacht, als er Jennifer über seine ihn in Europa erwartende Liebe aufklärt: „Denn es gibt jetzt wirklich jemand drüben, der auf mich wartet. Immer wartet jemand. Oder es hätte nie anfangen dürfen. Man wird ja weitergereicht, eine Beziehung löst die andere ab, man siedelt von einem Bett ins andere." (I, 308) So entlarvend diese Rede auch ist, Jennifer bietet sich doch an mit einer Hartnäckigkeit und Willigkeit, die noch eine Überlegung verlangt. Sie, die „keine Geheimnisse" vor dem Geliebten haben kann, bietet sich ihm völlig an, schutzlos und preisgegeben bis zur Selbstverleugnung: „Könnt ich mehr tun, mich aufreißen für dich und in deinen Besitz übergehen, mit jeder Faser und wie es sein soll: mit Haut und Haar." (I, 315) Vielleicht ist dieses „wie es sein soll" ein wichtiger Schlüssel zu diesem selbstauslösenden, im Endeffekt selbstmörderischen Tun dieser liebenden Frau. Ist sie selbstbestimmt oder fremdbestimmt? Das „Gesetz der Welt", wie es sich in diesem Hörspiel darbietet, zeigt die Frau nicht als ein eigenständiges Wesen, das in der existierenden Gesellschaft zu sich selber kommen könnte. Die Fremdbestimmung vollzieht sich vielmehr auf so vielfältige Weise, daß Ingeborg Bachmann sehr differenziert die Beherrschbarkeit der Frau zur Darstellung bringt. Dabei ist es die ihr immer besonders wichtige Sprachthematik, die in der Form von Sprachregelung und Sprechzwang die Manipulierbarkeit des weiblichen Subjekts durch den patriarchalischen Logos, sei es abstrakte Vernünftelei oder falsch-spielender Eros der Rede, unter Beweis stellt. Die Liebeswilligkeit und das Zärtlichkeitsbedürfnis der Frau werden hier in einer rituell zu nennenden Konvention der Machtausübung um wirkliche Erfüllung gebracht. Liebe erweist sich als versklavender, zur Auslöschung führender Dienst. Ist der gute Gott die Verkörperung der gesellschaftlichen Negativordnung, so repräsentiert sich in Jan beides: Männlichkeitsbild und Männlichkeitswahn. Jennifers Tod besiegelt nicht nur die Opferrolle der Frau, er bestätigt auch das Gesetz der Unliebe in der männlich dominierten Gesellschaft. Die Liebesutopie blieb reine Sprachübung, Denkmöglichkeit und Forderung an die bestehende Welt, den negativen Gesellschaftszustand aufzuheben.

,Der gute Gott von Manhattan' ist zu verstehen als eine Kritik der Machtstrukturen der Gesellschaft mit ihren abtötenden Herrschaftsverhältnissen in der Mann-Frau-Beziehung. Mit seinen ideologiekritischen Aspekten erweist sich das Werk als ein politisches. Es verfolgt deutlich historische Perspektiven, etwa wenn die Frage der „Massenvernichtung" der „Einzelvernichtung" (I, 305) gegenübergestellt wird, um die Zerstörung der Einzelpersönlichkeit zum Maßstab der geschichtlichen Vernichtung zu machen. Deshalb kann die Problematik dieses Hörspiels nicht auf geschichtslose Seinsweisen und eine universale Urtragik eingeschränkt werden. Auch der Hinweis auf den „grausamen Triumph der bürgerlichen Ordnung über die Liebe" (Funke, 54) genügt hier nicht. Sehr eingeengt erscheint Schwitzkes Auffassung, in dem Höhenflug der Liebenden sei die Urschuld der antiken Tragödie, die Hybris zu sehen. (1963, 374) Ebenfalls bedenklich mutet es an, wenn ein Kritiker aus dem Gedankenexperiment dieses Hörspiels seine Realitätsferne ableiten zu müssen glaubt, um anschließend Ingeborg Bachmann als „reaktionär" zu bezeichnen. (Reinert, 208)

Um den Widerspruch von Rede und Denken, Meinen und Sagen aufzudecken, erprobt die Dichterin die Liebessemantik und spielt ihr Repertoire durch. So registriert sie die Klischees der Sprache und die Fragwürdigkeiten der Rede der Liebenden. Das bedarf eines Nachvollzugs des poetisch Echten und Unechten, und die abkanzelnde Verurteilung, wie sie Marcel Reich-Ranicki seinerzeit verkündete mit seiner Feststellung, das Hörspiel sei „heute vollkommen verblaßt und streckenweise unerträglich" (FAZ, 28.9. 1974), wird der Vielschichtigkeit des Werkes und seiner akzentuierten Liebessprache kaum gerecht. Vielmehr bestätigt solche Kritik, was Ingeborg Bachmann in ihrem Rückgriff auf das ‚Hohelied' anzudeuten scheint: noch ist die biblische Liebesverheißung unerfüllt, denn wer an die Liebe glaubt, dem erscheint sie noch immer unerreichbar: „Meine Schwester, liebe Braut, du bist ein verschlossener Garten, eine verschlossene Quelle, ein versiegelter Born." (‚Hoheslied', 4.12)

6. Sprache, Wahrheit, Utopie

Die Überprüfung der herrschenden Liebessemantik im ‚Guten Gott von Manhattan' zeigt am Beispiel der gesteigerten Liebeserwartung die Möglichkeiten der Kritik an der ungleichen Rollenverteilung in der Gesellschaft. Impliziert ist auch eine Utopieforderung, die einerseits die Verhinderung weiblicher Selbstverwirklichung einklagt, andererseits auch die Beherrschung der Frau durch den umfassenden Machtapparat männlicher Herrschaft nachweist. Aufgrund ihrer philosophischen Schulung und der besonderen Aufmerksamkeit auf die Bedingungen und Verwendungen der Sprache hat Ingeborg Bachmann die sprachregelnde Bevormundung der Frau durch die kanonisierte Rede des Patriarchats eindringlich gestalten und problematisieren können. Sie bereitet damit ähnlich wie Marieluise Fleißer in einer vorfeministischen Phase der Literaturentwicklung eine grundsätzliche Infragestellung der Mann-Frau-Beziehung und Rollenverteilung der Geschlechter vor.

Während Ingeborg Bachmann in ihrer Dissertation den Irrationalismus der Existenzphilosophie Martin Heideggers für immer entlarven und erledigen wollte, fand sie im Zug dieser kompromißlosen Kritik zwei geistige Verbündete: den sprachorientierten Philosophen Ludwig Wittgenstein und den Modernismus in der Kunst im Gefolge Charles Baudelaires. Diese Doppelallianz wirkte sich im poetischen Erneuerungsanspruch der Dichterin als Antrieb aus, die Reflexion auf die Bedingungen des literarischen Mediums in ihre Darstellung der Wirklichkeit einzubringen. Zu dieser Reflexivität kommt als weiteres Moment hinzu, daß Ingeborg Bachmann aus dem wahrscheinlich frühesten ihrer Leseerlebnisse eine entscheidende Einsicht zugefallen war. Mit fünfzehn Jahren macht ihr die Lektüre von Robert Musils ‚Der Mann ohne Eigenschaften‘ einen „so ungeheuren Eindruck". (GuI, 124) Abgesehen davon, daß sich zu ihrem Werk Affinitäten und Parallelen ergeben – so hat man auf den Lustmörder Moosbrugger als Vorbild für den guten Gott hingewiesen (Reinert, 80) – boten sich Musils Konzeption des Utopischen und seine Vorstellung von der Geschwisterliebe als wichtige Anregungen an.

Robert Musil hatte in seinem ab 1930 in verschiedenen Teilen fragmentarisch veröffentlichten Romanwerk ein kritisches Gesellschaftsbild der dem Untergang geweihten österreichisch-ungarischen Monarchie der Jahre vor dem Ersten Weltkrieg entwickelt, halb als Vergangenheit aufarbeitender Gegenwartsroman, halb als Bildungsgeschichte seines angeblich eigenschaftslosen Helden Ulrich, dessen Distanz zu der ihn umgebenden Zerfallswelt ihn befähigt, über die vorgegebenen Normen hinaus den Möglichkeitssinn zu erproben. Ulrich wird zur eigentlich utopischen Figur, indem er in der Beziehung zu seiner Schwester Agathe die Möglichkeitsexistenz experimentell zu erfahren sucht.

Auf Ulrichs Utopismus, auf sein „Abenteuer", „das Denken und Handeln wieder zu aktivieren, anstatt ‚mit den Wölfen zu heulen‘" (IV, 25) geht Ingeborg Bachmann ein in ihrem Aufsatz ‚Ins Tausendjährige Reich‘, 1954 in der Zeitschrift ‚Akzente‘ veröffentlicht. Dem war 1952 der Radioessay ‚Der

Mann ohne Eigenschaften' vorausgegangen kurz nach dem Wiedererscheinen der erweiterten Neuausgabe des Romans, dessen 1943 als Nachlaßveröffentlichung erschienenen dritten Band die Dichterin besaß und in ihrer ersten Musillektüre wohl kennenlernte. Was Ingeborg Bachmann an diesem literarischen Riesentorso, an diesem „kühnen geschichtsphilosophischen Versuch, der sich in die schöne Literatur verirrt hat" (IV, 94), besonders fasziniert, ist die beispielhafte Verbindung eines „disziplinierten Denkens" mit der „Sensibilität in den Dingen des Gefühls". (IV, 87) Nicht unempfänglich für das gute „Stück Satire und Zeitkritik" dieses Werkes, das „durch das Labyrinth der herrschenden abgewirtschafteten Ideen" führt und „den Zusammenbruch der Kultur verständlich" macht (IV, 90), erkennt die Dichterin in Musils Kritik der „Gewohnheiten" und des „hergebrachten Schematismus" eine wertvolle Darstellung der „Zeitkrankheit" (IV, 87). Gegenüber der Macht der Ideologien und der „Großindustrie des Geistes" (IV, 91), aber auch gegenüber dem „Tugendregime" der „pharisäischen Väter" (IV, 93) betont Ingeborg Bachmann Musils Vision der Vereinigung von Mathematik und Mystik, von Intellekt und Eros, von Verstand und Seele. Was bei den Irrsinnigen, dem Prostituiertenmörder Moosbrugger und der wahnsinnigen Clarisse, als Pathologie des Leidens an der Zeitkrankheit gedeutet und dargestellt wird, liefert Ulrich den Antrieb, die Konventionsmoral seiner Umgebung als bloße Funktionsbegriffe zu verwerfen und eine „Moral der Moral" zu fordern, die alle herrschenden Ordnungen aufzusprengen in der Lage ist.

Das Undenkbare, das Mögliche wird angestrebte Wirklichkeit in dem bis zum Inzest gehenden Liebesverhältnis zwischen Agathe und Ulrich, dieser „letzten Liebesgeschichte", durch die Bruder und Schwester teilhaben an der unio mystica der „Gottergriffenen". Diese Entgrenzung von „Bewußtsein und Welt" läßt die Geschwister kurzzeitig den „anderen Zustand" erreichen (IV, 99), ohne daß diese Liebe sich erhält. Musils Utopie sei „nicht als Ziel, sondern als Richtung" (IV, 100) zu verstehen, urteilt Ingeborg Bachmann. Musils Denken begreift sie nicht nur als „zielfeindlich, beweglich", sondern sie folgert: „Es rennt gegen die herrschenden Ordnungen an." Die Liebesutopie ist im Ansatz eine Sozialutopie. Die Italienreise der Geschwister, ihr Liebeserlebnis wird von Musil als eine „Reise ins Paradies" aufgefaßt, erkennt Ingeborg Bachmann als „Flucht aus der Welt", wie sie auch das Experiment der Utopie des „anderen Zustands" in seinem „Scheitern" bestimmt. „Liebe als Verneinung, als Ausnahmezustand, kann nicht dauern." Sieht Musil die Liebe in der Nähe zum Anarchismus und eine „tiefe Beziehung der Liebesgeschichte zum Krieg", so betont Ingeborg Bachmann trotz der Unerreichbarkeit der Utopie und trotz der Notwendigkeit des Scheiternmüssens jeden Versuches zur Verwirklichung den Wert der Utopie als „Richtbild, das den Menschen aus den ideologischen Klammern befreien kann." (IV, 101 f.) Zwei Jahre später präzisiert die Dichterin diesen Appell: „Musils Richtbilder nun wollen uns zu nichts verführen, nur herausführen aus einem schablonenhaften und konventionellen Denken. Sie zwingen uns, nachzudenken, genau zu denken und mutig zu denken." (IV, 28)

Der Mut zum Denken, der Stolz des Menschen, die Zumutbarkeit der Wahrheit, das sind die wichtigen Leitvorstellungen, die Ingeborg Bachmanns ideologiekritisch gemeinte Vergewisserung des Nachdenkens über soziale und menschliche Fragen in diesen Jahren der Restaurationsperiode bestimmen.

In ihrem Musil-Essay zitiert die Dichterin auch das Nachlaßgedicht ‚Isis und Osiris‘, das nicht nur Musils Hauptthema der Geschwisterliebe variiert, sondern für Ingeborg Bachmann eine zentrale Liebesvorstellung dichterisch zum Ausdruck bringt. Der im Roman ‚Mann ohne Eigenschaften‘ tatsächlich stattfindende Inzest wird von der Dichterin in ihren beiden Arbeiten über Musil sprachlich nicht genannt. Ja, der Inzestbegriff wird eindeutig vermieden. Das ist weder als Prüderie im Begrifflichen noch im Moralischen zu werten. Das ist auch nicht als beschönigende Zensur zu verstehen, die allenfalls die unverfänglicheren Worte „Geschwisterliebe" und „Experiment" zugelassen hat. Sondern der Eindruck stellt sich ein, daß Ingeborg Bachmann absichtsvoll den Gedichttext von ‚Isis und Osiris‘ wegen seiner symbolischen Aussage gewählt hat, um Musils Auffassung von der Geschwisterliebe von der Eindeutigkeit des sexuellen Vollzuges zu befreien und eine Verschiebung zugunsten eines Liebeskultes anzudeuten, der sich zurückbezieht auf archaische und mythologische Verhältnisse.

Im Roman teilen die Geschwister Agathe und Ulrich die Überzeugung, „daß sie erkoren seien, das Ungewöhnliche zu erleben", und ihre Vereinigung ergibt sich so: „Die Körper, während die Seelen in ihnen aufgerichtet waren, fanden einander wie Tiere, die Wärme suchen. Und da gelang den Körpern das Wunder. Ulrich war mit einemmal in Agathe oder sie war in ihm." (MoE, 1411). Verglichen mit der Ausdrücklichkeit, mit der Sexuelles inzwischen literarisch dargestellt und feilgeboten wird, bewegt sich die Beschreibung Musils sehr im Bereich des Verschleierten.

Den Mythos von der ägyptischen Fruchtbarkeitsgöttin Isis, die mit ihrem Bruder und Gemahl Osiris den Knaben Horus zeugte, deutet Musil in Anlehnung an totemistische und kannibalische Riten um in ein Liebesmahl der Geschwister, die sich gegenseitig verzehren in einer heiligen Kulthandlung. Die entscheidenden Strophen beschreiben auf drastisch-symbolische Weise eine Totenmahlzeit, die hier nicht wie Sigmund Freud im Anschluß an ethnologische Forschungen in ‚Totem und Tabu‘ (1913) feststellte, die Inzestscheu, also das Inzesttabu bestätigen soll, sondern Musils Liebesmahl bekräftigt auf exemplarische Weise die tabuverletzende Geschwisterliebe: die Schwester verleibt sich das Geschlecht und Herz des Bruders ein, während er auf gleiche Weise ihres Leibes teilhaftig wird:

> Und die Schwester löste von dem Schläfer
> Leise das Geschlecht und aß es auf.
> Und sie gab ihr weiches Herz, das rote,
> Ihm dafür und legte es ihm auf.
> Und die Wunde wuchs im Traum zurecht.
> Und sie aß das liebliche Geschlecht.   (IV, 99)

Es ist sehr bezeichnend, daß Ingeborg Bachmann von der In-

zestbeziehung zwischen Agathe und Ulrich über den Liebes-
kult von Isis und Osiris zu ihrer eigenen Version der Geschwisterliebe in dem Gedicht ‚Das Spiel ist aus‘ gelangt ist, wo eine
weitere Verschiebung, eine weitere Entsexualisierung des In-
zestmotivs stattfindet, um den Eros der Geschwisterliebe vollends zu einem Erleben der Nähe, der Zärtlichkeit, der liebenden Übereinstimmung der Kinderzeit zu machen. Heißt es in
Bachmanns Gedicht „dein Herzblatt sinkt auf mein Siegel"
und „Wir müssen schlafen gehn, Liebster" (I, 83), so ist die
metaphorische Rede an den Bruder beziehungsreich vorgebil-
det in der Erotik des biblischen Hoheliedes, wo auch der ge-
schwisterliche Begriff gang und gäbe ist: „Du hast mir das
Herz genommen, meine Schwester, liebe Braut", wo auch diese „Schwester, liebe Braut" ein „versiegelter Born" genannt
wird. (‚Hohelied‘ 4,9)

Daß der Bruder weniger den Sexualpartner meint, sondern
das Ergänzungswesen einer Zärtlichkeitssuche und einer androgynen Liebessehnsucht, legt auch das Geschwisterverhält-
nis von Martin und Franziska Ranner im ‚Todesarten‘-Ro-
manfragment ‚Der Fall Franza‘ (1966) nahe, wo die Zeilen
aus Musils Gedicht, „unter hundert Brüdern dieser eine. Und
er aß ihr Herz ... Und sie das seine." (III, 397) als ein Kult-
satz der gemeinsam erlebten Kindheit von den Geschwistern
erinnert wird. Freilich erscheint hier im Präteritum, was bei
Musil im Präsens galt. Denn trotz der sexuellen Anziehung,
die zwischen den nunmehr Erwachsenen, Martin und Franza,
besteht, bleibt der Gedanke der Vereinigung nur ein Gedanke.
Was in der Kindheit geschah, war aber eine Liebesvereinigung
anderer Art. Sie läßt sich als androgyne Gemeinschaft des
Kindheitseros erfassen. Damit ist eine wichtige Liebesutopie
Ingeborg Bachmanns in den Mittelpunkt gerückt, ihre Vorstellung der Aufhebung des sexuellen Gegensatzes (und Ge-
schlechterkampfes) in der androgynen Doppelheit des Menschen. Das entspricht alten Vorstellungen, die schon von
Platon gehegt wurden in seiner Auffassung vom hermaphrodi-
tischen Urwesen.

Geschwisterliebe, Bruder-Schwester-Beziehung und Vereinigungswunsch sind bei Ingeborg Bachmann vor allem als androgyne Sehnsucht wirksam. Anders als Musils zum Scheitern verurteiltes Inzest-Experiment entwirft die Dichterin damit eine aus der Mythenferne erneuerte Utopie der menschlichen Ganzheit, und ihr weiteres Schreiben und Denken konzentriert sich auf die tiefgehende Gespaltenheit in Männlichkeit und Weiblichkeit, wie sie sich in der empirischen Wirklichkeit darbietet. Die notwendige Aufhebung dieser als mörderisch erkannten Gegensätzlichkeit, die auch im weiblichen Subjekt als verhängnisvolle Aufteilung der Persönlichkeit sich bemerkbar macht, bestimmt vor allem die Arbeit an dem Zyklus ‚Todesarten‘, der das Verhängnis und die Qual der Spaltung darstellt.

Gab die Begegnung mit Musils Denken und Liebesauffassung Ingeborg Bachmann wichtige Impulse im Hinblick auf die Aneignung der utopischen Sinnlichkeit des anderen Zustands, so zog sie aus der Beschäftigung mit Wittgensteins Philosophie ebenfalls vorwärtsweisende Anregungen das Denken und die Sprache betreffend. Musils Mystikvorstellung vereinigte Eros und Intellekt. Wittgensteins Philosophie hob die bisherige Philosophie auf, beabsichtigte das jedenfalls, und brachte das Denken zur Reflexion auf seine Bedingungen in der Sprache zurück, indem zugleich der logische Sprachzwang hervorgehoben wurde. In der frühen Philosophie Wittgensteins, im ‚Tractatus logico-philosophicus‘ (1919), diente die Logik als Mittel, das Sagbare von dem Unsagbaren zu trennen, die Welt der Aussagen über die Tatsachen der Welt zu scheiden von der eigentlichen Wirklichkeit, die nur kraft der Bilder erfaßt werden könne.

Ingeborg Bachmann hatte in ihrer Dissertation über die Rezeption Heideggers dessen Philosophie vom Standpunkt des neopositivistischen Wiener Kreises aus kritisiert und sich dabei Wittgensteins Ansatz zu eigen gemacht, um das Metaphysische streng vom eigentlich Philosophischen zu trennen. Ihr immer wieder zitierter Lieblingssatz aus dem ‚Tractatus‘, „Wovon man nicht sprechen kann, darüber muß man schweigen" (IV, 12), war zu verstehen als Übereinstimmung mit

Wittgenstein, daß das „Unaussprechliche" zu den „Urerlebnissen" gehöre und damit das Mystische sei. Der Aufsatz ‚Ludwig Wittgenstein. Zu einem Kapitel der jüngsten Philosophiegeschichte' aus dem Jahre 1953, zwei Jahre nach dem Tod des Philosophen geschrieben, stellte eine Weiterentwicklung der philosophischen Position der Dichterin gegenüber ihrer Dissertationsphase dar, insofern sie die Logik-Befangenheit des Neopositivismus als „dürre, formelhafte" Wahrheit (IV, 21) in ihrer Beschränkung bemerkt und statt dessen Wittgensteins ethischen Rigorismus und seinen Wagemut des Philosophierens an den Grenzen des Erkennbaren nachvollzieht.

In dem Radio-Essay ‚Sagbares und Unsagbares – Die Philosophie Ludwig Wittgensteins', der noch im gleichen Jahr der Erstlektüre der eben erschienenen ‚Philosophischen Untersuchungen' entstanden war und wenig später, 1954, vom Bayerischen Rundfunk gesendet wurde, eignet sich Ingeborg Bachmann noch stärker die utopischen Perspektiven von Wittgensteins Denken über die Sprache an. Wittgenstein revidiert in diesen Untersuchungen die Ausgangspositionen des ‚Tractatus' entscheidend. Gegenüber der früheren sprachlogischen Unerbittlichkeit des philosophischen Aussagecharakters setzt er jetzt den Begriff des Sprachspiels, der das Phänomen der historisch gewachsenen Konventionalität der Sprache und ihre durch Übereinkünfte festgelegte Regelhaftigkeit erfassen soll. Die Sprache ist deshalb nicht mehr nur ein von der Logik völlig beherrschtes System mit mathematischer Strenge, das überprüfbare Sätze hervorbringt, die die Welt abzubilden beanspruchen. Die Sprache ist nicht mehr nur ein „Zeichensystem", bei dem die logische Form der Aussagen das Mittel ist, die Welt zu beschreiben, sondern in ihrer nun konzipierten „Mannigfaltigkeit" ist die Sprache einem „Labyrinth von Wegen" vergleichbar: „Ein Gewinkel von Gäßchen und Plätzen, alten und neuen Häusern, und Häusern mit Zubauten aus verschiedenen Zeiten; und dies umgeben von einer Menge neuer Vororte mit geraden und regelmäßigen Straßen und einförmigen Häusern." (IV, 124)

Es muß Ingeborg Bachmanns eigener Sprachauffassung

sehr entgegengekommen sein, daß Wittgenstein in seinen ‚Philosophischen Untersuchungen' einem dichterischen Bild den gleichen Beschreibungsrang zugesteht wie den Aussagen des logischen Zeichensystems der Sprache. Die Vorstellung vom Sprachspiel berücksichtigt auch das historisch Gewachsene der Sprache. Wittgenstein vollzieht nach, daß jedes System, jede Grammatik ihre Vereinbarungen, jedes Zeichen seinen Konventionswert hat. Das zu untersuchen ist die Aufgabe der Philosophie, die „eine paradoxe Aufgabe zu leisten" hat: „die Beseitigung der Philosophie." (IV, 124)

Ingeborg Bachmann versteht diese Aufhebung der Philosophie aus der Notlage Wittgensteins, den die historische Situation dazu zwang: „Sein Schweigen ist durchaus als Protest aufzufassen gegen den spezifischen Antirationalismus der Zeit, gegen das metaphysisch verseuchte westliche Denken, vor allem das deutsche, das sich in Sinnverlustklagen und Besinnungsaufrufen, in Untergangs-, Übergangs- und Aufgangsprognosen des Abendlandes gefällt, Ströme eines vernunftfeindlichen Denkens gegen die ‚gefährlichen' positiven Wissenschaften und die ‚entfesselte' Technik mobilisiert, um die Menschheit in einem primitiven Denkzustand verharren zu lassen." (IV, 126) Ingeborg Bachmann verwirft hier die herrschenden philosophischen Strömungen der Restaurationsperiode als pure Ideologien, als bloße Weltanschauungen, denen keine Stichhaltigkeit zukommt, denen vielmehr das Moment geistiger Versklavung anhaftet. Ob rationalistisch oder irrationalistisch im Vorgehen, die falschen Philosophien bieten dieser Kritik zufolge Ersatz und Sinnkonstruktionen, wo das Denken alle Scheinfragen und Scheinantworten zu entlarven und zurückzuweisen hätte.

Dient die Philosophie Wittgensteins Ingeborg Bachmann dazu, gegen die falschen Propheten der Wahrheit zu polemisieren, so sieht sie in der Entgrenzung und im positiven Schweigen Elemente der Mystik. Der verborgen bleibende Gott, das Ethische und Ästhetische als „mystische Erfahrungen des Herzens, die sich im Unsagbaren vollziehen" (IV, 120), all das zeige sich in der Sprache, wenn sie befreit ist vom

135

Besitzenwollen der Wahrheit. Der utopische Aspekt der Sprachphilosophie Wittgensteins besteht für die Dichterin vor allem in der richtunggebenden Forderung, Philosophie als „Therapie", als „Heilung" des Geistes zu betreiben. Die „intellektuelle Redlichkeit und Ehrfurcht vor der dem menschlichen Verstand entzogenen Wirklichkeit" (IV, 125) sind für Ingeborg Bachmann Maßstäbe für eine geistige Erneuerung angesichts der angestrebten Utopie des nur mystisch Erlebbaren. Für die soziale Welt bedeutet das eine Veränderungsnotwendigkeit durch das Medium Sprache und durch eine ethisch begründete Erkenntnis. Es bedeutet Einsicht in die Krankheit der Zeit und die Aufgabe der Heilung. Literarisch bedeutet es die Durchdringung des Ästhetischen von der Reinheit des Ethischen oder das Eingehen des Eros in die Dichtung.

In welcher Weise wirklichkeitsentgrenzendes Denken und Versenkung in den mystischen Liebeszustand die Einengung der Erfahrungswirklichkeit und ihrer Leiden auf die Möglichkeiten der Utopie hin öffnen kann durch die Zuversicht einer deutlichen Hoffnung, erlebte Ingeborg Bachmann in der Begegnung mit dem Werk der französischen Philosophin Simone Weil (1909–1943). In dem Radio-Essay ‚Das Unglück und die Gottesliebe – Der Weg Simone Weils' (1955) setzte sie sich eingehend mit Leben und Denken dieser einzigartigen Frau auseinander, deren legendenumrankte Persönlichkeit sie so bestimmte: „Dieses absonderliche Geschöpf, Philosophieprofessorin und Fabrikarbeiterin, Jüdin und gläubige Christin, die Kritikerin der katholischen Kirche und halbe Häretikerin und potentielle Heilige." (IV, 128 f.) Wittgensteins Verbindung von Denken und Ethos erschien bei Simone Weil als Vernunft und Bekenntnis, als Einheit von Geist und Handeln, was Ingeborg Bachmann offensichtlich als seltenes „Beispiel von Menschlichkeit" (IV, 132) besonders beschäftigt hat.

Gestützt hat sich die Dichterin in ihrer Annäherung an die erregende Denkweise Simone Weils vor allem auf die deutsche Ausgabe des Nachlaßbandes ‚Attente de Dieu' (1948), die 1953 unter dem Titel ‚Das Unglück und die Gottesliebe' erschienen war. Hinzu kamen ‚La pesanteur et la grâce' (1947),

‚Schwerkraft und Gnade' (1952) und die zentrale Schrift-sammlung der Arbeitserfahrungen, ‚La condition ouvrière' (1951), dieses Buch über die ‚Welt der Arbeit', von Ingeborg Bachmann in Auszügen im Original durchgearbeitet, wie das teilweise unaufgeschnittene Handexemplar der Originalausga-be belegt.

Zentral für Simone Weils Handlungsweise und gläubiges Denken ist die Erkenntnis des Bösen in der Welt, auch in der sozialen Welt, die durch die Erfahrung des Unglücks (‚mal-heur') in der Arbeitswelt bestimmt wird. Ein „‚überspannter Mensch'" von einer „unerhörten cerebralen Intensität" und ei-ner „völligen Ignoranz materiellen Bedürfnissen" gegenüber (IV, 134), so charakterisiert Ingeborg Bachmann diese mutige Praktikerin, die als Fräserin im Akkord den kräfteverschlei-ßenden, abstumpfenden Fabrikalltag erlebte und in ihrem be-rühmten ‚Fabriktagebuch' aus den dreißiger Jahren als die „perfekteste Sklaverei" (IV, 139) brandmarkte. Gegen die Versklavung, Ausbeutung und physische und moralische Zer-störung des Menschen setzt sie sich für die „Revolte gegen so-ziale Ungerechtigkeit" (IV,142) ein, weist aber die Ansprüche aller Institutionen, Organisationen und Ideologien zurück. Als Einzelgängerin sieht Simone Weil im Glauben, in der indivi-duellen Gottesliebe den Weg zur Beseitigung des Unglücks, das von der kollektiven Sozialrevolution allenfalls nur einge-schränkt werden kann. Gott ist die Quelle der Poesie, nach der das Volk ein Bedürfnis hat, „wie es ein Bedürfnis nach Brot hat." (IV, 143)

Ingeborg Bachmann betont, daß Simone Weils Denken, dem Konformismus abgeneigt und von Freiheit getragen, kei-ne ferne Utopie anstrebte, sondern eine schrittweise Aufhe-bung der alltäglichen Negativität. Sie bemerkt auch, daß die Urteile der eigenwilligen Philosophin „keine Aufmerksamkeit verdienen", weil ausschließlich ihr „Weg" im Auge zu behalten sei. (IV, 147) Diese Einschränkung ist wichtig. Wie bei Musil ist es das Richtunggebende eines hoffnungschaffenden Den-kens und Handelns, das aus der Nächstenliebe eine „universa-le Liebe" macht. Möglich wird diese Liebe in der Abwesenheit

Gottes, in der ungeheuren Distanz des Menschen zum höchsten Wesen, wodurch das Teilhaftigwerden der göttlichen Gnade sich erst anbahne. Ingeborg Bachmann weiß zwar: „Von diesem mystischen Sich-in-Beziehung-Setzen können wir für uns nichts nehmen", und sie hält es für „unsinnig" zu glauben, daß man „daran teilhaben kann. Im strengsten Sinn ist darum dieser Teil des Wegs von Simone Weil nicht gangbar." Doch ergebe sich aus der einzigartigen Mystik der Französin eine überwältigende Zuversicht: „Auf uns kommt aber davon, sofern wir dafür empfänglich sind, die Schönheit, die allem innewohnt, was rein gedacht und gelebt worden ist. Von ihr erhellt, erblicken wir immer wieder, was uns die Dunkelheit verdeckt, das unzerstörbare Gesicht des Menschen in einer Welt, die sich zu seiner Zerstörung verschworen hat." (IV, 155)

Die Gewißheit des Unzerstörbaren, die Ingeborg Bachmann aus dem Leben, Denken und Handeln Simone Weils gewinnt, schafft ein Gegengewicht zu ihrer Einsicht in die Zerstörungskräfte der Welt, ihre dichterische und reflektierende Aufdeckung der allgegenwärtigen Gewalt im Historischen, im Sozialen und im Psychischen. Die Verheißung des Unzerstörbaren im Menschen macht auch Mut angesichts der bestürzenden Vergegenwärtigung der Verletzbarkeit jedes einzelnen. Auch wenn die Dichterin den Glauben Simone Weils an einen persönlichen, allerdings fernen Gott nicht teilt, auch wenn ihr die Besonderheit ihrer Mystik unnachahmbar erscheint, in der reinen Anstrengung dieser gottliebenden Frau erkannte sie eine Entgrenzung des Menschlichen.

Die Leiderfahrung Simone Weils befähigte sie zur grenzenüberschreitenden Liebe, und in ihrem Proust-Essay (1958) konzentrierte sich Ingeborg Bachmann auf die allerdings „tragische Auffassung der Liebe – Liebe als Katastrophe und Verhängnis" (IV, 164). Der vielbändige Roman ‚Auf der Suche nach der verlorenen Zeit' sei eine der genauesten Untersuchungen und Darstellungen der „Höllenkreise, in denen Prousts Menschen, hier und jetzt verdammt, leben" (IV, 157).

Es ist die Liebe in ihren Entstellungen, die weibliche Welt Gomorras und die männliche Sodoms, wobei Proust die Inversion als „unheilbare Krankheit" und zwar „sozialer Art" verstanden haben will (IV, 160). Dabei artet die Auseinandersetzung zwischen dem Individuum und der Gesellschaft auf qualvolle Weise aus, und die „latente Revolte des Einzelnen gegen die Gesellschaft, der Natur gegen die Moral" führt zu einem traurigen Ergebnis, bei Proust zu dem „Begriff des ‚homme traqué', des gehetzten, umstellten Menschen, für den der Invertierte nur ein besonders deutliches Beispiel ist." (IV, 160)

Die qualvolle Existenz des Invertierten bei Proust vergleicht Ingeborg Bachmann mit den Sonderlingen Dostojewskis, die „für uns nicht seltsame Kranke und Irre, sondern Leidende und Liebende, mit denen wir uns identifizieren können", sind. (IV, 160f.) Die Gesellschaft zwingt den Invertierten in die dauernde Verdrängung seiner Leidenschaft. Durch Verstellung wird er in einem permanenten Angstzustand zum „maskierten Menschen", dessen „Glückssuche noch wahnhafter" sich gestaltet als es im allgemeinen der Fall ist. So wird uns die „Unmöglichkeit unseres Begehrens" in noch höherem Maß begreifbar. (IV, 162) Gänzlich desillusionierend faßt Proust die Liebe als „reine Illusion und Selbstbetrug" auf. Vor der Unmenschlichkeit der „Selbstgerechtigkeit" bewahre den der Liebe verfallenen Menschen das Leiden, „weil nur der Schmerz uns instand setzt, andere zu verstehen und zu erkennen, zu unterscheiden und Kunst zu machen." (IV, 167) War Simone Weils Gottesliebe eine Verheißung der Unzerstörbarkeit des Menschen, so bilden die Notwendigkeit des Leidens und der Erkenntnisgewinn durch den Schmerz das Gesetz von Prousts Menschenliebe. Sozial gesprochen ergibt sich daraus der „Krieg aller gegen alle": „Das gespannte Verhältnis zwischen Individuum und Gesellschaft, seiner Intimsphäre und seiner öffentlichen Manifestation, erfährt noch eine Verschärfung durch die Macht- und Positionskämpfe, zu denen der Einzelne in der Gesellschaft dauernd gezwungen wird." (IV, 167)

Gegenüber dem Anspruch der Liebesutopie bei Musil, gegenüber der entgrenzenden Mystik jenseits von Sprache und Denken bei Wittgenstein und gegenüber der mystischen Gottesliebe Simone Weils vergegenwärtigt Proust für Ingeborg Bachmann das Realitätsprinzip der „Welt mörderischer Triebe" (IV, 173), aber auch zugleich die Ekstasen der Wahrheitssuche. Diese Wahrheitssuche habe aus dem Pandämonium der leidvollen Existenz „mehr vom Mysterium des Menschen und der Dinge zutage gebracht als Unternehmungen mit höheren Aspirationen." (IV, 175) Triebstruktur und Sozialerfahrung, Eros und Gesellschaft bedingen das Leiden des verletzten Subjekts. In einer bestürzenden Weise, die auf das Spätwerk der ‚Todesarten' vorausdeutet, bestimmt Ingeborg Bachmann den Anteil des Künstlers Proust, der am Ende freiwillig auf alles verzichtet habe, „um die gefangenen Bilder der Welt zu befreien, der, in vier kahlen Wänden in Einsamkeit und fastend und unter Schmerzen arbeitend, zu einem Mehr an Wahrheit für uns gekommen ist, zu dem vor ihm kein Schriftsteller kam." (IV, 179)

Selbst im Rückzug bleibt der Künstler für Ingeborg Bachmann der umstellte, gehetzte Mensch, der aus der mörderischen Welt seines Innern, getrieben von seiner Wahrheitssuche, aber auch von den Verfolgungsmächten der Außenwelt gezwungen, die ‚gefangenen Bilder befreit'. Schreiben als Befreiungsversuch der gequälten Seele, die im Vergegenständlichen der Welt in der Sprache ihre Entlastung sucht, wird fortan Ingeborg Bachmanns künstlerische Selbstverständigung besonders beschäftigen. Schon hier ist die Thematik des Mörderischen vorweggenommen, die sich verstärkt im Werk der Dichterin geltend macht, auch wenn sie zunächst noch auf einzigartige Weise die Utopiefähigkeit des Denkens, die Erneuerungsmöglichkeit der Sprache und die Veränderbarkeit der Welt zu ihren Glaubenssätzen macht. Die aus androgyner Sehnsucht konzipierte Vorstellung vom brüderlichen Menschen, die Mystik der Liebe und die Verheißung der Wahrheit in der Sprachutopie scheinen zu diesem Zeitpunkt über die Leiderfahrung hinaus in eine Richtung zu weisen, die Zuversicht und Hoffnung verspricht. Ingeborg Bachmanns unvergleichlicher Aufstieg zu frühem Ruhm ersparte ihr nicht das Proust vergleichbare Schicksal, das „Mehr an Wahrheit" leidvoller und einsamer erarbeiten zu müssen als die Umstellung durch die Öffentlichkeit zu ihren Lebzeiten je erahnen ließ.

V. Die Prosa der Verhältnisse (1959–1964)

1. Eine Liebe mit Folgen

Am 7. Oktober 1953, als das Nachrichtenmagazin ‚Der Spiegel' erschien mit dem Porträt Max Frischs auf der Titelseite, verkündete die Unterschrift: „Logenplatz im Welttheater. Schweizer in dieser Zeit: Max Frisch." Kaum ein Jahr später konnte Ingeborg Bachmann den Erfolg einer Titelstory im selben Magazin für sich verbuchen. Ihr Konterfei auf dem Titelblatt zierten die Worte: „Gedichte aus dem Deutschen Ghetto. Neue Römische Elegien." (18. 8. 1954) Äffte der Frisch-Titel Heidegger nach („Dichter in dürftiger Zeit"), so suggerierte die ‚Spiegel'-Charakteristik Ingeborg Bachmanns Nähe zur goetheschen Liebeslyrik. Die erste Begegnung Max Frischs mit Ingeborg Bachmann fand im Jahre 1957 statt, als der für seine Identitätsproblematik bekannte Autor nach einem Vortrag im Herkulessaal in München in einer Weinstube die junge Österreicherin traf, ohne daß es zu einem Gespräch kam, denn in dem Kreis der Gäste hielt sich die Dichterin „am Rande und blieb sehr still." (Max Frisch, Brief, 19. 7. 1979) Wenig später jedoch folgte, was sich in Frischs Erzählung ‚Montauk' (1975) ausgebreitet findet.

Unter dem „sehr starken Eindruck" des Hörspiels ‚Der Gute Gott von Manhattan', das er sich bei einem Arbeitsbesuch des Nordwestdeutschen Rundfunks in Hamburg privat vorführen läßt – die Uraufführung war am 29. Mai 1958 – schreibt Max Frisch einen Brief an die ihm persönlich unbekannte Verfasserin, deren Gedichtbände er wohl kannte. Trotz seines Wissens, wieviel Anerkennung die Dichterin für ihr Hörspiel gefunden hatte („Sie hörte Lob genug und großes Lob"), „drängte es" Frisch „zu dem Brief", in dem er sagen wollte, „wie gut es sei, wie wichtig, daß die andere Seite, die

Frau, sich ausdrückt … Wir brauchen die Darstellung des Mannes durch die Frau, die Selbstdarstellung der Frau." (Montauk, 676) Gewiß mußte das, nach den Kränkungen, die Ingeborg Bachmann nicht selten von Seiten männlicher Kollegen erfahren hatte, als Ermunterung und Anerkennung wirken. Die Dichterin erfaßte aber auch, was sich als kaum verhüllte Botschaft des Briefes erkennen läßt. Sie reagierte nämlich darauf mit einer spontanen Deutlichkeit, die Frisch „verblüffte". Sie ließ ihn wissen, „sie fahre nach Paris und komme über Zürich, doch habe sie nur vier oder fünf Tage Zeit." Der ‚Montauk'-Erzähler fragt da im Nachhinein: „Was war damit gemeint?" Daß Ingeborg Bachmann unmittelbar auf ein recht unverblümt vorgebrachtes Liebesangebot reagiert hatte, ergibt sich aus dem weiteren Fortgang der Geschichte.

Nachdem der Besuch in Zürich aus terminlichen Gründen nicht zustandekam, überraschte die Dichterin Max Frisch im Juli des Jahres im ‚Hotel Du Louvre' in Paris, wo er sich wegen einer Gastspielaufführung seines Stückes ‚Biedermann und die Brandstifter' (1957) im ‚Theatre Des Nations' aufhielt. Nach ihrem Anruf trifft man sich im Café ‚Châtelet' vor dem Theater, trinkt einen Pernod, und Frisch ist so „beglückt", daß er die mit einem Logenplatz versehene und dementsprechend für den Theaterbesuch gekleidete Dichterin zweimal fast nötigend beschwört: „INGEBORG BACHMANN, DAS BRAUCHEN SIE SICH WIRKLICH NICHT ANZUSCHAUEN", bis sie sich „verwirrt" zu dem ersten gemeinsamen Abendessen einladen läßt, von dem Besuch der Vorstellung erfolgreich abgehalten. Ohne ihr Leben im geringsten zu kennen, „nicht einmal Gerüchte" darüber, stellt er die Frage: „Leben Sie mit einem Kind?", worauf sie „erfreut, verwundert, selig" reagiert, „daß jemand so gar nichts von ihr wußte" (Montauk, 677). Kuno Raeber berichtet aus dieser Zeit, „einer der Hauptgegenstände" seiner Unterhaltungen mit der Dichterin sei ihr Wunsch gewesen: „‚Ich möchte eine gewöhnliche Frau sein, heiraten und Kinder haben.'" Einer schwangeren Bekannten gegenüber soll sie, unermüdlich alle Details der Schwangerschaft erfragend, geäußert haben: „Wenn Sie wüßten, wie sehr ich Sie beneide." (Raeber) Frisch, Vater von drei Kindern und seit einiger Zeit im Begriff, sich von seiner ersten Frau zu trennen, hatte intuitiv einen wunden Punkt Ingeborg Bachmanns berührt. Er, der sich selber als „Meister des Alleinseins" (Hage, 55) verstand, fädelte etwas ein, das einen überstürzten Fortgang nahm.

Der ‚Montauk'-Erzähler rekapituliert freimütig den Hergang der Liebesbeziehung: „Die ersten Küsse auf einer öffentlichen Bank, dann in den Hallen, wo es den ersten Kaffee gibt: am Nebentisch die Metzger mit den blutigen Schürzen, diese zu plumpe Warnung. Ihre Reise nach Zürich. Die Verstörte am Bahnhof; ihr Gepäck, ihr Schirm, ihre Taschen. Eine Woche in Zürich als Liebespaar und aus klarer Erkenntnis der erste Abschied." (711) Es sollte aber nicht bei dieser Trennung und Ingeborg Bachmanns Rückreise nach Neapel zu Hans Werner Henze bleiben, denn sehr bald reist Frisch ebenfalls nach Neapel, um den ersten Abschied rückgängig zu machen. Ein für ihn typisches Schwanken und Unentschlossensein in dieser Beziehung setzt ein. Wie Raeber berichtet, hatte die Dichterin München mit dem Vorsatz verlassen, Henze zu „heiraten", aber kurz darauf habe sie „strahlend vor Glück" von ihrer „Liebe auf den ersten Blick" zu Frisch erzählt. Es gelingt Frisch nun, die soeben Verabschiedete, von der er in ‚Montauk' gesteht: „In ihrer Nähe gibt es nur sie, in ihrer Nähe beginnt der Wahn." (711), umzustimmen und zum Zusammenleben in Rom zu bewegen. Als Frisch sieben Monate später an Hepatitis erkrankt und die schwere Erkrankung ihn in panische Angst versetzt, sein Gedächtnis zu verlieren, wobei die Tatsache, daß er einen entscheidenden Satz der Dichterin gegenüber nicht aussprechen kann, seine Angst vergrößert, schickt er sie, die alles tut, ihn zu „erfreuen", grundlos fort, verordnet er den zweiten Abschied. Nach der Gesundung bedrängt Frisch die in der Begleitung von Hans Magnus Enzensberger nach Rom Zurückgekehrte telefonisch, sich ihm wieder zuzuwenden. Der ‚Montauk'-Erzähler bekennt offen: „Ich will sie". (713) Ingeborg Bachmann kommt diesem Verlangen nach. Es erfolgt der „Versuch mit zwei Wohnungen".

Ingeborg Bachmann „wohnt in dem Haus, wo Gottfried Keller als Stadtschreiber gewohnt hat, mit Türen aus Nußbaum, Beschläge aus Messing." Der ‚Montauk'-Erzähler stellt sich die bezeichnende Frage: „Was traue ich mir zu?" (713)

Zugetraut hat sich Frisch, ein halbes Jahr nach der späten Scheidung seiner Ehe, im Herbst 1959 Ingeborg Bachmann von Siena aus in einem dicken Expreßbrief nach Rom die Heirat anzutragen, worauf sie beim Wiedersehen in Zürich ihm die berechtigte Frage stellt, was er denn „unter Ehe verstanden" hätte so kurz nach der Scheidung. Auf diese Bindung läßt sie sich nicht ein. Und sie zieht auch andere Grenzen. Während Frisch noch bei ihrer ersten Poetik-Vorlesung in Frankfurt im Hörsaal sitzt, ihren Mantel auf den Knien, besteht sie darauf, zur nächsten allein zu fahren. Obwohl sie zeitweilig „ganz und gar verwirrt" zu sein scheint, weigert sie sich, ihr Leben völlig auf diesen einen Mann auszurichten, der sich aus seiner „Hörigkeit" ihr gegenüber dadurch zu befreien sucht, daß er, was das Arrangement der beiden Wohnungen ermöglicht, zu einer anderen Frau geht. Ingeborg Bachmann behält sich ihre „Freiheit" vor („Ihre Freiheit gehört zu ihrem Glanz", 715) und ihre „Domänen", als da sind Freunde, Arbeitsbereiche und intime Geheimnisse. Während das Gerücht ihrer Verehelichung mit Frisch durch die Zeitungen geistert, schirmt sich die Dichterin ab, auch wenn sie für viele „ein Paar, eine Art von Paar" sind. Einmal tritt in Rom in einem Restaurant Peter Huchel an ihren Tisch, und sie unterhält sich eine halbe Stunde mit ihm, ohne Frisch, der von Huchel auch erkannt worden ist, vorzustellen. Auch in anderer Weise verleugnet Ingeborg Bachmann ihren Gefährten. Sie möchte nicht, daß er zu einer Tagung der Gruppe 47 mitkommt. Sie verheimlicht ihm ihr Haus in Neapel, wo sie mit Henze zusammenwohnt. Zwar nimmt sie Frisch als ersten Mann, dem sie ihre Heimatstadt zeigt, mit nach Klagenfurt, führt ihn zum Lindwurm-Brunnen und stellt ihn der Familie vor, aber was dem ‚Montauk'-Erzähler als „Geheimnistuerei" vorkommt, löst seine entschiedene „Eifersucht" aus, eine Eifersucht, die ihn dazu treibt, ihre Briefe zu lesen, auch solche von einem anderen Mann, der ihr die Ehe anträgt. Ihre Reaktion: „Wenn sich zwischen uns etwas ändert, so werde ich es dir sagen." (716) Das treibt ihn zu selbstmörderischen Handlungen, etwa eine Nonstopfahrt von Rom zum Haus in Uetikon am See, bei der er um Haaresbreite einem tödlichen Unfall entgeht.

Der Eindruck des Erpresserischen ist bei diesem Verhalten nicht von der Hand zu weisen. Der ‚Montauk'-Erzähler hält dafür den Begriff „Monster" (719) parat. Wie grundverschieden die Vorstellungen beider Partner von ihrer Beziehung waren, enthüllt eine Schlußepisode. Ingeborg Bachmann hat sich in die Bircher Benner Klinik in Zürich begeben müssen, wo Max Frisch trotz gegenteiligen Bescheids und weil er sich nicht für einen „Unmenschen" halten lassen will, seinen Besuch erzwingt. Während er ihr die Krankheit nicht glauben möchte, dafür aber umso eher bereit ist zu glauben, ein reicher Verehrer und Heiratsanwärter schicke ihr jeden Tag Blumen, führt er sein Vorhaben durch, sich von ihr zu verabschieden, um nach Amerika zu fliegen, allein, trotz ihres inständigen Bittens, sie mitzunehmen oder dorthin zu rufen. Bei einem späteren Wiedersehen in Rom gesteht sie, sich „diese Blumen selber geschickt" zu haben, damit er sie nach Amerika rufe. Sie hat keinen Erfolg damit gehabt.

Als sich Ingeborg Bachmann und Max Frisch 1963 in einem römischen Café vormittags zum letztenmal treffen, kommt es vor der unaufschiebbaren, endgültigen Entzweiung zu einer letzten Enthüllung: sie hat sein ‚Tagebuch' gefunden, „es gelesen und verbrannt." Der ‚Montauk'-Erzähler kommentiert: „Das Ende haben wir nicht gut bestanden, beide nicht." (717)

Adolf Opel, der Ingeborg Bachmann zu Beginn des Jahres 1964 in Berlin kennenlernte, wo sie sich seit dem Sommer des Vorjahres als Stipendiatin der Ford-Foundation an der Berliner Akademie der Künste aufhielt, hat den Zustand der physischen und psychischen Zerrüttung – „ein kostspieliger Klinikaufenthalt folgte dem andern" – auf jene Erlebnisse der Dichterin zurückgeführt, die er, ohne einen bestimmten Namen zu nennen, so beschreibt: „Was zu ihrer Zerstörung geführt hat, bedarf hier keiner Erörterung: Die mehrjährige Beziehung zu einem Schweizer Schriftsteller war – zumindest empfand sie es so – zu einem mörderischen Existenzkampf ausgeartet, der sie als Verlierer auf allen Linien zurückgelassen hatte. Wer die späteren Werke der Bachmann kennt – ‚Malina‘, ‚Der Fall Franza‘ –, weiß Bescheid. Sie ist bis zu ihrem letzten Atemzug von dem einen Thema: Die kaltblütige Vernichtung eines anderen, nicht mehr losgekommen." (AZ, Wien, 15.10. 1983) Auch die Bachmann-Herausgeberin Christine Koschel hat in einem Fernsehinterview geäußert, es gebe einen, der Ingeborg Bachmann zerstört hätte, dessen Namen sie dann doch vorenthält, wobei der Gesprächspartner Peter Hamm Zweifel anmeldet, ob ein einzelner ein solches Zerstörungswerk vollbringen könnte. (Film)

Ein Detail aus dem Zusammenleben Ingeborg Bachmanns mit Max Frisch wirft ein bezeichnendes Licht auf den Fall. Reinhard Baumgart, ihr Lektor beim Piper Verlag, ließ Peter Hamm wissen, wie wahnsinnig es die Dichterin machte, daß sie da saß und brütete, und es kam und kam nichts, während bei einem „Dichterprofi" wie Max Frisch gleich nach dem Frühstück die Schreibmaschine klappernd einsetzte und nicht mehr zu laufen aufhörte. Baumgart sieht in dieser Konstellation eine Erniedrigung, wie er ohnehin Ingeborg Bachmanns Männerbeziehungen für Machtkämpfe hält. Die Frage, in welcher Weise hier eine grundlegende Wesensverschiedenheit eine Rolle gespielt haben mag, wäre zu bedenken, ebenso die Überlegung, daß die Dichterin offensichtlich auch von stimulierenden Umständen und Inspirationsschüben abhängig gewesen ist.

Max Frisch hat Peter Hamm gegenüber auf seine ‚Montauk‘-Enthüllungen als Hymnus und Klage hin angespielt. Für das Werk Ingeborg Bachmanns gab er seiner Bewunderung Ausdruck, indem er die Attitüde der Verweigerung besonders hervorhob. Das Zusammenleben als Mann/Frau, als Paar ins Auge fassend, räumt er zwar ein, daß sie gegenseitig von ihren Arbeiten Kenntnis genommen hätten, aber er stellt eine Beeinflussung, eine Zusammenarbeit oder auch nur eine Stimulation in Abrede. Versuchte Nähe und Distanz, Gemeinsamkeit und uneinholbare Ferne scheinen in dieser Beziehung besonders konfliktreich sich ausgewirkt zu haben.

Der ‚Montauk'-Erzähler spricht von einer „Schuld" (718) am Kranksein der Dichterin, stellt sie aber als eine Bezichtigung d. r. Mit diesem Schuldvorwurf einher geht eine Klage, die sich unschwer auf Ingeborg Bachmann und ihre Vernichtung von Frischs Tagebuch beziehen läßt: „ICH HABE NICHT MIT DIR GELEBT ALS LITERARISCHES MATERIAL, ICH VERBIETE ES, DASS DU ÜBER MICH SCHREIBST." (686) Dieser von Frisch nicht näher identifizierte Protest gegen die Verwendung als Schreibstoff findet seine Parallele im ‚Fall Franza'. Dort ist es Leo Jordan, „der Psychotherapeut in der Verantwortung" (III, 420), der seine Frau in Besitz nimmt, indem er sie zum Objekt seiner analytischen Besessenheit und Zerlegungs- und Beschreibungsabsichten macht. Die gelegentlich vorgebrachte These, der Roman ‚Mein Name sei Gantenbein' (1964) sei als eine Abrechnung, ‚Malina' als eine Art Quittung auf das gescheiterte Verhältnis der beiden Autoren zu verstehen, hat Frisch privat zurückgewiesen. Zugegeben hat er Impulse zur Fiktion aus den Erfahrungen, aber er legt die Betonung darauf, die Fiktion sei „mehr als Tarnung von Autobiographie." (19.7. 1979) Die sehr unterschiedlich in beiden Werken verarbeiteten Impulse lassen auf konträre Erfahrungen schließen, auf weibliche und männliche, die selbst im Gemeinsamen das Verschiedene, im Ähnlichen das Unähnliche transparent machen.

Die jeweils fast zweijährigen Aufenthalte in München (1957–58) und Berlin (1963–65) umschließen die nahezu fünfjährige Wendezeit im Leben der Dichterin, die abwechselnd in Zürich und Rom der Streßsituation der verhängnisvoll verlaufenden Beziehung zu Max Frisch ausgesetzt ist. Zu Anfang ergeben sich in dieser Periode viele hoffnungsvolle Entwicklungen, die Stellung und Ruhm der Frühdreißigerin festigten. Zwei Jahre nach dem Bremer Literaturpreis erhält sie 1959 den begehrten ‚Hörspielpreis der Kriegsblinden', verliehen für ihre Funkdichtung ‚Der gute Gott von Manhattan'. Ihre berühmte Dankesrede ‚Die Wahrheit ist dem Menschen zumutbar' hinterläßt einen tiefen Eindruck. Noch im selben Jahr wird sie für das Wintersemester 1959/60 als erste Dozentin zur Gastvorlesung über Poetik an die Frankfurter Universität berufen. In der Zeitschrift ‚Botteghe Oscure' erscheint die Erstfassung der ‚Jugend in einer österreichischen Stadt', nachgedruckt in der Wochenzeitung ‚Die Zeit'. 1960 erscheint in der ‚Neuen Rundschau' die Erzählung ‚Alles', die sie auch auf einer Tagung der Gruppe 47 unter allgemeinem Beifall vorträgt, obwohl gelegentliche kritische Vorbehalte ihren Stil als „ungeschickt" bezeichnen. (Die Gruppe 47, 154) Als der Erzählband ‚Das dreißigste Jahr' im Sommer 1961 bei Piper erscheint, ist das Echo der Kritik recht positiv. Ingeborg Bachmann erhält den Literaturpreis des ‚Verbandes der Deutschen Kritiker' und wird in die Akademie der Künste aufgenommen. Etwa gleichzeitig erscheint eine Auswahl der Gedichte von Giuseppi Ungaretti in ihrer Übersetzung, Zeugnis ablegend für ihre betont gesamteuropäische Sicht der Literatur und ihre grenzüberschreitende Wahrnehmung der Entwicklungen der modernen Lyrik.

Die Berliner Zeit bringt weitere Veröffentlichungen und Erfolge, obwohl sich schon rein äußerlich ein merklicher Rückgang in ihrer Produktion zu erkennen gibt. Ingeborg Bachmann erhält am 17. Oktober 1964 in Darmstadt den ‚Georg-Büchner-Preis' für ihr Werk, „das in Gedicht, Erzählung und Essay dichterisch und philosophisch in großer Konzeption das Bild der Literatur des Jahrhunderts vorführt: ‚Scharf von Erkenntnis und bitter von Sehnsucht'." So deutlich die Verleihungsurkunde auf den gerade erschienenen Auswahlband in der Reihe ‚Die Bücher der Neunzehn' anspielt und zugleich die theoretische Leistung der Dichterin würdigt, daß das Genre Hörspiel dabei keine Erwähnung findet, erscheint auch heute noch eigentümlich und verfehlt.

In ihrer Dankesrede ‚Ein Ort für Zufälle', 1965 mit Zeichnungen von Günter Grass leicht verändert auch in Buchform erschienen, bietet die Dichterin eine imitatio des Büchnerschen Lenz und seiner Passion. Sie spricht über den Wahnsinn, der von außen auf den einzelnen zukommt aus den Erbschaften dieser Zeit. So verschafft sie sich Gehör über die Krankheiten der Zeit, auch über ihr eigenes Leiden, das eine kurze, fast therapeutische Linderung erfahren hat in dem Wüstenbesuch der Ägypten- und Sudanreise mit Adolf Opel im April und Mai des Jahres. Gegenüber der kathartisch-rettenden Kraft des Wüstenbildes hat Berlin für die Dichterin „gar keine Wirklichkeit." (An A. Opel, 23.6. 1964) Aber dieses „Phantom" der Großstadt wird wieder zur Krankenstation ihres Leidens, wie die Rede im Oktober deutlich macht. Sie führt angesichts des Eindrucks des Unheilvollen und Unheilbaren, der sich der Dichterin aus ihrer Umwelt her aufdrängt, im Bild des Kamels eine Fluchtmöglichkeit vor, die im Schlußsatz resigniert verneint wird wie alles, was an Weigerung, Aufbegehren und radikalisierter Hoffnung am Ende unterdrückt werden muß: „Es wird nicht mehr vorkommen." (IV, 293) Auf ihre Weise hat die Dichterin die Möglichkeit von Aufbruch und Ausbruch, von Abschied und rettender Selbstbewahrung fragwürdig gemacht.

Trotz vieler Kontakte zu Freunden wurde Berlin für Ingeborg Bachmann kein Ort der Wiedergenesung und des Neubeginns. Günter Grass, Illustrator der Buchausgabe der Dankesrede und zeitweiliger politischer Weggefährte, Uwe Johnson und seine Frau, Alfred Andersch, Johannes Bobrowski im östlichen Teil der geteilten Stadt und der außerordentlich diskrete, bei aller Güte und Zartheit hochmütig verschlossene Witold Gombrowicz, dessen schwierige Persönlichkeit die Dichterin zu beschreiben versuchte (vgl. IV, 326 ff.), gehörten zu dem Kreis der Verläßlichen, die in den Jahren der Krankheiten und der Zerrüttung Anteilnahme zeigten.

Beistand und Zuspruch erhielt Ingeborg Bachmann auch in Begegnungen mit verehrten Menschen oder Plätzen. Im Mai 1960 traf sie in Meersburg mit Nelly Sachs zusammen, die dort den ‚Droste-Preis' erhalten hatte. Mit den Worten „Für Nelly Sachs, die Freundin, die Dichterin, in Verehrung" widmete sie dieser poetischen Mahnerin des Exil- und Holocaust-Schicksals eines ihrer unvergleichlichen Gedichte, das in flehender Eindringlichkeit die Sprache selbst zur Sprache bringt:

Ihr Worte

Ihr Worte, auf, mir nach!,
und sind wir auch schon weiter,
zu weit gegangen, geht's noch einmal
weiter, zu keinem Ende geht's.

Es hellt nicht auf.

Das Wort
wird doch nur
andre Worte nach sich ziehn,
Satz den Satz.
So möchte Welt,
endgültig,
sich aufdrängen,
schon gesagt sein.
Sagt sie nicht.

Worte, mir nach,
daß nicht endgültig wird
– nicht diese Wortbegier
und Spruch auf Widerspruch!

Laßt eine Weile jetzt
keins der Gefühle sprechen,
den Muskel Herz
sich anders üben.

Laßt, sag ich, laßt.

Ins höchste Ohr nicht,
nichts, sag ich, geflüstert,
zum Tod fall dir nichts ein,
laß, und mir nach, nicht mild
noch bitterlich,
nicht trostreich,
ohne Trost
bezeichnend nicht,
so auch nicht zeichenlos –

Und nur nicht dies: das Bild
im Staubgespinst, leeres Geroll
von Silben, Sterbenswörter.

Kein Sterbenswort,
Ihr Worte! (I, 162 f.)

So wie Ingeborg Bachmann 1964 in Rom nach der Begegnung mit der russischen Dichterin Anna Achmatova ihr ein ‚Wort'-Gedicht mit dem Titel ‚Wahrlich' (I, 166) widmet, wo sie von der Schwierigkeit spricht, einen „einzigen Satz haltbar zu machen,/auszuhalten in dem Bimbam von Worten", beschwört sie in ‚Ihr Worte' die Sprache selbst, angesichts der Ungeheuerlichkeiten der Welt die Schweigepflicht zu wahren. Ihre Weigerung, sich am Gerede, am Phrasendreschen und leeren Sprechen zu beteiligen, kommt darin beredt zum Ausdruck. Das Pathos von Wittgensteins sprachphilosophischer Konsequenz: „Wovon man nicht sprechen kann, darüber muß man schweigen", münzt die Dichterin um auf ihre Situation der Nachgeborenen, denen der Holocaust und die Schrecken der jüngsten Vergangenheit das Verstummen vor dem Unaussprechlichen auferlegen. Es ist ein Schweigen, das die Verbrechen der Geschichte nicht verschweigen, sondern dadurch besonders evozieren soll, daß kein falsches und oberflächliches Benennen zugelassen wird, kein „leeres Geroll von Silben", denn das würde „Sterbenswörter" bedeuten, d.h. sich im rein sprachlichen Akt erschöpfende Bezeichnungen. Gegenüber dieser Möglichkeit und Realität des sinnentleerten Zeichens nimmt Ingeborg Bachmann Zuflucht beim Nichtbezeichnen. Es ist der Versuch, die Endgültigkeit und Konventionalität der bestehenden Zeichen, d.h. der üblichen Sprache in ihrer Begrenztheit zu durchbrechen, um durch diese Verneinung ein neues Potential zu erschließen. Indem die alte Sprache davor bewahrt wird, sich zu entäußern, entsteht Platz für eine neue Sprache. Dieser Gedankengang wird am Beispiel des Herzens bildlich ausgeführt. Wenn keins der Gefühle mehr ausgesprochen wird – die Herzmetapher steht für diesen Bereich –, wenn nichts mehr veräußert wird und damit verlorengeht, dann kann der Muskel Herz alle Gefühle als Totalität von Emotion zusammenhalten, bis der Augenblick sinnvoller Äußerung gekommen ist.

Die Frage des uneigentlichen Sprechens und die Dialektik von Sagen und Verstummen, Sprache und Schweigen berührt sich eng mit dem Problem der „Moral der Sprache", das Ingeborg Bachmann zu dieser Zeit besonders beschäftigte, als sie der Tatsache innewurde, daß ihr „Verdacht" gegenüber der Sprache das Versiegen ihrer lyrischen Produktion zur Folge haben würde. (vgl. GuI, 25 f.)

Von ihrer zweimaligen Pragreise mit A. Opel im Frühjahr 1964 inspiriert, kamen noch Gedichte wie ‚Böhmen liegt am Meer', ‚Prag Jänner 1964', ‚Eine Art Verlust', ‚Enigma' und ‚Keine Delikatessen' zustande, Texte, die als Abgesang vor dem endgültigen Verstummen der Lyrikerin Ingeborg Bachmann aufzufassen sind. So ist der Tenor dieser Gedichte ein Schwanken zwischen Verzweiflung und Hoffnung, um dann am Ende doch zu dem resignierenden Schluß zu führen: „Mein Teil, es soll verloren gehen." (I, 173) Gesprochen war das aus tiefer Betroffenheit angesichts „Hunger/Schande/Tränen/und/Finsternis." Wo dieses Elend vorherrscht, gerät die Bemühung, sich „mit den Worten zu helfen", zu einer unwahren Beschönigung, zu einem Selbstbetrug und zu einer Zulieferung von Liebhabereien an Feinschmecker. ‚Keine Delikatessen' heißt es dagegen. Ingeborg Bachmann verweigert in ihrem letzten Gedicht das Einverständnis mit den üblichen Verhaltensweisen und den Marktgesetzen zeitgenössischer Lyrik. In dem Hans Werner Henze gewidmeten Gedicht ‚Enigma' verkündet sie unwiderruflich: „Nichts mehr wird kommen." (I, 171) Dieser Ton hat etwas erschütternd Endgültiges, Trauriges. Das Rätsel, das Geheimnis, so liegt nahe, besteht in dem Ungesagten, in dem, was verschwiegen bleibt: Gründe, voraufgegangene Zerstörungen, Aufschwünge, Abstürze, nie wieder gutzumachende Enttäuschungen.

Die letzten Gedichte Ingeborg Bachmanns sind vom Abschied gezeichnet. Sie vollführen die Bewegung der Trauer um einen unwiederbringlichen Verlust. So wird die Trennung von einem sehr nahen Menschen eindringlich als seine Gegenwärtigkeit im Verlust, so schmerzhaft er ist, empfunden, während gleichzeitig die Welt abhandenkommt: „Nicht dich habe ich verloren/sondern die Welt." (I, 170) Allem Abschied, allem endgültigen Verstummen voran geht ein Moment der wiedergefundenen Sprache, wie es ‚Prag Jänner 64' schildert. Etwas wird aus der Todesstarre befreit, es ist dies greifbar in dem Märchenton der Sprache, die sich belebt und im Heimatlosen eine Heimat der Phantasie schafft. Es ist das aus Shakespeares ‚Wintermärchen' stammende Reich „Böhmen", nicht das landumschlossene, historische, sondern das ans Meer verlegte. Erst muß das Ich „zugrunde gehn", um sich „unverloren", als gerettet wieder vorzufinden. Ein Böhmen als Weltreich der Davongekommenen, die ins Glücksland jenseits der geschichtlichen Mächte und Nötigungen aufgenommen werden. Die Rede ist von der verlorenen „Liebesmüh". (I, 167) Es ist wie zum Abschluß eines großen Liebesversuchs, der gescheitert ist, daß die Dichterin das Leiden durch eine fast heitere, bestimmt aber wehmütige Kunst vertröstet sieht. In der Wirklichkeit jedoch entkommt Ingeborg Bachmann in dem nächsten Jahrzehnt nicht der Krankheit der Welt. Und in ihrem Schreiben blieb sie wie eine, die sich ihr Scheitern und Geschundenwerden verdeutlicht, fixiert auf die auf sie eindringenden Todesarten. Thanatos, der dem Eros den Garaus macht.

2. Poetik des Noch-Nicht

Als Ingeborg Bachmann im Jahre 1958 dem ‚Komitee gegen die Atomrüstung' beitrat und mit anderen Beteiligten, Bürgern, Intellektuellen, Schriftstellern und Künstlern gegen die Atombewaffnung der Bundesrepublik protestierte, mußte sie sich von ihrem ehemaligen Förderer Hans Weigel in der Wiener Zeitschrift ‚Forum' (1958, S.218) in einem offenen Brief sagen lassen, daß sie „ihre Kompetenzen als Lyrikerin und Österreicherin" überschritten habe und daß sie sich nicht in die Angelegenheiten eines fremden Staates einzumischen habe. Das kam einer öffentlichen Maßregelung gleich, von der Kränkung der Dichterin ganz zu schweigen. Ingeborg Bachmann stand aber zu ihrem Engagement, zu ihrer nonkonformistischen Kritik an politischen Verhältnissen und Tendenzen. 1963 sah sie sich auch dazu veranlaßt, nachdem der CDU-Politiker Josef-Hermann Dufhues die Gruppe 47 als „geheime" bzw. „neue Reichsschriftumskammer" bezeichnet hatte, zusammen mit Günter Grass und Uwe Johnson die Klage der Gruppe gegen diese diffamierende Äußerung einzureichen. Das war eine Aktion, die ihrem Prinzip der dem Menschen zumutbaren Wahrheit und Handlungsweise entsprach.

Die am 17. März 1959 gehaltene ‚Rede zur Verleihung des Hörspielpreises der Kriegsblinden' führt im Titel jenen Satz „Die Wahrheit ist dem Menschen zumutbar", der ein einzigartiges Bekenntnis ethischer Verantwortung darstellt. Geäußert wurde es vor denen, die als Kriegsversehrte in besonderer Weise „verletzt, verwundet und voll von dem großen geheimen Schmerz" waren. Daß dieser geheime Schmerz den Menschen „erst für die Erfahrung empfindlich und insbesondere für die der Wahrheit" macht, daß durch diesen Schmerz „die Augen aufgehen", wagte die Dichterin vor denen zu sagen, die das Augenlicht für immer verloren hatten. (IV, 275)

Aber sie verschaffte sich, ihrer Definition von der Natur des Schreibens gemäß, „Gehör" für ihre betroffen machende Bestimmung der Aufgabe des Schriftstellers, der aus dem Schmerz stammenden Wahrheit zu dienen. Das schließt mit ein, bis zum Äußersten zu gehen, die Grenzen zu überschreiten, auch wenn es einen solchen „Austritt aus der Gesellschaft nicht gibt", wie es zum Grenzfall des Hörspiels ‚Der gute Gott von Manhattan' heißt. Dennoch sei der „Blick gerichtet auf das Vollkommene, das Unmögliche, Unerreichbare, sei es der Liebe, der Freiheit oder jeder reinen Größe." Ingeborg Bachmann gelangt an diesem Punkt zu dem entscheidenden Postulat ihrer ethischen und ästhetischen Selbstverständigung, zusammengefaßt in dem immer wieder zitierten Satz, der ihre Dialektik des Utopischen kennzeichnet: „Im Widerspiel des Unmöglichen mit dem Möglichen erweitern wir unsere Möglichkeiten." (IV, 276) Entgegen der Besonderheit der Philosophie des Absurden, wie sie nicht allzulange vorher von dem Franzosen Albert Camus entwickelt worden war, vertraut Ingeborg Bachmann auf eine Hoffnung gebende Dynamik. Die Darstellung der Wahrheit im Schreiben ist ein Unterwegssein, etwas Richtunggebendes, ein permanentes Entwerfen und damit auch ein Sichverwirklichen. In einer Art von Verinnerlichung des fernen Gottes Simone Weils gibt die Dichterin der Zuversicht Ausdruck, „daß unsere Kraft weiter reicht als unser Unglück, daß man, um vieles beraubt, sich zu erheben weiß, daß man enttäuscht, und das heißt, ohne Täuschung, zu leben vermag. Ich glaube, daß dem Menschen eine Art des Stolzes erlaubt ist – der Stolz dessen, der in der Dunkelhaft der Welt nicht aufgibt und nicht aufhört, nach dem Rechten zu sehen." (IV, 277)

Daß Schreiben eine ganz besondere Form des Mitmachens ist, daß es die Literatur ist, der die zumutbare Wahrheit zu vermitteln aufgegeben ist, legen die Frankfurter Poetik-Vorlesungen dar, die aus der Betrachtung der neueren Dichtung das poetische Programm literarischer Zeitgenossenschaft ableiten.

Die Gastdozentur der Dreiunddreißigjährigen in Frankfurt ist in der ersten Kritik vorwiegend als mißglückt und „unakademisch" bewertet worden. Die Reaktionen vor allem des studentischen Publikums zeigen, daß sich da etwas dem damaligen germanistischen Betrieb und Wissenschaftsverständnis Fremdes abspielte. Die Originalität des Gebotenen schien nicht jenen verlangten Wissensstoff zu liefern, der den Prüfungsanwärtern und Interpretationsbeflissenen wünschenswert und brauchbar erscheint. Als dann noch die Literaturwissenschaft von der von der Selbstverteidigung zum Protest vorgehenden Dozentin als „Denkmalpflege, von Beamten betrieben" bezeichnet wurde, attackierte man die Nicht-Germanistin, die nach den Vorlesungen in den Seminaren in die Enge getrieben eine eher klägliche Figur abgab. (Spiegel, 20. 4. 1960, 51 f.) Ein Jahrzehnt später, in der Studentenbewegung, zeigte sich, daß Ingeborg Bachmann mit ihrer Kritik der Zeit voraus gewesen war.

Die fünf Vorlesungen sind insgesamt gesehen kein Systementwurf und keine Katalogisierung der zeitgenössischen Literatur. Was die Dichterin bietet, sind Versuche, aus der Auseinandersetzung mit den wirklichen Problemen der Dichtung jene richtunggebende Kontinuität herauszuarbeiten, die es erlaubt, die Existenz und Tätigkeit des Schriftstellers zu rechtfertigen. Dahinter steht die Erkenntnis, daß ehemals bestehende Übereinkünfte, Verbindlichkeiten und Zielsetzungen abgelöst und neue dafür gefunden werden müssen. Die Verformelung der Welt durch die Wissenschaften verlange solche neuen Entwürfe, denn: „Der Fragwürdigkeit der dichterischen Existenz steht nun zum ersten Mal eine Unsicherheit der gesamten Verhältnisse gegenüber." (IV, 188)

Die Einsicht in die Verschiebungen und Verunsicherungen der sozialen Bedingungen bleibt ein wichtiger Hintergrund, wenn Ingeborg Bachmann sich dem eigentlichen Medium des Schriftstellers zuwendet: der Sprache. Da Schreiben ein Benennen ist und Benennen Werten bedeutet, ist Literatur Beschreibung und Sinngebung zugleich, also Wirklichkeitserfassung und Weltdeutung. Aus den Bewußtseins-, Sprach- und Schreibkrisen der Moderne, etwa bei Hofmannsthal (‚Lord Chandos Brief', 1902), Rilke, Kafka und Musil leitet die Dichterin die Notwendigkeit ab, aus diesen Heimsuchungen, aus dem Konflikt mit der Sprache „eine neue sittliche Möglichkeit zu begreifen und zu entwerfen." (IV, 191)

„Mit einer neuen Sprache wird der Wirklichkeit immer dort begegnet, wo ein moralischer, erkenntnishafter Ruck geschieht, und nicht, wo man versucht, die Sprache an sich neu zu machen, als könnte die Sprache selbst die Erkenntnis eintreiben und die Erfahrung kundtun, die man nie gehabt hat. Wo nur mit ihr hantiert wird, damit sie sich neuartig anfühlt, rächt sie sich bald und entlarvt die Absicht. Eine neue Sprache muß eine neue Gangart haben, und diese Gangart hat sie nur, wenn ein neuer Geist sie bewohnt." (IV, 192) Sehr deutlich weist Ingeborg Bachmann die Vorstellung zurück, die Spracherneuerung rein aus der Sprache selbst zu leisten. Sie behauptet dagegen die Notwendigkeit einer geistigen Richtungsänderung, die in der neuen Sprache als „Gangart" zum Ausdruck kommen soll. Gewähr für die Zuverlässigkeit dieses literarischen Fortschrittsmodells bietet „die Authentizität einer dichterischen Erscheinung" und „die durchgehende Manifestation einer Problemkonstante". (IV, 193) Die „Problemkonstante" versteht Ingeborg Bachmann dahingehend, daß „eine

unverwechselbare Wortwelt, Gestaltenwelt und Konfliktwelt"
uns veranlaßt, „einen Dichter als unausweichlich" zu sehen. In
der Problemkonstante wird also die wesenhafte Notwendigkeit einer dichterischen Existenz greifbar. Das Werk legt dem-
nach Zeugnis ab für die Authentizität des Subjekts, für seine
konfliktreiche Identität, für die Konstanz seiner immer wieder
neuen Selbstbestimmung nach dem Prinzip ethischer Verantwortung. Das dichterische Ich erhebt den Anspruch seiner
Wahrhaftigkeit und verbürgt für die Echtheit seiner inneren
Widersprüche in der literarischen Gestaltung durch die Über-
zeugungskraft individueller Prägung.

Authentizität und Problemkonstante, bestimmt von der
Dialektik des Individuellen, erbringen nicht nur die Konstanz
der dargestellten Widersprüche, die aus dem Inneren heraus
gestaltet werden, sondern bewirken auch eine literarische und
geistige Fortbewegung, fast im Sinne der Modellhaftigkeit von
Experimenten. Denn die richtunggebende Veränderung des
Selbst wirkt auf alle die ein, die sich dem gegenüber öffnen:
„Was aber möglich ist, in der Tat, ist Veränderung. Und die
verändernde Wirkung, die von neuen Werken ausgeht, erzieht
uns zu neuer Wahrnehmung, neuem Gefühl, neuem Bewußtsein." (IV, 195) Daß vom Ästhetischen eine verändernde ethische Wirkung ausgehen kann, beruht auf der Begründung des
Künstlerischen in der Authentizität der dichterischen Persönlichkeit. Damit wird der subjektive Faktor zu einem Grund-
element auch der literarischen Veränderung, was die Formen,
Themen und Gehalte anbelangt.

Gegenüber dem individuell und sozial Veränderbaren behauptet Ingeborg Bachmann: „Zeitlos freilich sind nur die Bilder." (IV, 195) Das Unveränderbare erscheint, da die Sprache
die Welt abbildet, auch im sprachlich Gestalteten. Auf der Suche nach immer neuen Abbildungen bringt das entwerfende
Denken diese Wirklichkeit zum Ausdruck. Über die sprachlo-
gische Strenge Wittgensteins hinausgehend und unter Berücksichtigung von Ernst Blochs Utopiedenken bemüht Ingeborg
Bachmann das Schockprinzip des Modernismus, hängt sich
aber an den „Wunschsatz" Simone Weils („Das Volk braucht

Poesie wie Brot.") an, um zu schließen: „Dieses Brot müßte zwischen den Zähnen knirschen und den Hunger wiedererwecken, ehe es ihn stillt. Und diese Poesie wird scharf von Erkenntnis und bitter von Sehnsucht sein müssen, um an den Schlaf der Menschen rühren zu können." (IV, 197) Es ist eine eucharistische Bestimmung der Dichtung, deren Teilhabe an der Wahrheit zu einer Erweckungsfunktion führt und zu einem Erlösungsprinzip, das die biblische Vorstellungswelt in eine poetologische Ehtik überführt. Diese Erneuerung einer quasi-religiösen Poesiedefinition läßt, was die Kombinatorik des Zeitlosen in der Phantasie und die Weihe der dichterischen Mission betrifft, an romantische Auffassungen denken, etwa an die Frühromantiker Wackenroder und Novalis. Gemäß der anti-philiströsen Einstellung der Romantik wendet sich auch Ingeborg Bachmann gegen die verfestigten Einrichtungen der bürgerlichen Gesellschaft, insbesondere gegen „ein Familienglück patriarchalischen Stils" oder gegen die „funktionelle Nützlichkeitswelt" der Gegenwart. Scharf kontrastiert sie „Innerlichkeit und Sinnbezüge, Gewissen und Traum" mit „Nützlichkeitsfunktion, Sinnlosigkeit, Phrase und sprachlose(r) Gewalt". (IV, 198) Statt der Dichtung einem „Kunst ist Kunst"-Prinzip gemäß eine Sonderstellung einzuräumen, plädiert Ingeborg Bachmann für die Überwindung der unglückseligen Gegensätze und Unvereinbarkeiten, um eine neue „Verbindlichkeit" der Literatur zu fordern.

Die zweite Vorlesung demonstriert an lyrischen Beispielen von Günter Eich, Marie Luise Kaschnitz, Hans Magnus Enzensberger und Paul Celan die neue Verbindlichkeit der Dichtung. Eine Absage wird erteilt an die nur „ästhetischen Revolten" etwa des Futurismus, die die Gefahr der „Anbiederung mit der Barbarei" laufen, während aus der „Sprachnot" und „fatalen Einsamkeit" des von der Gesellschaft ausgeschlossenen Dichters Werke entstehen, die sowohl „erkenntnishaltig" sind als auch „eine neue Würde" aufweisen. Es ist ihnen die Weigerung eigen, sich mit dem Status quo der Verhältnisse einverstanden zu erklären. Vielmehr enthalten sie eine Warnung vor den entfesselten Destruktionskräften innerhalb der

Gesellschaft, wodurch diese Poesie den Rang echter Zeitgenossenschaft erlangt.

In der dritten Vorlesung ‚Das schreibende Ich‘ geht es um die Frage der Identität und um die Problematik der Verstellung und der Rollenexistenz, die das „Ich ohne Gewähr", aber auch das Ich als „Versuchsfeld" hervorgebracht haben. Da das Ich keine feste Identität besitzt und im Rollentausch immer nur wieder Verstellung übt, die unter dem Zwang der Konventionen die eigentliche Person verbirgt, kommt dem Ich die Aufgabe zu, seine Zeugenschaft anzutreten. Es läuft darauf hinaus, sich in die eigene memoriale Tiefe zu versenken, wo sich das Subjektive ins Objektive auflöst. Ingeborg Bachmann formuliert dazu: „Die erste Veränderung, die das Ich erfahren hat, ist, daß es sich nicht mehr *in* der Geschichte aufhält, sondern daß sich neuerdings die Geschichte *im* Ich aufhält." (IV, 230) Das ist nicht nur als eine These zur Selbstentfremdung zu werten, sondern auch als eine Einsicht in die bedrohliche Fremdbestimmtheit, die sich bis ins Seelische hinein bemerkbar macht. Am Beispiel Prousts erläutert die Dichterin, wie das Ich Zeuge „an allen Tatorten" geworden und dem „Mörder Zeit" ausgeliefert ist (IV, 231).

Während bei Beckett das Ich sich „auf der hoffnungslosen Suche nach sich selbst" befindet und dabei den anonymen Instanzen in seinem eigenen Inneren unterworfen ist, glaubt Ingeborg Bachmann doch an „das Wunder des Ich, daß es, wo immer es spricht, lebt; es kann nicht sterben – ob es geschlagen ist oder im Zweifel, ohne Glaubwürdigkeit und verstümmelt – dieses Ich ohne Gewähr." (IV, 237) So wird das Ich, das verletzte Subjekt „als Statthalter der menschlichen Stimme" dennoch seinen Triumph haben, denn es verschafft sich aufgrund seiner unverbrüchlichen Kraft immer wieder Gehör. Es ist das in seiner Autobiographie die Geschichte, den Zwang der Geschichte authentisch freisetzende Ich.

‚Der Umgang mit Namen‘, die vierte Vorlesung, reflektiert die Aura, das Mysterium der durch die Sprache benannten Welt, die durch das Benanntwerden ihr Existenzrecht zu genießen in der Lage ist. Zugleich wird sie dem Prozeß des

Identitätsverschleißes ausgesetzt, denn die Zauberkraft der ehemals so auratischen Namen unterliegt heutzutage dem Gesetz der Abnutzung, der Schwächung und Verkümmerung.

Als Totengräber der Literatur und ihrer spezifischen Offenheit als „ein nach vorn geöffnetes Reich von unbekannten Grenzen" sieht Ingeborg Bachmann zum Schluß unter dem Gesichtspunkt „Literatur als Utopie" all diejenigen – Leser, Krtiker und Wissenschaftler –, die Literatur nur „mit Kranz-niederlegungen" wie auf einem „Friedhof" bedenken. Im „Verstoß gegen die schlechte Sprache" des Lebens und der Zeit, im „verzweiflungsvollen Unterwegssein" zu dem „nie ganz zu verwirklichenden Ausdruckstraum" vermutet die Dichterin „Stücke der realisierten Hoffnung auf die ganze Sprache, den ganzen Ausdruck für den sich verändernden Menschen und die sich verändernde Welt." (IV, 268) Auf diesen Weg sich begebend, die Utopie vor Augen, hält die Dichterin für ihre Zeitgenossenschaft eine „Salve Zukunft" parat, wie sie, den französischen Dichter René Char zitierend, zum Abschluß feststellt.

Im Ansatz neuartig, originell in der Ausführung, eigenwillig das Dichterische mit menschlicher Verantwortung und Sehnsucht verbindend, so gab sich Ingeborg Bachmann in ihren Vorlesungen über Literatur als Utopie „aktuell und erregend", erschöpfte sie sich nicht in fernliegenden Phantasien, sondern griff in das Handgemenge der Menschen, um eine Ausrichtung auf das Noch-Nicht der Zeit, der Existenz zu bewirken.

3. „Von den Menschen gesprochen": Die Prosa ‚Das dreißigste Jahr' (1961)

Die Herausarbeitung ihrer progressiven Literaturauffassung, die theoretisch-utopische Absicht ihrer Poesievorstellung hatte Ingeborg Bachmann in ihrer Schreibpraxis dazu gebracht, die während der Lyrik- und Hörspielzeit in den Hintergrund getretene Prosa von Grund auf einer veränderten Konzeption zu unterwerfen. Sie mochte dabei auch gespürt haben, daß ihre eigene Problemkonstante durch die Erinnerungstiefe des Erzählens gefördert werden könnte. Bei Proust hatte ihr die memoriale Tiefe, d. h. die Versenkung in die mit Geschichte angereicherte Dimension des Ich den Sinn für Verstellung und Authentizität, Schmerzerfahrung und Wahrheitserkenntnis geöffnet. Die Reflexionen im Anschluß an die Schriften Wittgensteins, Musils, Weils und Prousts machten es auch notwendig, dem Erzählen eine neue Sprengkraft, eine neue Gangart jenseits der Konventionen epischer Weltgestaltung zu verleihen. Als erste Schritte in diese Richtung dürfen drei Erzählversuche gelten, die vor oder parallel zu der Prosa in ‚Das dreißigste Jahr' in den späten fünfziger Jahren entstanden. Es sind Geschichten, die das Erzählen von Geschichten als weiträumige Verknüpfung von Ereignissen zu einem strukturierten Geschehen aufzulösen beginnen zugunsten einer pointierten, geschichteten Erzählwiedergabe, die auf Vernetzung und gewebeartige Gebilde hinausläuft.

In ‚Portrait von Anna Maria' (1955–57) verweist schon der Titel auf gemäldehafte Schichtung und die Erscheinung einer höchst eigenwilligen, erfolgsgewohnten Malerin in diesem Erzählgewebe. Anna Maria geht als Künstlerin ihren eigenen Weg und hinterläßt bei ihren Freunden und in der Öffentlichkeit ein sehr zwiespältiges Bild. Ganz konträre Vorstellungen werden von der Ich-Erzählerin in Erfahrung gebracht, wobei vor allem der frühzeitige Tod der Malerin zu einem Umschlag in den Gerüchten der Leute führt. Die in Rom ansässige Ich-Erzählerin, die mit Anna Maria nur flüchtig in Berührung gekommen ist, lebt im Glauben eines geheimen Einverständnisses mit der Malerin, das seinen Grund in einem Schrecken und Entzücken hat, beides Zeichen eines uneingestandenen Eros zwischen den zwei Frauen. Während die Nachwelt ihre Bewunderung für Anna Maria nach ihrem Ableben in ein mitleidiges Bild von ihr abändert, glaubt die Ich-Erzählerin aus ihrem tieferen Verständnis der Persönlichkeit der Freundin zu wissen, daß „ihr noch oft ein Unrecht geschehen" (II, 58) wird. Nur dem alle Entstellungen durchschauenden liebenden Menschen ist ein anderes Wesen in seiner wirklichen Eigenart begreifbar. Ingeborg Bachmann beschreibt die Probleme menschlicher Beziehungen zwischen gesellschaftlichem Verkanntwerden und intimer Übereinstimmung verwandter Seelen. Erzählt wird nicht das Fortschreiten einer zielgerichteten Handlung, sondern das Offenbarwerden einer Situation und psychischen Gegebenheit. Die Erzählungen verschiedener Figuren, die Anna Maria nahestehen, bieten Geschichten, die nur Scheinerklärungen ihres rätselhaften Charakters ergeben. Damit soll die alte Erzählweise einer überlegenen Allwissenheit und übergeordneten Perspektive als überholt und fragwürdig entlarvt werden.

Ein Erzählexperiment anderer Art findet sich in dem Text ‚Der Schweißer' (1959), der einen tragischen Erkenntnisumschwung und den Konflikt zwischen Wahrheit und Lebenswelt im gewöhnlichen Alltag zum Gegenstand macht. Eine proletarische Figur, der fünfunddreißigjährige Schweißer Andreas Reiter, steht im Mittelpunkt der stationenhaften Situationsreihe. Er wohnt mit seiner tuberkulösen Frau und zwei Kindern auf der linken Donauseite in Floridsdorf in einem Gemeindebau, wahrscheinlich dem Paul Speiser-Hof. Reiters Leben ist ein Eingeklammertsein „zwischen den Fabriken, der Lokomotivfabrik und der Kabelfabrik, der Ölfabrik", und er will sich „nicht einsperren lassen in den steinernen Kasten." (II, 59 f.) Die bisher nur dumpf verspürte Entfremdungssituation seines Lebens wird ihm vollends quälend bewußt, als er in einem Kaffeehaus zufällig Nietzsches ‚Die Fröhliche Wissenschaft' findet. Das Lesen dieses anregenden, aber auch streitlustigen philosophischen Werkes wirft Reiter aus seiner gewohnten Lebensbahn und Lebenswelt, in der „alles ... etwas zu kurz gekommen ist." Zum Bewußtsein seiner Entfremdung erwacht, behauptet Reiter, der seine Familie, die sterbende Frau, seine Kinder und auch sich selbst vernachlässigt, seinem Gegenspieler, dem Hausarzt gegenüber, er glaube zu wissen, „daß ich nicht verworfen bin, daß ich teilnehmen muß." In seiner Verzweiflung, die gerade hergestellte Verbindung zu seinem „Geist" nicht zu verlieren, und im Bestreben, den „Zusammenhang" alles Existierenden zu erkennen, widersteht der

Wissensbegierige und aus dem Normalleben Gefallene den schalen Erklärungen des Doktors, der die Logik der Verhältnisse, wie sie sind, in ihrer entfremdeten Negativität unfreiwillig zum Ausdruck kommen läßt: „„Einer richtet die Lichtleitung, einer richtet das Brot, einer die Schuhe und einer die Gewehre. Sie sind ein Arbeiter, verstanden, das ist eine gute Sache. Das andere geht Sie nichts an." (II, 72) Am Ende stürzt sich Reiter von der Floridsdorfer Brücke in die Donau und in den Tod. Es ist die Brücke, die Jahrzehnte vorher, im Februar 1934, die Wehrhaftigkeit und Entschlossenheit der Arbeiter, Kommunisten und Schützbündler, unter Beweis stellte, als sie gegen die arbeiterfeindliche Staatsmacht vergeblich diesen Brückenkopf zu verteidigen suchten.

Der in scharf profilierten Dialogszenen stationenhaft vorwärtsschreitende Untergang Reiters wird zu einer doppelten Anklage gegen die Versklavung der Proletarierexistenz und gegen die Ursachen in den Gesellschaftsverhältnissen. Aber auch das Ungenüge der rein philosophischen Bewußtseinsveränderung kommt in den Blick. In seiner geistigen Isolation gelingt es Reiter nicht, seine innere Richtungsänderung in ein ethisch begründetes Handeln umzusetzen, das ihn, seine Familie und Umwelt vor der tragischen Ausweglosigkeit bewahren könnte.

Die an Simone Weil erinnernde Thematik des lebensbestimmenden „Unglücks" („malheur') gerade der proletarischen Entfremdungserfahrung erscheint variiert auch in dem Fragment ‚Der Hinkende' aus dieser Zeit. Dieser kurze Text versucht, auf eine übergangslose Art eine Symbolik des Alltäglichen zu entwickeln. Als Angestellter in einer Telephonzentrale hat der Hinkende, der die Konkurrenz der Kriegsversehrten fürchtet, sich eine Unfallgeschichte der Entstehung seines Leidens zurechtgelegt, die ihn zum Sohn wohlhabender Eltern macht. Bei einem Autounfall seiner Eltern will er so sehr verletzt worden sein, daß von da sein Leiden herstammt. Seiner Bekannten Anna gesteht er dann eine plausiblere Geschichte, nämlich einen Bühnenunfall, der sich bei einer Generalprobe ereignete, als er als Hauptdarsteller aus dem Fenster seiner

Geliebten sprang. Diesen folgenreichen Sprung bringt der Hinkende mit einem Kindheitserlebnis in Zusammenhang, als er einer jungen Katze die Beine abschnitt und sie ersäufte. Atavistische Gewalt, Verwirrung der Gefühle, beschädigte Existenz – das Körperliche als Ausdruck des verkrüppelten Seelischen –, all das kulminiert in der besitzergreifenden Liebeshandlung des Hinkenden gegenüber Anna, die von seinen Fiktionen gebannt wird: „Sie ließ sich ohne Widerstand küssen." (II, 81)

Vom Wesen der Gewalt, Gewalt verschleiert im Normalverhalten, Gewalt in den menschlichen Beziehungen, in der Sprache, in der Liebe, handeln auch die Prosatexte in ‚Das dreißigste Jahr', in denen zugleich als Gegengewicht das Prinzip Hoffnung vertreten, der utopische Impuls vielseitig wirksam ist. Gegenüber der vielschichtigen Ikonographie von Erscheinung und Wesen in ‚Portrait von Anna Maria', die im Doppelwesen auch die Verdoppelung des Ich andeutet, gegenüber der Erleuchtungsthematik im ‚Schweißer', wo die Lichtmetapher fast überstrapaziert erscheint, und gegenüber der Metaphorik des körperlichen Gebrechens als Vergegenwärtigung seelischer Beschädigung in ‚Der Hinkende' operieren die Texte in ‚Das dreißigste Jahr' auf einer reflektierteren Stufe, indem das Prinzip der Rückerinnerung und betrachtenden Überlegung noch stärker memoriale Tiefe, Gegenwart und Zukunft in ein Gewebenetz bringt.

Wie zur Einstimmung in die Besonderheit des Verfahrens und des Tons des Erzählens stellt Ingeborg Bachmann die ‚Jugend in einer österreichischen Stadt' an den Anfang des Bandes. Gesprächsweise hat sie eine wichtige Voraussetzung ihrer neuen Prosahaltung erwähnt. Es ist das Verschwinden des lyrischen Selbstvertrauens und der ausdrückliche „Verdacht" gegen „dieses absolute glückliche Auftretenlassen von Worten und Bildern", wie sie es in der Dichtung praktiziert hat. So erlebnisbedingt und authentisch der Text ‚Jugend' anmutet, für die Dichterin ist es „keine autobiographische Geschichte", sondern eher „das Gegenstück zu einer autobiographischen Skizze, sogar die Vernichtung dieser kleinen Person Kind."

(GuI, 25 f.) Statt Erlebnisbericht bietet der Text, trotz des authentischen Materials, aus der Erinnerung geschöpfte Prozesse der Zerstörung und der Bewußtwerdung dieser Vorgänge. In der anonymen Gruppenidentität der Kinder, in der Ausübung einer zudiktierten Rolle wird der frühe Verlust des Kindheitsich schmerzhaft nachempfunden: „Die Kinder – die sind in ein Spiel getreten, das jemand andrer veranstaltet. Das Ich tritt heraus aus dem Spiel, decouvriert das Spiel als Spiel, es hat die Unschuld dieser Bewegungen verloren. Es weiß Bescheid." (GuI, 26) Im Rückblick erkennt die Dichterin die Zwänge, welche die Spielwelt und magische Alles-Sprache der Kindheit umformen. Unter Druck gesetzt von außen verliert das Kind jene Unschuld, die auch die poetische Energie mitbestimmte. Statt dessen gewinnt es eine Schmerzerfahrung hinzu, die früh eine Einsicht in den Zwangszustand der Welt bietet. Damit beginnt auch eine Entwicklung, die im Versiegen der lyrischen Produktion später zum Abschluß führt.

Die Haupteigenart des Textes ‚Jugend in einer österreichischen Stadt' liegt darin, daß hier nicht die heile Phase einer frühen Autobiographie beschworen wird. Das Authentische dieses der Jugend nachdenkenden Erzählens liegt im Nachweis des Ich-Verlustes, den das verletzte Subjekt Jahrzehnte später in der Erkenntnis des erzwungenen Rollenspiels vergegenwärtigt. Aus dem Erforschen der memorialen Tiefe dringt, nicht mit epischer Distanz, sondern mit Erregung und Betroffenheit die Aktualität dieser unausweichlichen Erkenntnis ins Bewußtsein der Erzählerin und des Lesers.

Der Erkenntnischarakter von Ingeborg Bachmanns Erzählen weist der Sprache und der Reflexion auf sie besonderen Wert zu, läßt die hergebrachte Fabel, also die Konsequenz der Handlungsverknüpfung und Geschehensstruktur zurücktreten zugunsten von „Prozessen", die im Fall des ‚Portrait von Anna Maria' dem „Film" nahestehen. (GuI, 35) Bei ihrer als „Übersiedlung" (GuI, 38) verstandenen Hinwendung zur Prosa hat Ingeborg Bachmann, wie auch die von ihr verwendete kinematographische Bildhaftigkeit zeigt, das Prinzip der poetischen Gewebestruktur, d. h. des Beziehungszusammenhangs aus Bild und Reflexion, der ereignishaften Fabel vorgezogen. Diese Vernetzung der Elemente gibt ihrer Prosa den Charakter von Erzählgeweben. Christa Wolf hat diese auch von Dieter Schlenstedt bemerkte Auflösung der Geschichte und ihres Handlungsprimats in ihrem Bachmann-Essay vom Dezember 1966 recht früh als Hinweis auf die „Stimme" verstanden, die „nach eigener Erfahrung sich äußernd" Authentisches „kühn und klagend" vorbringt. In der Vernehmbarkeit dieser Stimme, was die zumutbare Wahrheit anbetrifft, aber auch in ihrem Schweigen liegt die bedeutende Neuerung im Prosaverhalten, mit dem Ingeborg Bachmann dem Erzählen die Qualität einer neuen sinnlichen und gedanklichen Stringenz verliehen hat.

Die Titelerzählung ‚Das dreißigste Jahr' präsentiert in der Erzählstimme jenen Kopfton, der dieser Kopfprosa angehört. Vorgeführt wird ein existentieller Wendepunkt, der sich im Unfallgeschehen des Endes zugespitzt findet. Die Prüfungssituation des dreißigsten Lebensjahres der männlichen Hauptgestalt, die mit der Autorin im Sinne einer authentischen Denkfigur vieles teilt und ein Zusammenklingen der Stimmen erkennen läßt, kulminiert in dem Autounfall, bei dem der fremde junge Mann am Steuer des Wagens gleichsam als ‚alter ego' tödlich verunglückt, während der noch nicht Dreißigjährige auf der Unfallstation der Klinik die Gewißheit gewinnt, daß er überlebt und etwas „zur Not bestanden hat", daß ihm „kein Knochen gebrochen" ist, daß er mit einer zukunftsgerichteten Hoffnung der Aufforderung „Steh auf und geh!" (II, 137) wird folgen können.

Die Hauptschauplätze dieses bis an das Todeserlebnis herangeführten Lebens sind Wien und Rom. Wien als Studienort und Stadt der frühen menschlichen Verfehlungen, Kränkungen und Erkenntnisaugenblicke, wobei besonders das Erlebnis in der Nationalbibliothek Begrenztheit und Grenzübertritt im Erkennen deutlich macht. Das Geheimnis, das nur in einer neuen, noch nicht gefundenen Sprache auszudrücken wäre, bleibt unerreichbar. Rom, ursprünglich der Ort des geistigen Erwachens, der Freude, der Freiheit und der sinnlichen Aufnahmefähigkeit, ist zu einem Existenzbereich geworden, den die Hauptgestalt bestimmt sieht vom Kreislauf eines Lebens, das von Anpassung, Einfügung, und Einverständnis mit allen Bedingungen einer feindlich gesinnten Sozial- und Arbeitswelt beherrscht wird. Die qualvoll und resigniert erlittene Normalwelt schrumpft die Lebensmöglichkeiten auf eine schnöde, freudlose Tatsächlichkeit zusammen. Diese entmutigende Lage steht im Gegensatz zu der als schön erfahrenen, sinnlich genießbaren Welt. Denn aus den inspirierenden Erscheinungen der Natur und auch aus den zeitweilig beglückenden Beziehungen der Menschen erwächst der sehnsuchtsvolle Wunsch: „Einen Baum pflanzen. Ein Kind zeugen." (II, 106), ein fast wörtliches Zitat aus Heinrich von Kleists Brief an seine Braut vom 10. Oktober 1801.

Wie sehr Eros und Thanatos, Triebstruktur und Sozialverlangen, rauschhafte Lebenssteigerung und resignierende Anpassungsbereitschaft, Identitätswunsch und Ich-Auflösung hier im Widerstreit liegen, zeigt sich an der zwiespältigen Ausrichtung der Hauptgestalt. Im Sinne der „zornigen jungen Männer" der fünfziger Jahre fühlt sie sich zur vollständigen Infragestellung der bestehenden Verhältnisse aufgerufen. Daneben steht das Existenzgefühl eines Hinabstürzens ins Bodenlose und zugleich auch „das barbarische Verlangen nach Ungleichheit, höchster Vernunft und Einsicht." (II, 101) Die begeisternde Lebenserweckung, die in Rom zunächst zu einer hochgestimmten Zuversicht geführt hatte, weicht alsbald einer Niedergeschlagenheit, die in Begriffen wie „Zerstörung", „Terror", „Unterdrückung", „Bevormundung durch die Netzwerke der Feindschaften und Freundschaften", und vor allem „Kränkung ... bis in den Tod" (II, 100f.) sich summiert. Als Konsequenz stellt sich das Bewußtsein der Ausweglosigkeit, des Gefangenseins im Spiel gesellschaftlicher Mächte ein: „Ich denke politisch, sozial und noch in ein paar anderen Kategorien und hier und da einsam und zwecklos, aber immer denke ich in einem Spiel mit vorgefundenen Spielregeln und einmal vielleicht auch daran, die Regeln zu ändern. Das Spiel nicht. Niemals!" (II, 102) Emphatisch wird hier die Unmöglichkeit einer grundlegenden Änderung des Systemcharakters der Gesellschaft vergegenwärtigt. Was zuerst in einer hochgestimmten Identitätsfrage begann: „Wer bin ich denn, im goldnen September, wenn ich alles von mir streife, was man aus mir gemacht hat? Wer, wenn die Wolken fliegen!", führt angesichts der das Ich beherrschenden Mächte zur Reflexion der Fremdbestimmtheit der eigenen Identität: –„Ich, dieses Bündel aus Reflexen und einem gut erzogenen Willen, *Ich* ernährt vom Abfall aus Geschichte, Abfällen von Trieb und Instinkt, *Ich* mit einem Fuß in der Wildnis und dem anderen auf der Hauptstraße zur ewigen Zivilisation. *Ich undurchdringlich,* aus allen Materialien gemischt, verfilzt, unlöslich und trotzdem auszulöschen durch einen Schlag auf den Hinterkopf. Zum Schweigen gebrachtes *Ich aus Schweigen . . .*" (II, 102)

Der innere Monolog, seit Arthur Schnitzlers ,Leutnant Gustl' (1901) eingesetzt als Mittel zur Entlarvung des beschädigten Denkens und Fühlens einer kritikwürdigen Figur, erhält hier bei Ingeborg Bachmann den Stellenwert einer auf die Existenz bezogenen philosophischen Reflexion und Selbstverständigung. Dabei schwankt der Erzähler in seiner Haltung zwischen dem verunsicherten Bewußtsein der Hauptgestalt und dem zuversichtlicheren Erzählbewußtsein. Trotz der Sehnsucht nach einem dionysischen Rauschzustand des Lebens ergibt sich als geschichtsphilosophische Summe die Einsicht in das Ende der kulturellen Dynamik: „daß es vorbei ist mit Griechenland und Buddhaland, mit Aufklärung und Alchimie." (II, 103) Diese geschichtstragenden Widersprüche zwischen Vernunft und Religion, Wissen und Kult, Erkenntnis und Mysterium, Geist und Seele, aber auch zwischen Patriarchalischem und Matriarchalischem verlangen nach einer radikalen Freiheitsauffassung, d. h. nach der Beseitigung, ja „Vernichtung jedes Glaubens, jeder Art von Glauben, um die Gründe aller Kämpfe zu vernichten. Der Verzicht auf jede überkommene Anschauung und jeden überkommenen Zustand: auf die Staaten, die Kirchen, die Organisationen, die Machtmittel, das Geld, die Waffen, die Erziehung." (II, 131) Die hier geforderte „Kündigung der Geschichte" formuliert als Programm, was in ‚Alles' an einem Beispielversuch durchgeführt wird. Beabsichtigt ist von dieser Aufhebung der Geschichte durch Zurückweisung ihrer fehlwirkenden Mächte keine „Anarchie", sondern eine „Neugründung", die, wie eine weitere Tagebuchstelle der Hauptgestalt erläutert, eine prinzipielle Erneuerung humanistischer Haltung konzipiert: „‚Vorurteile – die Rassenvorurteile, Klassenvorurteile, religiösen Vorurteile und alle andern – bleiben ein Schimpf, selbst wenn sie durch Belehrung und Einsicht schwinden. Die Abschaffung von Unrecht, von Unterdrückung, jede Milderung von Härten, jede Verbesserung eines Zustandes hält doch noch die Schimpflichkeit von einst fest. Die Schändlichkeit, durch das Fortbestehen der Worte festgehalten, wird dadurch jederzeit wieder möglich gemacht.' ‚Keine neue Welt ohne neue Sprache.'" (II, 132)

‚Neue Welt' und ‚neue Sprache', das sind richtunggebende Utopieforderungen des ethischen Denkens, die mit den Vorstellungen vom ‚neuen Menschen' der Expressionisten das Pathos gemeinsam haben, zugleich aber auch eine Geschichtsperspektive der Aufhebung von Unterdrückung, Rassismus und sozialem Unrecht bieten. Zentral für dieses historische Bewußtsein der Autorin, das sich programmatisch in den Tagebuchaufzeichnungen ihrer Hauptgestalt äußert, ist die Konzeption der Gewaltlosigkeit im Zusammenleben der Menschen. Geschichtliche und gesellschaftliche Gewalt ist das Eine, das Andere ist die Gewalt, die gesellschaftlich vermittelt den einzelnen betrifft.

Gewalt, vor allem seelisch verstümmelnde Gewalt gehört zu den Grunderlebnissen des Dreißigjährigen, dessen Vergangenheit in der „Kränkungsstadt" Wien wie eine Einübung in das Erleiden von Schmerzerfahrungen, aber auch ein gelehriges Ausüben von Schmerzzufügen anmutet. Während ihm in Rom immer wieder das Bild, das sich die anderen von ihm machen, „wie eine Zwansjacke" (II, 98) auferlegt wird, bedeutet Wien eine vielseitige Erfahrung, was die eigenen Verfehlungen und die erlittenen Vergehen anbetrifft. Vorab zu nennen ist die frühe Untreue gegenüber der Geliebten Leni, die Versuchung und Heimsuchung durch die doppelgängerhafte Gestalt des Moll, der in einer dostojewskihaften Weise zu einem peinigenden Phantom wird. All das verdichtet sich zu einem Leidgrund, der das bisherige „Doppelleben" und sogar „Vielfachleben" (II, 100) erzwingt, das es in der Überlebensphase nach dem Unfall und der Todesbegegnung in einer existenziellen Neubesinnung zu überwinden gilt, ohne daß dabei ein konkretes Lebensziel in Aussicht steht, denn hier wie anderswo geht es Ingeborg Bachmann offensichtlich um den erkenntnismäßigen Ruck, um die verändernde Richtung und Neuorientierung nach einem als verfehlt erkannten Lebensweg.

Ein früher Kritiker, Marcel Reich-Ranicki, sah in der Thematik dieses Textes eine „Konstruktion" und in dem „lockeren Gewebe" dieser Geschichte erkannte er „kein ausreichendes Fundament" für die erzählende Prosa. Ihm war die rebellenhafte Aufbruchstimmung, die sich zur Maxime erhebt: „Er hat immer das Absolute geliebt und den Aufbruch dahin" (II, 129), zu vage und offen, ein „unverbindlicher Pauschalprotest." (Neue Deutsche Hefte, 1961)

Wesentlich positiver hat Reich-Ranicki ‚Alles' aufgenommen – „ein vielschichtiges und nachdenkliches Prosastück,", von ihm auch „Parabel" genannt. ‚Alles' beeindruckte, 1959 auf der Tagung der Gruppe 47 in Elmau vorgetragen, einen Kritiker als eine „überragende Prosalesung", als die Geschichte „von einem Vater, der mit seinem Sohn einen wahrhaft schöpferischen Akt im Sinne hat und mit ihm einen neuen Beginn der Menschheit setzen will, durch den das Allgemein-Menschliche völlig überwunden werden soll. Der Sohn jedoch bleibt ‚zum Menschen geschlagen' und wächst heran, bis er durch einen ganz trivialen Unfall ums Leben kommt." (Gruppe 47, 148) Sieht man einmal von der hier fälschlich vorgebrachten Sterbeursache ab, so ist diese vordergründig als Unfallgeschichte konzipierte Prosa in der Tat der Versuch eines kulturanthropologischen und sozialen Experiments. Der utopiefreudige Vater bestrebt sich, „Fortpflanzung und Erziehung, Wirtschaft und Politik", kurz „die schlechteste aller Welten" von Grund auf zu erneuern. Er will sein Kind vor diesem „ganzen verfilzten, ausgeklügelten Wust, der sich Ordnung nennt" und doch nur ein „Teufelskreis" ist, bewahren. (II, 140, 143, 147) Die gegen „die alte Welt" gerichtete Haltung des Vaters geht von Anfang an bis zum Äußersten, denn um „ein Leben in Schuld, Liebe und Verzweiflung" zu verhindern, wird alles Bisherige als unannehmbar abgelehnt. Unfähig, selber eine neue Sprache zu vermitteln, muß der Vater zusehen, wie der Sohn sehr schnell in den Grenzen der überlieferten Verständigungskonventionen heranwächst, was seinen enttäuschungsbedingten Haß hervorruft. Mit Bitternis bedenkt er „diesen hoffnungslosen Fall Mensch", dieses Kind, in dem das „Böse" steckte „wie eine Eiterquelle." (II, 150) Es ist dann bezeichnenderweise nicht der Unfall bei dem Schulausflug, sondern eine Zyste, eine bösartige Geschwulst, die nach dem Sturz vom Felsen den Tod des Kindes herbeiführt.

Gescheitert ist damit auch der vom Vater unerbittlich vorprogrammierte Erziehungsversuch. Erst nach dem Verlust des Kindes, das den Schoßhundnamen Fipps erhalten hatte und elf Jahre lang „Dressurakt auf Dressurakt" unterworfen worden war, findet sich der Vater bereit, den Sohn als ein Wesen anzunehmen, dessen Naturrecht, sich außerhalb der väterlichen Wunschvorstellungen verwirklichen zu können, nicht in Erfüllung gegangen ist. Das Problem von Freiheit und Zwang in der Erziehung wie überhaupt in der zwischenmenschlichen Beziehung reflektiert die Dichterin in einem Gespräch mit Ernst Schnabel, als sie auf ihre Einstellung als Autorin gegenüber ihrer Hauptgestalt zu sprechen kommt und am Beispiel ihrer Geschichte ‚Alles', „die auf die Katastrophe hin geschrieben ist", betont: „Die Katastrophe ist da, am Ende. Trotzdem verhält sich die Hauptperson auf einmal ein wenig anders, als man es erwarten könnte. Und dieses Recht möchte ich ihr auch zugestehen, daß sie zwar konsequent denkt, aber nicht konsequent handelt. Und in den neuen Arbeiten glaub' ich, daß ich etwas dazugelernt habe aus diesen Erfahrungen, daß man Personen nicht zu Ende definieren darf, so wie einem auch über Personen, die es gibt, keine endgültigen Urteile zustehen. Man muß ihnen einen Spielraum lassen." (GuI, 53 f.)

Diese Zurückhaltung gegenüber einer einengenden Zwangshaltung, die der Figur kaum Spielraum ließe, fehlte dem Vater, der seinen Sohn zur Versuchsperson in einer Erziehungsutopie machte, deren Konsequenz in Konflikt geraten mußte mit dem Recht auf Eigenbestimmung, das dem Kind zustand. ‚Alles' zeigt deshalb nicht nur ein fehlverlaufendes Experiment, sondern läßt sich auch als Abrechnung mit der patriarchalischen Anmaßung verstehen, sich als absolute Instanz über ein anderes Leben zu setzen. ‚Alles' ist zugleich die Selbstenthüllung einer großen „Verwirrung", deren sich der Vater bewußt wird. (II, 153) Während der Ich-Erzähler hochfliegende Menschheitspläne an seinem Erlöser-Kind ohne Eingehen auf die bisherige Lebenspraxis erproben will, verhindert seine Fixierung die liebende Verständigung mit Hanna, seiner Frau. Vom Haß auf das sich seinen Erziehungszwangsvorstellungen entziehenden Kind getrieben, sucht der Vater bei der Verkäuferin Betty in der Selbstbefriedigung eine Loslösung vom Sexuellen, nämlich das „Austreten aus dem Geschlecht." Am Ende jedoch möchte sich der ambivalente, verunsicherte und sich impotent fühlende Mann wieder Hanna nähern, die er bis zur Versteinung ihrer Beziehung vernachlässigt und menschlich ausgeklammert hat. Er will auch Kinder in Kauf nehmen, die er wie Kronos, wie „ein großer fürchterlicher Vater" schlagen und verwöhnen, „halb für die wölfische Praxis und halb auf die Idee der Sittlichkeit" (II, 158) hin erziehen will.

Der Versuch, ein Kind in einem tabula rasa-Experiment perfektibel zu machen, läßt den Teufelskreis patriarchalischer Denkzwänge erkennen. Denn Liebe äußert sich hier als Besitzergreifung. Erziehung bedeutet Bevormundung und Beziehungen laufen auf Machtkämpfe hinaus. Eigenständigkeit wird als Abtrünnigkeit angesehen und mit Liebesentzug bestraft. Auch wenn der utopische Impuls mit seiner prinzipiellen Erneuerungsabsicht der Bachmannschen Ethikforderung entspricht, enthält der unbeugsame Absolutheitsanspruch eine Anmaßung, die eine menschenfeindliche Weltferne offenkundig macht. Das kronoshafte, söhneverschlingende Vaterbild

am Ende enthüllt den Status quo eines maßlosen Selbstver-
ständnisses, das von Selbstmitleid eingetrübt ist: der pater fa-
milias ist noch immer der mörderische Herrscher, für den
Kind und Frau Objekte des Machtwillens bleiben. Die nie
ernsthaft gesuchte Verständigung mit Hanna läßt erkennen,
welch menschlicher Unliebe die forcierte Erziehungsutopie
mit ihrer abstrakt bleibenden Denkkonsequenz entsprang. Der
in ‚Alles‘ dargestellte Veränderungswunsch, alles von Grund
auf anders zu machen, ist zwar als Erneuerungsrichtung anzuerkennen, bleibt aber in der unvollkommenen Anwendung
höchst fragwürdig.

‚Unter Mördern und Irren‘ stellt eine emphatische Kritik jener „wölfischen Praxis" dar, die eine grundlegende Neugestal-
tung menschlicher Existenz im Gesellschaftsprozeß verhindert. Was Gedichte wie ‚Herbstmanöver‘, ‚Früher Mittag‘,
‚Alle Tage‘ aus ‚Die gestundete Zeit‘ einer poetischen Trauerarbeit unterzogen, erscheint in dieser Erzählung als Problemkonstante im zeithistorischen Kontext, nämlich das faschisti-
sche Erbe in der Zeit der Restaurationsperiode. Am Beispiel
einer Herrenrunde, einer Gruppe sozial hochgestellter Männer aus Kultur und Industrie wird deutlich gemacht, wie viel-
fältig die unbewältigte Vergangenheit noch mächtig ist in der
Mentalität und im Gesellschaftsverständnis einer Zeitgenossenschaft, die sich in der Nachkriegszeit den Gegebenheiten
entsprechend angepaßt und zum eigenen Vorteil arrangiert
hat.

Die Mehrzahl der Männer hat die neue demokratische
Denkweise und Gesellschaftsordnung aus Opportunismus und
zum Schein akzeptiert, damit ihre ehemalige Kooperation mit
dem Faschismus seit dem Anschluß Österreichs im Jahre 1938
verdeckend. Es sind Gestalten des Gestrigen, Überholten und
politisch Unaufrichtigen, die sich in tonangebenden Positionen befinden: ein Abteilungsleiter am Rundfunk (Haderer),
ein Feuilletonchef (Bertoni), ein Geschichtsprofessor an der
Universität (Ranitzky) und ein Kulturförderer und Verleger
(Hutter). Selbstbewußte, von der eigenen Stärke überzeugte
Figuren wie Haderer und Hutter schwelgen in Erinnerungen

an den Krieg, den sie verherrlichen und als Kulturinstrument mythisieren, während unterwürfige Charaktere wie Bertoni und Ranitzky sich ausweichend unverbindlich geben oder larmoyante Melancholie an den Tag legen. Bertoni optiert vorsichtig für eine „Sprache der Andeutung", die „verzweifelt ins Ungefähre" weist. (II, 166) Ranitzky dagegen hat seine Geschichte Österreichs den neuen Zeitumständen angepaßt und Anstößiges aus der faschistischen Zeit vorsorglich entfernt.

Diese Vierergruppe wird ergänzt von Mahler, Friedl und dem Ich-Erzähler, allesamt, wie die abwesenden Herz und Steckel, „Juden", nicht im Sinne der Abkunft, sondern als potentielle Opfer der sie umgebenden Vernichtungsmentalität. Nach ausgiebigem Einblick in das widerwärtige und entlarvende Ritual der Selbstbeweihräucherung, Kriegsglorifizierung und rufmordenden Verunglimpfung eines der Abwesenden der Runde kommt es zwischen den Jungintelligenzlern Friedl und dem Ich-Erzähler im Waschraum des Restaurants zur entscheidenden Diskussion über den Stand der Dinge. Sie fragen sich, wie es kommt, daß eine Welt, die 1945 so eindeutig in „Gute und Böse" geschieden zu sein schien, jetzt den Anblick einer „jämmerlichen Einträchtigkeit" (II, 173) zwischen ehemaligen Tätern und Opfern bietet. Für Friedl besteht das „Furchtbare" der Zeitsituation darin, „daß die Opfer zu nichts sind!", denn „die Opfer, die vielen, vielen Opfer zeigen gar keinen Weg!" (II, 177) Diese geschichtspessimistische Verzweiflung angesichts der unfaßbaren Sinnlosigkeit der Opfer der Naziverfolgten wird durch das Auftreten eines jungen Unbekannten einer paradoxen Wende zugeführt. Dieser wie ein deus ex machina auftretende Außenseiter behauptet von sich, ein Mörder zu sein, obwohl er schon im Krieg wegen seiner Unfähigkeit, Menschen zu töten, gerichtlich abgeurteilt worden war. Gerade dieser verhinderte ,Mörder', der eine mystische Beziehung zum Anderen, zum Gegner im Akt des Tötens sucht, stellt die Antithese zu den gewöhnlichen Tötenden dar, die das Morden des Krieges als alltägliches Geschäft mit der Zuverlässigkeit von Tötungsmaschinen betrieben haben. Wie zur krassen Bestätigung der Alltäglichkeit des menschenmordenden Militarismus wird der Unbekannte von den im Lokal ein „Kameradschaftstreffen" abhaltenden alten Narvik-Kämpfern aus dem Zweiten Weltkrieg zusammengeschlagen und tödlich verletzt. Aus dem Blut des Erschlagenen glaubt der Ich-Erzähler die Weihe und den Schutz der Opfer-Rolle erhalten zu haben, die ihn davor bewahrt, einer der Mörder und Irren zu werden. Diese Geschichte schildert den fast totemistischen Zauber einer Bluttaufe und Einweihung in den Kreis der Opfer und Märtyrer, eine Art Unverwundbarmachung gegenüber den Anfeindungen des Mörderischen und dem Wahnsinn der jüngsten Zeitgeschichte.

Die bei Ingeborg Bachmann schon lange virulente Mann-Frau-Beziehung als Herr-Sklavin-Syndrom findet sich in diesem Text fast plakativ an den Anfang gestellt, wenn der mörderischen Männerwelt die der von Einsamkeit und Rachegedanken erfüllten Ehefrauen gegenübertritt: „Mit den Gefühlen des Opfers lagen die Frauen da, mit aufgerissenen Augen in der Dunkelheit, voll Verzweiflung und Bosheit." (II, 160) Beherrscht aber werden diese geknechteten, seelisch zerstörten Frauen von dem Wunschtraum, ihre Männer zu morden, „sie rasch oder langsam und elend sterben" zu lassen. Ob nun diese explizite Behandlung der ehelichen Mann-Frau-Beziehungen in den Text integriert ist oder nicht, (Bartsch, 1985, 119) hier öffnet sich ein Tor, durch das der Leser der Passion der Männer bis zum Totschlag des unbekannten Opfers folgt. Auch wenn der Ich-Erzähler als Mitglied der Gruppe erscheint, die Anfangssätze der Erzählung machen deutlich, daß von einer Außenperspektive, die sich als weibliche enthüllt, über die Herrenrunde gesprochen wird: „Die Männer sind unterwegs zu sich, wenn sie abends beieinander sind, trinken und reden und meinen. Wenn sie zwecklos reden, sind sie auf ihrer eigenen Spur, ..." (II, 159) Von dieser kritischen Position her gibt sich die Erzählstimme als den mißhandelten Frauen nahestehend zu erkennen, und aus dieser Nähe, aus dieser Gemeinsamkeit mit den Opfern erwächst dem Text ‚Unter Mördern und Irren' seine außerordentlich erregende, betroffen machende Intensität der Anklage. Ingeborg Bachmanns Erzählen durch scheinbar männliche Erzählfiguren hindurch erweist sich als ein strategischer Stimmentausch, der umso wirksamer von innen her die beschädigte und beschädigende Welt der Männer bloßzustellen vermag. Während die Zigeunerin in ‚Der gute Gott von Manhattan‘ als Leserin der Wundmale und Verkünderin der schmerzlichen Wahrheiten auftrat, übernimmt in ‚Unter Mördern und Irren‘ ein alter Bettelzeichner im „Kronenkeller" eine vergleichbare Entlarvungs- und Bannungsaufgabe: er zeichnet diese vier Charakterköpfe der Hauptgestalten aufs Papier und im beschreibenden Erzählkommentar wird zugleich eine Physiognomie des gewöhnlichen Faschismus skizziert. Diese Sichtbarmachung der historischen Wahrheit bestätigt die in der Erzählstimme sich verbergende weibliche Identität.

‚Ein Schritt nach Gomorrha‘ hat ebenfalls die Aufkündigung der Geschichte männlicher Herrschaft zum Thema und stellt den Austritt aus der Ehe als einer charakteristischen Form jener Beziehungen, die eine Frau versklaven, in den Mittelpunkt. Die vordergründig argumentierende Kritik hat dieser Geschichte ein einfaches Schema unterschoben, nämlich daß die Hauptgestalt, die Konzertpianistin Charlotte „aus einer konventionellen Ehe in eine lesbische Gemeinschaft flüchtet." (Der Spiegel, 26.7.1961, 53) Es stellt sich die Frage: ist es wirklich „Zuflucht beim Indiskreten", die den Erzählton bestimmt und sich in dem „mangelnden Glauben an das Erzählen" zu behaupten sucht? (G. Blöcker, Merkur, Sept. 1961, 886) Von feministischer Seite ist dagegen zu Recht betont worden, daß, abgesehen von der sehr zwiespältigen Haltung gegenüber der Frau-Frau-Beziehung, Ingeborg Bachmann das lesbische Liebesverhältnis vor allem dazu einsetze, den Prozeß der Loslösung Charlottes aus dem Ehegefängnis, ihren Versuch des Zu-sich-selber-Kommens und des Auffindens ihrer bislang verschütteten weiblichen Identität darzustellen. (R. J. Horsley, D. Dodds)

Wie bei den anderen Texten aus ‚Das dreißigste Jahr‘ ist hier der Charakter des erzählerischen Gedankenexperiments, der Prosa-Reflexion und des Nachdenkens über den Grenzfall, der in jedem Fall steckt, zu beachten. War ,Alles' ein gescheiterter Utopieversuch und zugleich die Geschichte einer männlichen Verwirrung, so stellt ,Ein Schritt nach Gomorrha', beziehungsreich auf die Bibellegende, aber auch auf Prousts unseliges Liebesreich anspielend, eine weibliche Verwirrung in den Mittelpunkt. Aus Charlottes Zustand der Konfusion, aus ihrem Ausbruchsversuch aus den bisherigen Rollenverpflichtungen und aus ihrem Unvermögen, in der Liebesbeziehung zu der Studentin Mara eine neue Identitätsfundierung zu erlangen, ergibt sich zugleich der Eindruck einer Verirrung. Zieht man Ingeborg Bachmanns androgyne Sehnsucht in Betracht, so findet sich in Charlottes Überlegungen zu den Rollenbildern der Frau in der Geschichte seit den mythischen Zeiten der neuartige Entwurf vom „Schichtwechsel", der das Ungültigmachen der alten Bilder „der Jägerin, der großen Mutter und der großen Hure, der Samariterin, des Lockvogels aus der Tiefe und der unter die Sterne Versetzten ..." (II, 211) zur Vorbedingung eines anvisierten utopischen Zustandes erhebt, den Charlotte intensiv herbeisehnt: „Das Reich erhoffen. Nicht das Reich der Männer und nicht das der Weiber. Nicht dies, nicht jenes." (II, 212) Wird hier nicht nach dem Zerbrechen der versklavenden Kette der Ausbruch aus dem schlechten Alten erklärt und im Überspringen des geschichtlichen Status quo das radikal Andere und Neue angestrebt, etwas, das jenseits der bekannten Vorstellungen steht?

Diese grenzenüberwindende Sehnsucht weist die Richtung, auf die zugelebt werden soll. Wie unvollkommen die eigene, auch weibliche Realität noch ist, entlarvt die Dichterin am Beispiel der Fremdbestimmtheit Charlottes, die sich von Mara, dem etwas klischeehaft geschilderten Mädchen im schwarzen Pullover und aufreizenden roten Rock, wie von einer Versucherin bedrängt fühlt. In dem Konflikt zwischen ihren „Pflichten" gegenüber ihrem Mann Franz, aber auch der bürgerlichen Ehrbarkeit wirken in der gebildeten, sensiblen Pianistin die von der Gesellschaft auferlegten Rollenbilder weiblichen Verhaltens als Hemmschranken und Selbstzensur, so daß selbst ihre Gedanken „noch wie Wachtposten in ihrem Kopf"

(II, 195) sind. Trotz ihres Verlangens, auf Maras Zärtlichkeiten und sogar Zudringlichkeiten einzugehen, reagiert Charlotte mehrfach in Abwehr und mit fast schroffer, abweisender Zurückhaltung. Noch in solchen Wahrnehmungseindrücken wie „höllenrot" und „Höllenraum" beim nächtlichen Barbesuch oder in sprachlichen Wendungen wie „Das war Wahnsinn" geben sich Verteufelungsklischees der konventionellen Bürgermoral zu erkennen. Charlottes Kindheitserinnerungen sind auf ähnliche Weise gespalten. Die zärtliche Zuwendung ihrer Geschichtslehrerin schlug, sobald die üblichen Verhaltensnormen sich geltend machten, in „Strenge" und „kalte Behandlung" um. (II, 194)

Ein Grunderlebnis ihrer Kindheit war für Charlotte die Erfahrung des Eros als ein „Überschwang", ungebunden und geschlechtlich nicht fixiert, wie es sich auch in der Erinnerung an das Küssen der kleinen Katze wieder darbietet. Als Mädchen war Charlotte zudem frei und furchtlos gewesen, hatte gewußt, „wie man sich ein Herz faßt und daß man nichts zu fürchten hatte und vorangehen konnte mit einem dünnen hellen Schrei, dem auch zu folgen war." (II, 205) Dieses instinkthafte Sicherheitsgefühl und die natürliche Äußerung der Empfindungen sind verlorengegangen im einengenden Gesellschaftsprozeß. Charlotte fühlt sich, was ihr Lebensgefühl anbelangt, „ohne Anweisung". (II, 196) Wie Franza erfährt sie die Fremdbestimmtheit durch den Mann als Kontrolle und sogar Verlust einer früher vorhandenen naturgegebenen Identität.

Selbst im Befreiungsversuch bleibt Charlotte, die schnell lernte, etwa in der Beziehung zum Geliebten Milan, wie sie als Frau „Zärtlichkeiten erpreßt" (II, 199), stark dem Einfluß des männlich dominierten Frauenbildes ausgesetzt. Sie, die ehedem durch Franz Bevormundete, will Mara im Sinne des Herrin-Sklavin-Verhältnisses „unterwerfen", sie „zur Beute" machen. (II, 201, 211) Das erscheint als die Fortsetzung ihrer selbsterlebten und verinnerlichten Zwänge, die am Ende in der körperlichen Berührung der beiden Frauen die Ferne ihrer Realität von der ersehnten Utopie bekundet. Charlotte, im Bewußtsein, „daß es zu spät war zu allem", läßt sich weinend, der Schmerz- und damit Erkenntniserfahrung offen, auf den Absturz mit Mara „in den Schlaf und in einen gewitterhaften Traum" ein. (II, 213) Das mutet als ein allenfalls erster Schritt in Richtung des ‚Schichtwechsels' und jenes androgyne Reich an, das in dem Märchenmotiv vom Dornröschenschlaf ebenfalls androgyn verändert aufscheint: „Komm, Schlaf, kommt tausend Jahre, damit ich geweckt werde von einer anderen Hand. Komm, daß ich erwache, wenn dies nicht mehr gilt – Mann und Frau. Wenn dies einmal zu Ende ist!" (II, 202) Der märchenhafte Utopiewunsch zielt ab auf eine Aufhebung nicht nur des Kampfes der Geschlechter, sondern auch des Geschlechterunterschiedes überhaupt. Das Abschlußbild der Geschichte, „Der rote Rock lag verknüllt und unansehnlich vor dem Bett." (II, 213) zeigt ähnlich wie das desillusionierende Ende der Geschwisterliebe bei Musil, durch welches Gestrüpp der menschlichen Verwirrungen und Verirrungen sich die rettende Hand erst noch den Weg zum Tag der Erlösung bahnen muß.

Das Ende der Geschichten mit bestimmbarem Ausgang beschreibt auch ‚Ein Wildermuth': Der Schrei des Mädchens Charlotte, der ihre ursprüngliche Furchtlosigkeit ausdrückte, wird auch von dem Richter Wildermuth während des Prozesses gegen seinen Namensverwandten, den Landarbeiter und geständigen Vatermörder Josef Wildermuth ausgestoßen. Es ist ein gleichsam wiedererlangter Urschrei, der abrupt das Ende der bisher selbstverständlichen Wahrheitsgewißheit und langjährigen Rechtsprechung des Richters einleitet. Angedeutet und erreicht ist die Lebenswende eines doppelgängerhaft sich als Angeklagter und Richter fühlenden Mannes, der sich zum Austritt aus den festgefügten Ordnungen patriarchalischer Verhältnisse und Hierarchien veranlaßt sieht. Die Wahrheitskrise des Richters kommt einer Aufkündigung des von seinem Vater vermittelten und ererbten Wahrheitsverständnisses gleich. Während seine Umwelt aus dem Vorfall eine Geschichte zu konstruieren sich anschickt, weiß Wildermuth, „daß keine Geschichte sich aus den Elementen fügen und kein

Sinnzusammenhang sich vorzeigen ließ, sondern daß nur einmal ein sichtbarer Unfall verursacht worden war durch den Einschlag des Geistes in seinen Geist, der nicht taugte, mehr anzurichten in der Welt als eine kurze kopflose Verwirrung." (II, 215)

Mit dieser Verwirrung ist auch die Eigentümlichkeit dieser Prosa, die eine zielgerichtete Wahrheitssuche und Erkenntnisvermittlung verneint, ausgesprochen. Erst aus dem qualvoll erlebten Zusammenbruch des bisherigen Umgangs mit der Wahrheit, karikiert und dilemmahaft an der wissenschaftlichen Selbstgewißheit des Knopf-Sachverständigen im Prozeß dargestellt, ergibt sich ein neuer Wahrheitssinn, der das prinzipielle Wissen ablöst und durch eine Wahrheitsfindung ersetzt, die sich auf mystische Wahrheitserlebnisse gründet.

Ingeborg Bachmann stellt in den in der Ich-Form mitgeteilten Erinnerungen des Richters die These von der geschlechtsspezifischen Differenz der Wahrheiten auf. Es gibt, wie Wildermuth als Kind erlebt hat, eine männliche Wahrheit, die nur vom Vater gewußt wird, während die Mutter davon „ausgeschlossen" ist. (II, 232) Gegenüber dieser patriarchalischen Wahrheit, die im historischen Prozeß zum abstrakten Gerechtigkeits- und Herrschaftsprinzip sich ausgebildet hat und als Wahrheit über Leben und Tod die Gesellschaft regiert, steht die weibliche Wahrheit, von Wildermuth in der Begegnung mit der Kellnerin Wanda als „Übereinstimmung" der Körper in der Liebe erfahren. Diese andere Wahrheit ist mystischer Natur und erlebbar im Vollzug, „daß jedes Wort sie gestört hätte und kein Wort, das sie nicht gestört hätte, zu finden war." (II, 245)

Wildermuths Frau Gerda vermag in ihrer bürgerlichen Konventionalität, sinnlichen Unbeständigkeit und redefreudigen Extrovertiertheit allenfalls ein Blendwerk jener ausschließlich den Stummen vorbehaltenen tieferen Existenzwahrheit vorzustellen. Was sie dennoch zauberhaft auf ihren Mann wirken läßt, ist ihre Fähigkeit, in aufbauschenden Übertreibungen und fast lügenhaften Verschleierungsreden die Zersplitterung des Wahrheitskernes undeutlich zu machen.

Gegenüber den banalen Offenbarungen und dem fortgesetzten billigen „Übereinstimmen von Gegenstand und Wort, Gefühl und Wort, Tat und Wort" (II, 251), die der in der gesellschaftlichen Konvention gebräuchlichen Wahrheit eigen sind,
besteht Wildermuth auf dem „Wahrheitsrausch", der in seiner
Kindheit „etwas Herrliches um die Wahrheit" (II, 230) er-
zeugte, denn die „Wahrheit der Welt" glaubt er nur in der ani-
malisch anmutenden rituellen Beschwörung des erdhaft ge-
neigten Mystikers finden zu können: „Ich will (...) mich
hinhocken an jede Stelle der Welt, mich hinlegen auf Gras
und Asphalt und die Welt abhören, abtasten, abklopfen, auf-
wühlen, mich in sie verbeißen und mit ihr übereinstimmen
dann, unendlich lang und ganz –" (II, 252) Dieser Versuch, in
unerbittlicher und gänzlicher Hingebung die alle vereinzelten
Wahrheiten übersteigende absolute Wahrheit in der Übereinstimmung mit dem natürlichen Sein aufzufinden, entwirft eine
Wahrheitsvorstellung, die den geschlechtsspezifischen Auftei-
lungen im historischen Prozeß vorgegeben ist. Diese Wahrheit
des Seins aus der Natur: sie ist jenseits der Grenzen der Sprache und des Artikulierbaren, ein „stummes Innewerden, zum
Schreien nötigend und zum Aufschrei über alle Wahrheiten."
(II, 252) Die aus Georg Büchners ‚Lenz' bekannte Stelle über
die entsetzliche Stimme der Stille, „die um den ganzen Horizont schreit", scheint hier auf die Emphase der Wahrheitsbe-
schwörung eingewirkt zu haben. Ingeborg Bachmann läßt die
Untauglichkeit bisheriger Wahrheitsauffassungen zur Passion
der Erkenntnis werden.

,Undine geht', die oft als lyrische Prosa bezeichnete
Schmährede, ist zugleich ein heftiges Frauenlob im „Schmerzton", dem Aufschrei verwandt, wobei diese Zwitterexistenz
zwischen Naturwesen und Frau in ihrem Selbstverständnis
kompromißlos eine Menschenwelt, d.h. eine Welt der Männer
ablehnt, deren Äußerungen Sinnbilder der Eitelkeit, des Schäbigen, des Törichten, der Schwäche und des Monströsen sind:
„Ihr Ungeheuer mit den Namen Hans!" (II, 253) Und eben
diese Ungeheuer des gewöhnlichen Bösen und der entfrem-
denden Konventionen des bürgerlichen Alltaglebens sind es,

die den Begriff des Menschen besetzt halten, so wie sie mit ihren Redensarten die Welt eindeutig und die Frauen sich untertan machen: „Die ihr die Frauen zu euren Geliebten und Frauen macht, Eintagsfrauen, Wochenendfrauen, Lebenslangfrauen und euch zu ihren Männern machen laßt." (II, 255) Die Vielseitigkeit der Herrschaftsformen kulminiert im Begriff der „Tyrannei" der Männer über ihre Frauen, darin den völligen Besitz zur Geltung bringend.

Der Undine-Stoff geht bis auf die Schriften des Paracelsus über Nymphen und andere Elementargeister aus der Mitte des sechzehnten Jahrhunderts zurück und findet sich literarisch vielseitig bearbeitet vor allem in der Romantik, so bei Achim von Arnim, E. T. A. Hoffmann und später bei H. C. Andersen, G. Hauptmann und J. Giraudoux. Die volkstümlichste Gestalt aber erhielt dieser Märchenstoff in F. de La Motte Fouqués Erzählung ‚Undine‘ (1811). Als Wassergeist vermag Undine zwar menschliche Gestalt anzunehmen, aber in den Besitz einer Seele gelangt sie nur durch die Ehelichung eines Menschen. Sie verliert diese Seele wieder, wenn der Ehegatte sie kränkt und sie in ihr Wasserreich zurückkehrt. Zentral für den Stoff ist also, wie aus dem seelenlosen Naturwesen ein menschliches Lebewesen wird, das dem Prinzip der Glücks- und Leiderfahrung unterworfen ist und damit die Polaritäten der irdischen Existenz des Menschen erfährt.

Von H. W. Henzes ‚Ondine‘-Ballett (1958) wohl mitinspiriert, übernimmt Ingeborg Bachmann von Giraudoux die Monologsituation der Ondine, die sich von dem seiner Menschennatur folgenden untreuen Hans verabschiedet. Die Unversöhnbarkeit der vollkommenen Ondinenwelt mit ihrer unzulänglichen menschlichen Gegenwelt wird dabei Gegenstand von Ingeborg Bachmanns Undine und ihrer Abschiedsklage. Ihre Anklage besteht auf der Problemkonstanten der fehlgelaufenen Geschichte. Denn in ihrer Welt des Elementaren gibt es „keine Fragen". Eine „dichte Durchsichtigkeit" und „die sprachlosen Geschöpfe" umgeben Undine, während vom „gerechten Wasser" jene „nasse Grenze zwischen mir und mir" aufsteigt, die auch die Spaltbarkeit, die Polarität des Natürlichen und Kreatürlichen andeutet. Das hat zur Folge, daß es dem Naturwesen kaum hilft, „mit allen Wassern gewaschen zu sein", d.h. gefeit zu sein gegen mögliche Irrtümer und Vergehen: „Einen Fehler immer wiederholen, den einen machen, mit dem man ausgezeichnet ist." (II, 254 f.) Undine erkennt auch bei sich vorgegebene Schwächen.

Gegenüber dem ‚natürlichen' Fehler des Wasserwesens Undine hat die Fehlerhaftigkeit der Menschenentwicklung einen Gesellschaftszustand der Herrschaft der Männer über die Frauen herbeigeführt, durch den die Geschichte zu einer Geschichte der Nicht-Identität ausgeartet ist: „daß ihr nie einverstanden wart mit euch selber." Diesen Vorwurf der Selbstentfremdung der Männer weitet Undine auf alle Institutionen und Organisationsformen des Geschichtsprozesses aus, zusammengefaßt unter der Kategorie des Unverstehbaren: „daß ihr nicht verstanden wurdet und selbst nicht verstandet, nicht warum dies und das, warum Grenzen und Politik und Zeitungen und Banken und Börse und Handel und dies immerfort." (II, 257)

Der wirklich große Verrat geschieht an dem, was Undine in diese entfremdende und krankmachende Welt getragen hat: ihre Liebe und Bereitschaft zur Hingabe. Zum Verrat der Männer gehört, daß ihre bloße Gegenwart die Frauen krank macht. Aber hinzu kommt die ungehemmte Neigung der Männer zur Schmähung und Kränkung der von ihnen geliebten Frauen, was ihren Herrschaftsanspruch bestätigt, aber auch eine Art Selbstverteidigung zu sein scheint angesichts ihrer eigenen Selbstentfremdung. Bei aller Machtausübung ist der Mann zugleich ein Umherirrender. Und mit einer gewissen Konzilianz gesteht Undine den Männern bei aller körperlichen Schwerfälligkeit auch eine „Zartheit" und die Fähigkeit zu, „ganz vorsichtig einen Schmerz aus der Welt" zu schaffen. (II, 261)

Die Fähigkeit, die Welt in „lauter Erklärungen" auflösen zu können, führt Undine als Naturwesen und Elementargeist dazu, den begrenzten Wert des menschlichen Denkens und die zu bewundernde Größe des weltverstehenden Geistes, der aus der erklärten Welt „wieder ein Geheimnis" mache, anzuerkennen. In einer der bewegendsten Passagen ihres gesamten Werkes läßt Ingeborg Bachmann Undine in den Hymnus auf den Menschen als ein sich durch Sprache in der Welt behauptenden Wesens ausbrechen: „Nie wird jemand wieder so sprechen von den Elementen, vom Universum und allen Gestirnen. Nie hat jemand so von der Erde gesprochen, von ihrer Gestalt, ihren Zeitaltern. In deinen Reden war alles so deutlich: die Kristalle, die Vulkane und Aschen, das Eis und die Innenglut. So hat niemand von den Menschen gesprochen, von den Bedingungen, unter denen sie leben, von ihren Hörigkeiten, Gütern, Ideen, von den Menschen auf dieser Erde, auf einer früheren und einer künftigen Erde. Es war recht, so zu sprechen und so viel zu bedenken. Nie war so viel Zauber über den Gegenständen, wie wenn du geredet hast, und nie waren Worte so überlegen." (II, 262)

Was an Zauber durch die Sprache geschaffen wird („Alles hast du mit den Worten und Sätzen gemacht"), was eine mögliche Versöhnung von Natur und Geist, von Gefühl und Denken, Elementarsphäre und Menschenwelt erahnen läßt, erweist sich als grundlegend zwiespältig wegen der inhärenten Problematik der menschlichen Kommunikation: „Ach, so gut spielen konnte niemand, ihr Ungeheuer! Alle Spiele habt ihr erfunden, Zahlenspiele und Wortspiele, Traumspiele und Liebesspiele." Durch den Spielcharakter verliert die Verständigung ihre natürliche Echtheit, wird sie als Verbindendes gefährdet. Für die sich abwendende Undine, die einer fremd machenden und fremd bleibenden Welt den Abschied erteilt und geht, bleibt als erschütterndes Fazit die Erkenntnis in die tragische Verquickung von Einsicht und Blindheit, Verständnis und Selbstverleugnung des männlich-menschlichen Geistes: „Nie hat jemand so von sich selber gesprochen. Beinahe wahr. Beinahe mörderisch wahr. Übers Wasser gebeugt, beinah aufgegeben. Die Welt ist schon finster, und ich kann die Muschelkette nicht anlegen. Keine Lichtung wird sein. Du anders als die anderen. Ich bin unter Wasser. Bin unter Wasser. Und nun geht einer oben und haßt Wasser und haßt Grün und ver-

steht nicht, wird nie verstehen. Wie ich nie verstanden habe."
(II, 262) Gibt die Unverstandene hier ihrer Verzweiflung Ausdruck, so beteuert sie doch in der Schlußgeste ihr Angebot versöhnender Liebe, die ihre anklagende Schmähung in eine flehende Bitte verwandelt:

> Beinahe verstummt,
> beinahe noch
> den Ruf
> hörend.
>
> Komm. Nur einmal.
> Komm.   (II, 263)

Mit diesem Beschwörungston schließt Ingeborg Bachmann ihre außerordentlich bewegende Prosa ‚Das dreißigste Jahr'. Sie markiert damit auch ein Ende ihres bisherigen Werkes und eine Schreibwende, die nach Jahren einer akuten Schaffenskrise zur Entstehung ihres erzählerischen Spätwerkes überleitet.

Die Prosa des ersten Erzählbandes zeigt als zukunftsweisende Besonderheit die durchgehende Subjektivierung des Erzählens. Sprache, Thematik, Struktur und Komposition verändern bisherige Erzählweisen durch Anreicherung von zahlreichen Elementen, die die alte Subjekt-Objekt-Relation des Erzählens auflösen. Reflexionen, Monologe, lyrische Passagen, multiple Wechsel in der Erzählstimme unterziehen die Erzählerfigur einer Rollendiffusion, so daß selbst die männlichen Ich-Erzähler weitgehend als Masken einer sich konstant verschiebenden Erzähleridentität erscheinen. Dem Dreißigjährigen eignet weitgehend eine weiblich zu nennende Sensibilität in der Art der Selbsterforschung. Der Vater in ‚Alles' macht den Eindruck eines Mann-Frau-Ich, das ebensoviele weibliche (und mütterliche) wie männlich-väterliche Belange in der Frage der Kinderbetreuung artikuliert. Die weiblichen Erzählperspektiven in ‚Ein Schritt nach Gomorrha' und ‚Undine', aber auch in ‚Unter Mördern und Irren' sind offensichtlich. Ebenso fällt bei dem Richter Wildermuth ein Rollentausch auf, der in seiner Entscheidung für die weiblich definierbare Wahrheit gegen die männlich bestimmte zum Ausdruck kommt. Verhüllter Feminismus läßt sich hier als Fazit feststellen.

VI. Die Gesellschaft: „der allergrößte Mordschauplatz" (1965–73)

1. Doppelleben und Verdammnis zum Schreiben

Im Herbst 1965 kehrt Ingeborg Bachmann in das geliebte Rom zurück. Es sollte ihre letzte Zuflucht angesichts ihrer zunehmenden Vereinsamung und wachsenden Lebensproblematik werden. Nach wiederholten Krankenaufenthalten in Kliniken, nach Fehlbehandlungen und einer sich bald einstellenden Abhängigkeit von suchtfördernden Medikamenten, ergaben sich zusätzlich zu Labilität und Ambivalenz in der Lebensführung gesundheitliche Schwierigkeiten. Auch im Werk zeichnen sich die gesteigerte Empfänglichkeit und Empfindlichkeit gegenüber Verunsicherung und Kränkung ab. Die Lyrik war auf dem Endpunkt angelangt. Mit der resignierenden Geste, „Mein Teil, es soll verloren gehen" (I, 173) verläßt sich die Dichterin auf das Schweigen als ihr angemessenes poetisches Ethos.

Die Berliner Jahre hatten Ingeborg Bachmanns Wahrnehmungssensibilität gegenüber der bedrohlichen Eskalation politischer und sozialer Gefahren geschärft. In ihrer Büchner-Preis-Rede zeichnete sie den Krankenzustand der Zeit nach. Ihrem politischen Engagement treu unterschrieb sie in diesem Jahr, als sie mit Günter Grass und anderen linksgerichteten Schriftstellern dem SPD-Kandidaten Willy Brandt Wahlhilfe leistete, die Protesterklärung gegen den Vietnam-Krieg, mit der Intellektuelle und Wissenschaftler zu weltweiten Friedensdemonstrationen aufriefen. Schon am 22. Januar 1965 hatte die Dichterin sich in einem Brief an Simon Wiesenthal in Wien für eine Verlängerung der Frist für Naziverbrechen eingesetzt. Wenig später, im April des Jahres, kam Hans Werner Henzes komische Oper ,Der junge Lord', für die Ingeborg Bachmann im Vorjahr unter ständigem Drängen des Komponisten das Libretto nach Wilhelm Hauffs Märchenerzählung ‚Der Scheich von Alessandria und seine Sklaven' angefertigt hatte, an der Deutschen Oper Berlin zur erfolgreichen Aufführung. Schon vorher entstanden war, ebenfalls für Henze, das Libretto zu Heinrich von Kleists Schauspiel ‚Der Prinz von Homburg', dem „unaussprechlichen Menschen" in einer „zerbrechlichen Welt", deren „Illegitimität" als die angeprangert wird, die später „Deutschland in den Abgrund geführt hat." (I, 371)

Seit der plötzlichen Hinwendung der musikliebenden, ursprünglich vor dem Schreiben auch komponierenden Dichterin zur Oper nach dem ‚La Traviata'-Erlebnis von 1956, das eine „besessenes Interesse" auslöste, war Ingeborg Bachmann mit Plänen zu originalen Opernbüchern und Librettibearbeitungen beschäftigt. Für sie bestand der künstlerische Vorteil der Oper darin, daß der künstliche Zustand des Nacheinanders der normalen Gesprächssituation ersetzt wird durch die natürliche Situation des simultanen Redens bzw. Singens, wodurch eines der „elementarsten Ausdrucksbedürfnisse" zu seinem Recht komme. (I, 434) Im ‚Jungen Lord' ging die Absicht darauf hinaus, ein „diabolisches Experiment" zur Darstellung der Mentalität, Beschränktheit, Arglosigkeit und Provinzialität deutscher Lande zur Zeit der Restauration um 1830 als Spiegel für die Gegenwart zu verwenden.

Mit der zweiten Übersiedlung nach Rom in die Via Bocca di Leone Nr. 60, ab Winter 1971 im Palazzo Sacchetti in der Via Guilia Nr. 66, beginnt für Ingeborg Bachmann ein weiteres „Doppelleben", eine „anstrengende oder schizophrene Art", in Rom und gleichzeitig im Kopf in Wien zu wohnen. (GuI, 65) Diese Rückbeziehung auf Wien, die im Sterbejahr zu dem Wunsch nach einer Rückkehr nach Österreich führt, hängt auf intensive Art mit dem erzählerischen Hauptwerk zusammen, das im römischen Exil im Entstehen ist, die ‚Todesarten', ein Buch, das die Dichterin schon vor dem ‚Dreißigsten Jahr' konzipiert haben will. ‚Todesarten' ist die Summe ihrer schreibenden Erforschung der mörderischen Zwänge, die seit den frühen Kindheitserlebnissen mit den verstörenden Anschlußereignissen des Jahres 1938 zu den Originaleindrücken ihrer Existenz und Lebenserfahrung gehörten. Erste Teile der ‚Todesarten' aus dem ‚Fall Franza' bietet die Dichterin 1966 bei Lesungen in Zürich, Hamburg, Hannover, Berlin und Lübeck an. ‚Malina', das erste Buch der ‚Todesarten', erscheint 1971 bei Suhrkamp in Frankfurt, nachdem Ingeborg Bachmann dem Piper-Verlag den Rücken gekehrt hatte. Dort hatte sie sehr entschieden dagegenprotestiert, daß eine Gedichtauswahl der von ihr verehrten russischen Dichterin Anna Achmatova in der Übersetzung des ehemaligen Nazi-Autors Hans Baumann erscheinen sollte, wobei es ihr gelang, eine negative Verlagsentscheidung zu erwirken.

Im Jahre 1968 erhält Ingeborg Bachmann als erste Ehrung ihres Heimatlandes den ‚Großen Österreichischen Staatspreis' und drei Jahre später den ‚Anton-Wildgans-Preis', bei dessen Verleihung sie ihre wohl bitterste Rede gegen die politischen und gesellschaftlichen Zeitumstände richtet. Sie beklagt die Willigkeit so vieler ihrer schriftstellerischen Kollegen, sich über die neuesten Aktualitäten und tagespolitischen Ereignisse durch unentwegte Meinungsäußerungen auszulassen, als Leichtfertigkeit. Deutlich ihrer Angst um die Gewissenhaftigkeit des Schriftstellers gegenüber seinem Werk Ausdruck gebend, plädiert Ingeborg Bachmann für eine subversive Kunst: „man muß die Aktualitäten seiner Zeit korrumpieren." Entschieden warnt sie vor der eigenen Korrumpierbarkeit durch die Phrasen und das allgemeine Gerede: „Ein Schriftsteller hat die Phrasen zu vernichten, und wenn es Werke auch aus unserer Zeit geben sollte, die standhalten, dann werden es einige ohne Phrasen sein." (IV, 297) Der Lieblingsvokabel der Zeit, die in allem vom „verändern" spricht, hält sie entgegen: „Ein aufnehmendes, abgebendes, verändertes Ich, verändert schreibend." Und nur wenige Bücher seien es, „die die Welt verändern." Gegenüber dem Druck der Medien zur Meinungsäußerung, um als Sprachrohr für die aktuellen Belange zu fungieren, zieht sich Ingeborg Bachmann entschieden auf ihre Vereinzelung zurück: „ich existiere nur, wenn ich schreibe, ich bin nichts, wenn ich nicht schreibe, ich bin mir selbst vollkommen fremd, aus mir herausgefallen, wenn ich nicht schreibe." (IV, 294) Sprache und Schreiben sind jetzt für sie „ein Zwang, eine Obsession, eine Verdammnis, eine Strafe." Und ihre ganze Schriftstellerexistenz faßt die Dichterin gänzlich unter dem Aspekt der verhängten Außenseitersituation: „Es ist eine seltsame, absonderliche Art zu existieren, asozial, einsam, verdammt". (IV, 294)

Das gesteigerte Bewußtsein der Vereinzelung trotz der gelegentlichen Beteuerung, Alleinsein sei eine gute Sache, bestimmt die zunehmend negative Einschätzung der Zeitläufte. In den sehr entschieden vorgetragenen Äußerungen zum eigenen Selbstverständnis als Schriftstellerin klingt auch die Weigerung durch, sich von den Medien und Apparaten vereinnahmen zu lassen. Wenig später, 1972, stößt der zweite Erzählband, ‚Simultan', weitgehend auf eine ablehnende, zum Teil sogar mit dem Kitschvorwurf operierende Kritik, die auch künstlerische Einbußen festzustellen glaubt. Nach dem Tod ihres Vaters im März 1973 fährt Ingeborg Bachmann im Mai nach Polen zu Lesungen und anregenden Begegnungen, wobei sie vor allem den polnischen Frauen gegenüber volle menschliche Bewunderung zollt. Der Besuch des Konzentrationslagers Auschwitz überwältigt die Dichterin: „Ich kann darüber nicht sprechen", (GuI, 131) gibt sie zu verstehen. Im Juni des Jahres prallen in dem Interview für Gerda Hallers Fernsehporträt Ingeborg Bachmanns die beiden Aspekte hart aufeinander, nämlich das Thema: „in dieser Gesellschaft ist immer Krieg" und die tröstende Beobachtung: „Die meisten Frauen brauchen eine Hoffnung", zu der als Eindruck aus Polen hinzutritt, „daß dort die Frauen und die Männer miteinander auf eine Zukunft hinarbeiten, miteinander und nicht gegeneinander." (GuI, 144 f.) Das ist nach dem zwei Jahre zuvor gemachten Ausspruch, „die Männer sind unheilbar krank" (GuI, 71), ein das Spätwerk aufhellendes Hoffnungssignal.

Eine letzte Zuversicht künstlerisch vollständig umzusetzen, den Mordschauplatz Gesellschaft in ihrem Werk hinter sich zu lassen, war Ingeborg Bachmann nicht vergönnt. Sie änderte zwar ihre Einstellung gegenüber Österreich, erwog auch eine

Rückkehr nach Wien, aber nach einem schweren Brandunfall erlag sie am 17. Oktober 1973 in einem römischen Krankenhaus, von ihrer Abhängigkeit von suchterzeugenden Medikamenten geschwächt, ihren Verletzungen. Es war ein schockierender Tod, der eine glanzvolle Karriere zu einem bestürzend frühen Ende brachte.

2. ,Todesarten' und Todesursachen

Schon früh schwebte Ingeborg Bachmann der Plan zu einem langen Buch vor, das eine „große Studie aller möglichen Todesarten" und „kein Roman" (GuI, 66) sein sollte. Nach der Ägypten-Sudan-Reise kam es zu einem ersten Versuch in dem ,Wüstenbuch'-Vorhaben von 1965, das ebenfalls „weder eine Erzählung noch ein Roman" (GuI, 57) sein sollte. Dieses Material wurde in das dritte Kapitel, „Die ägyptische Finsternis", von ,Der Fall Franza' eingearbeitet, ursprünglich das erste Buch des ,Todesarten'-Zyklus, 1966 auf den Lesungen der Öffentlichkeit vorgestellt, bis 1971 mit ,Malina' ein neuer Beginn gemacht wurde, dem als Mittelteil das fragmentarische ,Requiem für Fanny Goldmann' gefolgt wäre mit dem ,Franza'-Buch als Schluß.

,Todesarten' als Zyklus handelt vom Problem der Identität im Geschlechterkampf, vom Krieg in den zwischenmenschlichen Beziehungen, vom Faschismus zwischen Mann und Frau: „Der Faschismus ist das erste in der Beziehung zwischen einem Mann und einer Frau." (GuI, 144) Die Todesarten bestehen darin, daß in dem unerbittlichen Kampf der Geschlechter die einzelnen um ihr authentisches Selbst gebracht und als Individuen zerstört, d.h. um ihre unverwechselbar eigene Entfaltung gebracht werden. Als Todesursachen ergeben sich dabei immer wieder gesellschaftliche Konstellationen, Zustände und Verhältnisse, die in verhängnisvoller Weise als fremdbestimmende Rollenbilder und Mächte vor allem die Frauen den herrschenden Zwängen ausliefern und sie zu Opfern machen. Der männliche Besitz- und Machttrieb erweist sich dabei als destruktive Gewalt, die das naturgegebene Aggressionsverhalten ins Zerstörerische pervertiert. Trotz dieses von Ingeborg Bachmann angesetzten „beständigen Einzelkriegs" und der unweigerlichen Niederlage und Kapitulation ergibt sich, auch für die Frauen, „Hoffnung, und diese Hoffnung des Menschen hört nicht auf, wird nie aufhören." (GuI, 127f.)

,Malina', polnisch für Himbeere und auch als Mädchenname gebräuchlich, erschien im Frühjahr 1971 und wurde von Anfang an als „Roman einer Krise", „als deren Darstellung und als ihr künstlerisches Produkt" verstanden, wobei der Kritiker Rudolf Hartung den „Rückzug aus der Welt auf die Innerlichkeit des erzählten und erzählenden Subjekts", dieses „bis zu einer äußersten Grenze" vorgetriebenen Ich-Romans mit Besorgnis konstatierte. (Die Zeit, 9.4. 1971) Daß hier ein Romanverständnis vorliegt, das an den „Buch"-„kein Roman"-Absichten Ingeborg Bachmanns vorbeizielen muß, erhellt aus Hartungs weiteren kritischen Abstrichen: „Wo nur die subjektive Empfindung zählt und das durch keine Vernunft zu kontrollierende und darum fast anarchische Gefühl, verlieren auch Fabel und Konstruktion an Bedeutung; denn für die reine Subjektivität sind auch sie etwas Äußerliches." Die Beobachtung, das Malina nicht eine eigene Person, sondern so etwas wie ein Alter Ego, ein fingierter Doppelgänger der Ich-Figur sei, tut Hartung als eine „nicht sehr überzeugende Konstruktion" ab. Dieses auf Fabel und erzählte Wirklichkeit sich beziehende Romanverständnis läßt erkennen, wie leicht Ingeborg Bachmanns Schreibintention in den ,Todesarten', die das Erzählen herkömmlicher Art verabschiedet, verfehlt werden kann.

Die Befangenheiten der vorwiegend männlichen ,Malina'-Kritik sind in der ersten umfassenden Studie von Ellen Summerfield kritisch beleuchtet worden. Mit dem Auftreten einer dezidiert feministischen Literaturwissenschaft ist ein Paradigmawechsel eingeleitet worden, der die mißliche Fixierung auf Fabel und Roman aufgehoben hat zugunsten eines Nachvollzugs des „weiblichen Diskurses" (Elke Atzler), ein Ansatz, der plausibel zu machen in der Lage ist, was die behutsam operierende, aber letztlich langatmige und nicht sehr ergiebige Erörterung von Robert Steiger an ‚Malina‘ verfehlt: die Eigenart einer weiblichen Schreibweise. Daß hier nicht zu vereinbarende Positionen sich gegenüberstehen, wird auch aus einem Vergleich deutlich, wenn man die frühe enthusiastische Besprechung Joachim Kaisers, „dieses radikal unzeitgemäße, märchenhafte, eigensinnige, elitäre, ja sogar amüsante und vornehm verschlossene Buch, dieses psychoanalytische Seelendrama" (Süddeutsche Zeitung, 25. 3. 1971), gegen eine neuere Einschätzung hält. Ria Endres weist schroff die ratlos sich gebende Bachmann-Kritik zurück mit der These: „diese unzeitgemäße radikale Darstellung der Weiblichkeit, wie sie uns vor allem im Roman ‚Malina‘ begegnet." (NRs, 77)

Bei der notwendigen Umorientierung von der von männlichen Kritikern als „reine Subjektivität", „Innerlichkeit" oder „Seelendrama" bezeichneten Thematik hin zur „Weiblichkeit" der Feministinnen muß auch den Fragen der Gattung, Form und Struktur der ‚Todesarten‘ Rechnung getragen werden. Während Summerfield die „Auflösung der Figur" in ‚Malina‘ zu einseitig aus der philosophischen Position der Autorin abzuleiten sich bemühte, wird neuerdings der Zerstörungsprozeß der weiblichen Identität unter Berücksichtigung der Komposition des ‚Todesarten‘-Zyklus ins Blickfeld gerückt. (Monika Albrecht, Jutta Kallhoff)

Ingeborg Bachmanns Auskünfte über ihr ‚Todesarten‘-Projekt dürfen dabei nicht unberücksichtigt bleiben, weil sie ihre Absichten hinsichtlich der neuartigen Verschiebungen im Erzählen durch die Betonung des „Buch"-Charakters gegenüber dem Romanbegriff so unmißverständlich bekundet hat. ‚Malina‘ verstand sie eindeutig als „Ouvertüre" zu den ‚Todesarten‘. (GuI, 95) Dieser Begriff ist für die Autorin, die „eine wirkliche Beziehung zur Musik hat", (GuI, 85) von zentraler Bedeutung. Denn die Einarbeitung der musikalischen Tempobezeichnungen im dritten Kapitel („der Schluß ist wie eine Partitur geschrieben", GuI, 75) wird zu einem wichtigen Kompositionselement erhoben, das die Stimmführung der Gespräche zwischen der Ich-Figur und Malina strukturiert. Statt epischer

Erzählform findet sich hier in Erweiterung der Erzählgewebe der Prosa aus ‚Das dreißigste Jahr' und in Übernahme der an der Gattung Oper bewunderten Gleichzeitigkeit der Stimmen eine musiknahe Kompositionsweise. Auch thematisch trägt die Musik durch die Zitierung von Noten- und Textbeispielen aus Arnold Schönbergs Melodramen ‚Pierrot Lunaire' (1911) mit dazu bei, daß die bisherige Romanstrukturierung aufgegeben wird.

Der verehrende Rückgriff auf den Neutöner und Hauptrepräsentanten der Neuen Wiener Schule setzt ein Signal, was die Rückbesinnung auf die Modernismusbestrebungen zu Anfang des Jahrhunderts anbetrifft. Schönbergs traditionell klingenden Terzen- und Sextengänge zum Schlußgedicht „All meinen Unmut gab ich preis; und träum hinaus in selge Weiten. O alter Duft aus Märchenzeit!" wiedererinnern und verabschieden zugleich die alte Tonalität, die von seiner neuen, expressiven Methode der Klangfarbenmelodie beiseite geschoben wird. Das Gewebe- und Verflechtungsprinzip musikalischer Komposition, das der Klangfarbenmelodie eigen ist, verwendet auch Ingeborg Bachmann, die allerdings in dem Schönbergzitat das Tempus aus dem Präteritum ins Präsens verändert, aus „gab" ein „geb ich frei" macht. Damit zeigt sie an, daß ihr Unmut noch keineswegs vorbei ist. Und ‚Malina' ist ein Buch des Unmuts, und die Sehnsucht der Autorin gilt der Märchenzeit, die in dem Märchen von der Prinzessin von Kagran, dem Schlüsseltext der Ich-Figur vor ihrer endgültigen Zerstörung, heraufbeschworen wird. Die „Ouvertüre" ist also der kompositorische Auftakt dieser Prosa-Musik, die im Mittelteil, dem konsequent ‚Requiem für Fanny Goldmann' genannten Fragment, ihren die literarischen Ausbeutungsmethoden der Gesellschaft entlarvenden Höhepunkt und im ursprünglich „Trauma" genannten ‚Fall Franza' ihre Coda hätten finden sollen.

Auf der Linie der „Buch"- und „kein Roman"-Intention Ingeborg Bachmanns liegt die Mehrstimmigkeit von ‚Malina'. So sind die kaum als unabhängige Figuren auftretenden Hauptgestalten Ivan und Malina, die von der Autorin auch als

„Doppelfigur", „Dreifachfigur" (Ivan) bzw. als „Doppelgänger" und das „überlegene, denkende Ich" (Malina) bezeichnet werden, durchaus auf den „geistigen Prozeß" der weiblichen Ich-Figur bezogen. (GuI, 88, 102) Weibliches Ich und männlicher Doppelgänger (Malina), also eine „Zwitterfigur", sind einander zugesellt, so daß sich „zwei ineinander verschränkte, aber ungeheuer gegensätzliche Figuren" ergeben, „die nicht ohne einander sein können und die gegeneinander sein müssen." (GuI, 87) Schon an diesem Schema wird deutlich, wie die gesellschaftlichen Rollenzwänge von der Autorin in inwendige, seelische Realitäten und Spaltungsphänomene der nicht mehr integrierten weiblichen Psyche umgewandelt werden, um den völligen Identitätsverlust und die Symbolik des Mordthemas greifbar zu machen. Deshalb ist es wichtig, daß Malina nicht als eine realistische männliche Figur angelegt ist, die das weibliche Ich etwa „in den Tod treibt, obwohl es am Ende so aussehen könnte." Denn, so führt sie aus, Malina „macht ihr nur begreiflich, was mit ihr schon geschehen ist. Sie ist ja schon oft ermordet worden oder an diese äußerste Grenze gekommen. Sie hat nur den letzten Schritt noch nicht getan, nämlich dieses Ich zum Verschwinden zu bringen, das nicht mehr brauchbar ist, weil es zu zerstört ist." (GuI, 93)

Von dieser Konzeption der psychischen Funktionalität der Figuren her ist es verständlich, daß die normalen Erwartungshaltungen beim Lesen, die auf eine Dreiecksgeschichte alten Schlages, auf Fabeleinteilung und Handlungsorientierung aus sind, enttäuscht werden müssen, weil es, wie Ingeborg Bachmann kategorisch versichert, nicht zu einem „Erzählen von Lebensläufen, Privatgeschichten und ähnlichen Peinlichkeiten" kommt. (GuI, 88) Die im ersten Kapitel, „Glücklich mit Ivan" gebotene Dreierbeziehung hat den Stellenwert, die Liebesobsession der Ich-Figur mit ihrer Projektionsgestalt Ivan auf ihrer inneren „Gedankenbühne" (III, 286) zu enthüllen. Die Ich-Figur, wie die Autorin eine Schriftstellerin, die in dem Interview mit dem Journalisten Mühlbauer von der ‚Wiener Nachtausgabe' ein Paradebeispiel der satirischen Medienbehandlung gibt, lernt in der Zufallsbegegnung vor dem Blumengeschäft in der Landstraßer Hauptstraße jenen Ivan kennen, dem sie die Rolle des unwiderstehlichen anziehenden Mannes und Geliebten zuerteilt. Aber trotz des intensiven Zusammenseins mit der Ich-Figur in der Wohnung, beim Essen, in der Stadt, mit seinen beiden Kindern aus einer Ehe, aus der die Ehepartnerin auf unerwähnte, mysteriöse Weise verschwunden ist, gewinnt Ivan bis zu seinem endgültigen Verschwinden im letzten Kapitel, ‚Von letzten Dingen‘, immer mehr den Status eines inneren Gesprächspartners. Wie sich an den eingestreuten Telefonaten zeigt, findet statt eines wirklichen Austausches mehr ein Monologisieren des Ich mit verteilten Rollen statt. Was an realistisch geschilderten Begebenheiten einmontiert wird, etwa die „ein Gefühl vom großen Abenteuer" auslösende Autofahrt durch Wien, die durch Ivans „furchtlos" machenden und beglückenden „Übermut" im Ich die Hochstimmung „GLÜCKLICH MIT IVAN" und „GLÜCKLICH IN WIEN" erzeugt, hat wie ein Film den Charakter von „reißenden Bilderfolgen", die Bruchstücke einer vergangenen Erlebniswelt und eines Erinnerungsmosaiks freigeben. (III, 59) Unter Ausklammerung der Sexualität, die Ingeborg Bachmann ohnehin als der „Intimität von zwei Personen" zugehörig und damit für undarstellbar hält (GuI, 68), läßt sie die rückhaltlose Liebeshingabe und vergebliche Liebeshoffnung der Ich-Figur als Weiblichkeitswahn deutlich werden.

Nicht unähnlich dem Mißverhältnis zwischen Jan und Jennifer in ‚Der gute Gott von Manhattan‘ vermag Ivan die vom Ich gehegten Erlösungswünsche nicht zu erfüllen. Weder „liebt" noch „braucht" er Ich, und seine Indifferenz läuft auf Unliebe hinaus, während Ich mit solcher „Ausschließlichkeit" sich involviert, daß Ingeborg Bachmann behauptet: „Sie ist nicht lebbar für Ivan." (GuI, 74f.) Die Autorin sagt darüber hinaus: „zwischen Ich und Ivan gibt es keine Kommunikation. Denn wo sie ist, befindet er sich nie. Und umgekehrt. Für sie ist es etwas Ungeheures, wenn das Telephon läutet, für ihn ist das einfach ein Telephonanruf." (IuG, 75)

Verständlich bei Ich ist, daß sie in Ivan den gegenüber dem

gleichmütigen Malina andersgearteten Partner, einen kontakt-
freudigeren Menschen sucht. Und Ivan ist auch ein Meister
der Kommunikation. Er hat für alles Sätze, Kopfsätze, Tele-
fonsätze, Schachsätze, Schimpfsätze, alles ist für ihn ein
„Spiel" (III, 49), Ein Sprachspiel, bei dem er die Oberhand behält und sich beliebig Rückzug und Entzug, aber auch Überle-
genheit und Herablassung gegenüber Ich gestattet, indem er
sie mein Fräulein, kleines Luder, kleines Aas, Hexe und auch
sanfte Irre nennt. Für ihr impulsives Wesen und ihre spontanen Empfindungsäußerungen zeigt er wenig Empfänglichkeit,
und ihre „dunkle Geschichte" (III, 166), ihren Hang zur „Na-
turkatastrophe" Weinen (III, 75) oder zur selbstlosen Hilfelei-
stung etwa gegenüber dem an Morbus erkrankten Bulgaren
vermag er nicht zu verstehen. Dennoch ist er derjenige, an
dem Ich ihre euphorische Zuversicht konzentriert, aus ihrer
Vereinigung komme „das Gottgewollte in die Welt." (III, 104)
Diese leicht als illusionär erkennbaren Wunschvorstellungen
stehen im Gegensatz zu den ironisch geschilderten Schwierigkeiten, mit Ivans Kindern auszukommen. Kraß ist auch der
Gegensatz zu der unerträglich versnobten, menschlich sub-
stanzlosen Fassadenwelt der Altenwyls am St. Wolfgangsee.

Eine Gegenwelt wird errichtet in dem Märchen der Prinzessin von Kagran, eine in die Vergangenheit projizierte Verklärung der im Schauplatz Ungargassenland und in dem Begriff vom ,Haus Österreich' beschworenen geistigen Heimat.
Diese utopisch zu verstehende Wunschwelt führt zu der le-
gendenhaft wunderbaren Begegnung mit dem Fremden, der in
vielem an die Bekanntschaft der Autorin mit Paul Celan erinnert. Der paradiesische Zauber, den Sehnsüchten nach einer
heilen Welt entsprungen, steht im Kontrast zu der im zweiten
Kapitel, ,Der dritte Mann', geschilderten Alptraumwelt. Hier
begegnet Ich einer Vervielfältigung der mörderischen Zwänge,
die in der übermächtigen, vielgestaltigen, immer wieder neue
Foltergesichter annehmenden Vaterfigur personifiziert erscheinen. Die Autorin meint dazu, „daß es die Figur des Mörders ist, und zwar des Mörders, den wir alle haben." (GuI, 89)
So facettenreich die Skala der Ausbeutungen, Nötigungen,

Abtötungen dargestellt wird, vom Gaskammertraum, Stimmenverlust, blutschänderischer Vergewaltigung, Mißhandlung und gänzlicher seelischer und körperlicher Zerstörung und Verwüstung, von der Inbesitznahme der Mutter durch den Vater und der hedonistischen Vereinigung des Vaters mit der prostituiertenhaften Melanie, auf eine allegorische Kurzformel gebracht porträtiert dieses Traumkapitel die Leiden der Frauen („der Friedhof der ermordeten Töchter", III, 175) im allgewaltigen Patriarchat. Die Unterwerfbarkeit und Unterwürfigkeit der Frauen erniedrigt sie zu Handlangerdiensten, wie Melanies Mord an dem Kind Animus verdeutlicht. Malina, der zuvor gewissenhafte, zuverlässige, Gleichmut bewahrende Vertraute hilft der Ich-Figur in therapeutisch zu nennenden Gesprächen, sich von der Abhängigkeit von der Vaterfigur zu befreien, d.h. aus dem Zustand des Tochterseins herauszubewegen, doch wird diese Möglichkeit einer grundlegenden Distanzierung erkauft mit einer erneuten Auslieferung, Verstörung und Unterjochung, denn jetzt erteilt Malina die Tötungs- und Mordbefehle, die Ivan und seine Kinder betreffen. In der preisgegebenen Psyche der Ich-Figur wirkt Malina als oberste Instanz, die unumschränkt wirkt.

Malina entpuppt sich auch als die Autorität, die alle Ansätze der Ich-Figur, ihre Erlebnisse und Erfahrungen erzählerisch zu gestalten und damit vielleicht überwinden zu können, unterbindet. Diese Instanz wird zum Störfaktor und zur Zensur der Erinnerung. Der Wunsch im Ich nach Mitteilung und Selbsterforschung („Ich muß erzählen", III, 23, 318) endet in der Angst, um das eigene „Vermächtnis" betrogen zu werden: „Ein Tag wird kommen, und es wird nur die trockene heitere gute Stimme von Malina geben, aber kein schönes Wort mehr von mir, in großer Erregung gesagt." (III, 326) Daß hier die Autorin auch Einblick gibt in das, was ihr Verstummen als Lyrikerin mitbestimmt hat, drängt sich auf, sobald man sich die Macht der verinnerlichten Instanz und ihrer Unterbindungsgewalt vor Augen hält. Malina, das männliche, rationalere, intellektuelle Ich, kontrastiert mit seinem „Gleichmut" den „Gefühlsaufruhr" (III, 249) der Ich-Figur, seine epische Gelassenheit steht gegen ihre subjektive Authentizität, intellektuelle Kontrolle gegen die im Briefgeheimnis verborgene Wahrheit. Ich, selber Autorin, verhinderte Erzählerin, betrogene Geliebte, ermordete Tochter und zutiefst Verstörte, Zeugin ihrer eigenen „Passionsgeschichte" (III, 173) tritt durch den Spalt in der Wand ein in die Zuflucht der Anonymität, eine Selbstauslöschung, die am Ende von ‚Malina' als „Mord" bezeichnet wird.

Die Realität der Gesellschaft als „Mordschauplatz" (III, 276), die vergebliche Suche über die Schwester Eleonore hinaus nach dem brüderlichen Menschen (III, 177, 246) als dem möglichen Beistand in der Bedrängnis, sollte in dem fragmentarischen ‚Requiem für Fanny Goldmann' und dem unveröffentlichten Eka Kottwitz-Konvolut breit dargestellt werden. Während Fanny als Todesart die Beraubung ihrer Privatgeheimnisse in der literarischen Ausschlachtung im Buch ihres Mannes hinnehmen muß, stürzt sich die politische Journalistin Eka aus dem Fenster. Ihre zugezogene körperliche Verkrüppelung nach dem mißlungenen Selbstmord deutet zugleich ihre seelische Zerstörung an.

‚Der Fall Franza', der der frühesten Arbeitsphase der ‚Todesarten' angehört, wurde von Ingeborg Bachmann bei ihren Lesungen 1966 folgendermaßen eingeführt, wobei die eingangs gemachte Bemerkung, „Der Inhalt also, der nicht der Inhalt ist", die Gattungsproblematik andeutet. Martin Ranner, Geologe an einem Wiener Institut, trifft seine schwerkranke, aus einer Klinik geflohene Schwester in dem Kärntner Heimatdorf Galicien wieder und begleitet die mit einem gefälschten Paß versehene Todkranke auf einer Ägyptenreise, die nach einem Wüstenbesuch mit ihrem Tod endet: „Das Buch ist aber nicht nur eine Reise durch eine Krankheit. Todesarten, unter die fallen auch die Verbrechen. Das ist ein Buch über ein Verbrechen." (III, 341) Konsequent werden die „wirklichen Schauplätze", Wien, das Dorf Galicien und Kärnten, die Wüste, den „inwendigen" gegenübergestellt.

Das erste Kapitel, ‚Heimkehr nach Galicien', rollt die um Elemente der Autobiographie der Autorin bereicherte Jugend

Franzas, vor allem die erotisch enge Bruder-Schwester-Beziehung auf. In den Blick kommt auch die Wende zu Kriegsende, als die englische Besatzung das von den im Rückzug befindlichen Deutschen überlassene Terrain einnimmt und in den pubertären Befreiungsphantasien des jungen Mädchens „Vergewaltigung und Streitmächte zu ersehnten Idolen" werden. (III, 376) Dieser Wunschtraum wird durch den Verabschiedungskuß (die „englischen Küsse", III, 383) des sehr großen, dürren und knochigen Captain Lord Percival Glyde zu einem tiefgreifenden Erlebnis, das später von dem erfolgreichen Wiener Psychoanalytiker und Ehemann Franzas, Leo Jordan, dazu verwendet wird, seine Gattin einer quälerischen Analyse zu unterziehen, bei der seine Strategie darauf hinausgeht, seine Frau systematisch zu verunsichern und sie ihres seelischen Gleichgewichts zu berauben. Franza wird von ihm mit hemmungslosem Analysekalkül zu einem „Fall" zerlegt. (III, 404) Dieser zerstörerischen Zerlegung hier entspricht in ‚Malina' das „Gemetzel" (III, 34) und bei Fanny Goldmann der literarische „Schlächter". Franza wendet darauf die Bezeichnung „Faschismus" an als ein „Wort für ein privates Verhalten." (III, 403) Der im zweiten Kapitel als „Jordanische Zeit" geschilderte seelische Zerstörungsprozeß durch einen „mit blütenweißen Hemden und Professorentitel, mit den Folterwerkzeugen der Intelligenz" (III, 404) ausgestatteten Frauenhasser und Seelenmörder führt bei Franza zu einer kategorischen Verabschiedung ihrer Herkunft und Rassenzugehörigkeit. Sie erklärt: ‚ich bin eine Papua'. (III, 414) Dieser Identitätswechsel ist ein Protest gegen den erzwungenen Verlust ihrer „Güter": „Mein Lachen, meine Zärtlichkeit, mein Freuenkönnen, mein Mitleiden, Helfenkönnen, meine Animalität, mein Strahlen." (III, 413) Es ist zugleich eine Austrittserklärung aus der von Rassismus, Sexismus und Kolonialismus beherrschten Gesellschaft der Weißen.

In dem ‚Die ägyptische Finsternis' betitelten dritten Kapitel gelingt es Franza, in einem kathartischen Reinigungsprozeß in der Wüste nach der Wiedererinnerung an die traumatisch erlebte Abtreibung ihres Kindes einerseits den Austilgungsprozeß ihres Wesens durch ihren Mann Leo zu begreifen, anderseits in einem Moment mystischer Vereinigung den anderen Zustand zu erreichen, der ihr eine Vorstellung der Gegenwelt zur Hölle der Weißen vermittelt. Ihre Mumifizierung bei lebendigem Leibe in dem in der Sonne rasch verkrustenden Nilschlamm bereitet sie auf den bevorstehenden Tod vor, zeigt aber zugleich ihre völlige Wehrlosigkeit gegenüber den Todesmächten. Im Totentempel Deir el-Bahri der altägyptischen Königin Hatschepsut in Theben begegnet sie der eindrucksvollen Ikone weiblicher Passion des Ausgelöschtwerdens durch männliche Willkür. Denn der dritte Tuthmosis tilgte „jedes Zeichen und Gesicht" dieser Königin, obwohl sein „Auslöschenwollen einer großen Figur" genau das Gegenteil bewirkte, wie Franza angesichts des zerkratzten Steins bemerkt: „er hat vergessen, daß an der Stelle, wo er sie getilgt hat, doch sie stehen geblieben ist." (III, 436)

Ausmerzung ihrer selbst, um ihrer auferlegten Krankheit ein Ende zu bereiten, ist Franzas Wunsch, als sie von dem ehemaligen SS-Hauptsturmführer und Euthanasiearzt Körner auf dem Nilhausboot eine Überdosis Tabletten als Sterbehilfe erhandeln will. Während er als Nazischerge erkannt das Weite sucht und ihr die Genugtuung verschafft, einem von denen „das Fürchten beigebracht" zu haben (III, 464), ereilt sie nach der Vergewaltigung vor der Pyramide in Gizeh, die eine frühere Mißhandlung durch ihren Mann in seiner Wiener Bibliothek in Erinnerung ruft, durch einen Kopfsturz auf die Steinquader die todbringende Bewußtlosigkeit, der sie wenig später erliegt.

Thematisch war Ingeborg Bachmann mit dem ‚Todesarten'-Zyklus ihrer Zeit voraus, hat aber auch künstlerisch neue Wege eingeschlagen, die dieser Passionsprosa eine im Literaturganzen einmalige Sonderstellung einräumen. Auf ihr „antimodisches Buch" (Joachim Kaiser) reagierte ein Kritiker wie Kurt Batt mit dem Vorwurf vom „neuromantischen Sprachtüll", ‚Malina' als „gefällig melancholische Prosa" abtuend und die Autorin des Unvermögens bezichtigend, kaum mehr als „das Spaltprodukt der eigenen Innerlichkeit" geliefert zu haben und zum „Verhältnis zur Welt" unfähig gewesen zu sein. Stellt man Ingeborg Bachmanns Prosa jedoch in den Zusammenhang weiblichen Schreibens seit der Romantik und versucht man, die Besonderheiten des weiblichen Diskurses in der Literatur angemessen zu würdigen, dann erweisen sich solche Abqualifikationen als unbegründet und revisionsbedürftig. Es ist gerade die Intensität der Darstellung entfremdeter und zerstörter weiblicher Subjektivität, die eine neue Beziehung zum Selbst und ein faszinierendes Weltverhältnis literarisch gestaltet hat.

3. Unstimmige Beziehungen: ,Simultan' (1972)

Auf ihren zweiten Erzählband erhielt Ingeborg Bachmann von der Kritik, die ,Malina' als Titel der Bestsellerliste hingenommen hatte, vielseitige Vorwürfe, die sie zwischen Ambition und Banalität, Kunstanspruch und Kitsch, neuer Klarheit und unleugbarer Verschwommenheit ansiedelten. Was den einen „Grundmuster weiblicher Lebensläufe in einer beispielhaften Situation", zugleich aber auch Neuaufguß gehabter Erzählkunst war (Heinrich Vormweg, „Fräulein Else in Neuauflage", Vorwärts, 28. 9. 1972), erschien Jean Améry als „österreichische Magie", „geheimnisreich und anmutsvoll". (Die Weltwoche, 8. 11. 1972) Eckard Henscheid äußerte sich unzufrieden, auch gegenüber der Bachmann-Gemeinde, und bemängelte Stilblüten und die „modischen Gelackt- und Geleicktheiten" (Frankfurter Rundschau, 1. 11. 1972), während Marcel Reich-Ranicki gar, das Schicke und Aparte, Mondäne und Melodramtische kritisierend, den Band als „zynisch angestrebte Trivialliteratur" in Frage stellte. (Die Zeit, 29. 9. 1972)

Trotz gewisser Abstriche, die Ingeborg Drewitz an der „hochgezüchteten subjektiven Sensibilität" und „preziösen Melancholie" Ingeborg Bachmanns vornimmt, ist ihre Einsicht in die in ,Simultan' erreichte „Distanz zur subjektiven Erfahrung" bemerkenswert. „Fünf Erzählungen von Frauen, die allein oder, genauer, ehelos leben, die in Augenblicken aus sich herausgeschleudert schaudernd das Glück der Nähe und Fremdheit eines Gegenüber durchleben – das Bachmann-Thema; aber behutsamer motiviert als in den frühen Erzählungen, zurückhaltender durchkomponiert als in ‚Malina‘." (Der Tagesspiegel, 1.10. 1972) Es sind also Erkenntnisschocks unterschiedlicher Art und Intensität, die den Frauenfiguren in ‚Simultan‘ in ihre Alltagsrealitäten hinein, in Beruf und Freizeit, einen Moment von Besinnung auf den Stoff Leben bereiten, als glimpflich Davongekommene oder von Katastrophen Heimgesuchte.

In der Titelerzählung ‚Simultan‘ ist es die Simultandolmetscherin Nadja, die einen ebenfalls aus Wien stammenden Kollegen, Ludwig Frankel, auf einem Kongreß in Rom kennenlernt, mit ihm nach Kalabrien und ans Meer flüchtet und zugleich eine Rückkehr in die eigene Sprache erlebt, sie, von der es heißt: „ohne einen einzigen Gedanken im Kopf zu haben, lebte sie, eingetaucht in die Sätze anderer, und mußte nachtwandlerisch mit gleichen, aber anderslautenden Sätzen sofort nachkommen." (II, 295) Ist Sprache für Ingeborg Bachmann das entscheidende Medium der Identitätsfindung und Selbstverständigung, so zeigt der weitere Verlauf der Geschichte, daß jeglicher Verständigungsversuch zwischen Nadja und Frankel, auch der der körperlichen Nähe, die Unmöglichkeit einer vereinigenden Sprache deutlich macht. Es kommt zu keiner umfassenden, wirklichen Austausch bedeutenden Kommunikation, und die Selbstentfremdung wird von dem Liebesversuch keineswegs aufgehoben. Das Aneinandervorbei der Figuren wird offensichtlich in einer sinnlichen Geste, mit der die polyglotte, in der Liebe aber unerfüllte Dolmetscherin am Strand „ihr Gesicht mit einem maßlosen Entzücken gegen den Pullover" ihres Flüchtigkeitspartners preßt und die weiche Wolle küßt. Auch der Eros hilft nicht, den Zirkel der Einsamkeit und den Kreislauf der zur Erinnerung gewordenen Realität einer kurzzeitigen Beziehung zu durchbrechen. Aber Nadja geht aus dem Erlebnis nicht gebrochen hervor, sondern mit einem sich festigenden Selbstvertrauen, wie denn ihr Zuruf „Auguri" (‚Alles Gute‘) dem Jungen im Hotel gegenüber einen Hoffnungsakzent am Ende setzt.

‚Probleme Probleme‘, die erste der drei auf Schlußkatastrophen hin angelegten Binnenerzählungen, läßt erkennen, daß Ingeborg Bachmann nicht nur hochintellektualisierte und sprachempfindliche Frauengestalten in ihren Lebensschwierigkeiten darzustellen sich bemüht hat. In der zwanzigjährigen Beatrix, die sich durch übermäßige Trägheit und eine ausgesprochene Schlafwut den Rollenzwängen der Leistungsgesellschaft zu entziehen sucht, ist eine demivierge, eine Halb-Unschuld gestaltet, befangen in einer halb liebenswerten, halb dümmlichen Selbstverblendung. Wie eine komisch wirkende dumm-schlaue Aussteigerin am Rande der unattraktiven Normenwelt heutiger Verhältnisse mimt sie die Rolle einer Pikarin, eines unterhalb der akzeptierten Werte existierenden kleinen Luders, das dem unglücklich mit einer selbstmörderischen Frau verheirateten Erich, einem Angestellten der Fluggesellschaft AUA, zu Willen ist, ihm dabei aber doch überlegen ist, während sie bei ihrer Tante lebend der Faulheit frönt und durch die monatlichen Zuwendungen von ihrer in Südamerika wohnenden Mutter ein bescheidenes Auskommen hat. Beatrix, von Erich als Ablade für seine seelischen Belastungen benutzt, reagiert auf die Einseitigkeit im Mann-Frau-Verhältnis mit der ihr eigenen stereotypen Formel „grauenhaft“, mit der sie auch alle anderen ihr zuwiderlaufenden Phänomene und Belastungen plakatiert. Daß ihre Situation auf ein entfremdendes puppenhaftes Dasein hinausläuft, wird deutlich an der Mädchen-Frau, Frau-Mädchen-Thematik. Denn während Erich ihre Kindlichkeit erholsam findet nach den Strapazen seines Ehelebens, flieht die Schlafsüchtige in die Damenwelt des Friseursalons René, wo sie sich als Frau von Welt gebärdet und zugleich völlig narzißtisch ihr unverstandenes Ich pflegen kann. Der eigentümliche Identitätswiderspruch zwischen der naiven Schläferin und der mondän Anspruchsvollen schafft ein komisches Mißverhältnis, das auch im zwischen personaler Erzählsituation und innerem Monolog fluktuierenden Erzählen seine Entsprechung findet. Die Probleme der teils unangepaßten, teils überangepaßten Beatrix, ihre unentrinnbare Selbstentfremdung in einem grotesk banalen Gesellschaftszustand und ihre gleichzeitige nestroyhafte Selbsttäuschung und Lügenhaftigkeit, geben der erzählerischen Selbstentblößung zum Komischen eine tragische Dimension. Aufgefangen wird das in ironisch verwendeter Wiener Melancholie, so wenn am Ende auf den Titel ‚Probleme Probleme' die Schlußworte folgen: „Ja, die Männer!" Dem der Leser gerechterweise „Ja, die Frauen!" hinzufügen dürfte.

Die von Ingeborg Bachmann mit metaphysischem Humor nachgezeichnete und entlarvte fade Gesellschaftssituation hält für Frauen noch immer Lebensläufe mit tragischem Ausgang oder entfremdetem Puppendasein parat. Die große Lächerlichkeit dieser Verhältnisse kann nicht von oben herab aus abgeklärter Sicht episch realisiert werden, sondern verdient die Unmittelbarkeit erzählerischer Selbstenthüllung der Hauptgestalten.

Den philosophischen Anspruch ihrer Frauenfiguren intensiviert die Autorin in der Gestalt der Brillenträgerin Miranda in ‚Ihr glücklichen Augen', die ihre Kurzsichtigkeit zu einem Protest gegen die sichtbare Negativität der bestehenden Welt erhebt. Für Miranda ist das Sehen ein Leiden: „Denn es erstaunt sie, wie die anderen Menschen das jeden Tag aushalten, was sie sehen und mit ansehen müssen. Oder leiden die anderen nicht so sehr darunter, weil sie kein andres System haben, die Welt zu sehen?" (II, 354) Konsequent weigert sich Miranda, diese Welt, „diese globale Emanation von Häßlichkeit" länger hinzunehmen, denn wenn sie die sozial oder vom Schicksal Benachteiligten, „ein verkrüppeltes Kind oder einen Zwerg oder eine Frau mit einem amputierten Arm" oder die „Mordlust im Blick" der anderen sieht, dann vergeht ihr der Wunsch, diese bedrückende Umwelt überhaupt noch wahrzunehmen. (II, 355f., 359) Mirandas Flucht vor der als unzulänglich und unvollkommen erkannten Außenwelt läßt sie ihre „Augenruhe" beanspruchen, wo andere auf „Seelenruhe" bestehen. Es ist ihre Überempfindlichkeit gegenüber dem, was ihre Umwelt als Norm akzeptiert, die bei ihr das große

Schutzbedürfnis auslöst. Die Sehmetapher wird zur Erkenntnismetapher; die Zuflucht zur selbstgewählten Blindheit erweist sich einerseits als Gefangensein in „Licht- und Dunkelhaft" (II, 370), aber andererseits liegt dem auch die Protesthaltung Mirandas zugrunde. So steuert diese Sensible, die mit ihrer „Auszeichnung" zu leben bereit ist, von ihrem Mann Josef hintergangen, am Ende einer unausweichlichen Unfallkatastrophe zu, als eine Glasflügeltüre „sie hinschleudert unter einem Hagel von Glasscherben, und während ihr noch wärmer wird vom Aufschlagen und dem Blut, das ihr aus dem Mund und aus der Nase schießt: Immer das Gute im Auge behalten." (II, 371 f.) Die wie ein Hohn klingende allgemeine Verhaltensmaßregel der auf Vorsicht bedachten Gesellschaft erweist sich ex negativo als Anklageformel der Verletzten, die in unanfechtbarer Weise sich geweigert hat, die Welt zu sehen, bis sie aufgrund einer durchgreifenden Änderung wieder der Wahrnehmung wert ist.

Auch ‚Gebell' zeigt weibliche Flucht- und Schutznotwendigkeit vor der Macht eines selbstsüchtigen Mannes, dessen rücksichtsloser Ehrgeiz als Emporkömmling tödliche Folgen für seine zweite Frau Franziska und die eigene Mutter hat. Die alte Frau Jordan, früh verwitwet durch den Tod ihres etwas leichtsinnigen Mannes, hat getreu ihrer Herkunft aus kleinbürgerlichen Verhältnissen unter Hinanstellung aller eigenen Belange sich so vollständig der Erziehung und dem beruflichen und gesellschaftlichen Aufstieg ihres Sohnes Leo gewidmet, daß einmal mehr die kulturgeschaffene Rolle der bedingungslos sich aufopfernden Mutter überdeutlich wird. Der vom Lokalruhm zu internationalem Ruhm aufgestiegene, von seiner Mutter aus Verehrung, Unverstand und großer Furcht als der „gute Sohn" nahezu hündisch vergötterte Sohn, dem ein homosexueller, zeitweilig im KZ inhaftierter Vetter großzügig das Studium finanziert hat, erweist sich als undankbar, gefühlskalt und verständnislos nicht nur gegenüber seiner altersschwachen und armselig dahinlebenden Mutter; er hat auch seiner ersten Frau, die ihm an sozialer Stellung überlegen war, von ihm aber als „Ausbund an Teufelei und Unverständnis und Niedertracht" (II, 379) diffamiert wurde, das Leben so verleidet, daß sie nach der Scheidung zurückgezogen lebt, während Franziska, die lebensfrohe, unbekümmerte zweite Frau durch ihr einfühlsames Eingehen auf die alte Frau Jordan allmählich das ganze Ausmaß der Unmenschlichkeit Leos erkennt und in einen frühen Tod getrieben wird, der einem Selbstmord gleichkommt. Im Zentrum der distanziert erzählten Geschichte steht die sich ergebende menschliche Nähe, Achtung und Solidarität zwischen den beiden Frauen, der alten Frau Jordan und Franziska, die jedoch beide in ihren von ihnen nicht durchschauten Rollenmustern der aufopferungsbereiten Mutter und der gefügigen Ehefrau befangen bleiben. Bevor sie sich durch den Tod der Herrschaft ihres völlig selbstzentrierten Gatten entzieht, hat Franziska einen entscheidenden Erkenntnisaugenblick, als sie von Frau Jordan erfährt, daß sie wie selbstverständlich auf Geheiß ihres Sohnes ihren Hund Nuri, der Leo immer anbellte und beißen wollte, entfernte: „Das also ist es, das ist es, und sie hat ihren Hund für ihn hergegeben. Was sind wir für Menschen, sagte sie sich – denn sie war unfähig zu denken, was ist mein Mann für ein Mensch! – wie gemein sind wir doch, und sie hält sich für eine Egoistin, während wir alles haben!" (II, 389) Franziska erkennt die Selbstlosigkeit der alten Frau Jordan und ihre eigene Mitschuld und Unfähigkeit, Leo für sein niederträchtiges Verhalten zur Rechenschaft zu ziehen. Mit ihrer Selbstauslöschung zerstört sie aber auch das Wunschbild vom liebenden Gatten, dem sie selbst zu lange erlegen war. Die alte Frau Jordan, deren eigentliche Liebe dem Kind Kiki gegolten hatte, als sich ihr junger Sohn als ein schwieriges, eigensüchtiges Kind erwies, erlebt in der Wahnvorstellung vom anschwellenden Hundegebell gleichsam die Stimme der Natur gegen das von ihr erlittene Unrecht und Leiden, ohne je den Zusammenhang von Gewalt und Unterwerfung im Mutter-Sohn-Verhältnis, das zur Sklaverei der Mutter ausartet, begreifen zu können.

,Drei Wege zum See' nimmt schon allein wegen der Überlänge eine Sonderstellung unter den Erzählungen in ,Simultan' ein. Auch ist hier die Präsenz autobiographischer Materialien und realistischer Details am stärksten. Wie die erfolgreiche und karrierebewußte Simultandolmetscherin Nadja ist die in Paris lebende Journalistin Elisabeth Matrei eine ebenfalls erfolgsgewohnte Frau, die Berufliches mühelos erledigt, dafür aber in ihren Beziehungen zu Männern viele Schwierigkeiten zu bekämpfen hat. Bei aller Erfahrenheit in internationalen Dingen, bei aller Weltläufigkeit hat Elisabeth das Gefühl, daß ihr Paris und andere Schauplätze ihres Lebens wehtun und sie zu verschütten drohen. Ihr Heimatbesuch in Kärnten bei ihrem Vater in Klagenfurt bringt ihr wieder zu Bewußtsein, wie sehr sie geistig und seelisch in der mythisch zu nennenden und den geschichtlichen Untergang überdauernden Habsburgerwelt verwurzelt ist. Dieser von Ingeborg Bachmann oft beschworene Heimat- und Österreichmythos, der sich vom Nationalstaatendenken abgrenzt und sich an Vorstellungen wie ‚Haus Österreich‘ oder auch „Geisterreich“ (II, 399) anlehnt, gewinnt für Elisabeth exemplarische Bedeutung in der Gestalt ihres Vaters und des Geliebten Franz Joseph Trotta, ihrem geistigen Mentor in der frühen Pariser Zeit. Ihrem altersweisen und keineswegs für unfehlbar erachteten Vater begegnet Elisabeth aus liebevollem Abstand mit Verehrung, während das Verhältnis zu dem um sechzehn Jahre jüngeren Bruder Robert durch stürmische Phasen gegangen ist. Denn Robert wurde von ihr wie ein Kind im eifersüchtigen Wettbewerb mit der Mutter beansprucht, und erst als sich Robert aus der schwesterlichen Bevormundung zu lösen beginnt und heiratet, eine ebenfalls Elisabeth heißende Frau, die auch von der Schwester akzeptiert wird, entspannt sich das von erotischer Nähe bestimmte Verhältnis.

Während viele Beziehungen zu Männern, die Elisabeth beruflich kennenlernt, oberflächlich und unverbindlich verlaufen, war es der aus Österreich-Ungarn exilierte Trotta, der ihr ein neues Lebensverständnis und Berufsethos vermittelt. Sein Name beschwört beziehungsreich die in Joseph Roths Roman ‚Radetzkymarsch‘ (1932) verklärte Welt des Hauses Österreich als einer geistigen Lebensform und kulturellen Verpflichtung. Eher als väterliches Vorbild denn als Geliebter erlangt

Trotta bei Elisabeth, die er ebenfalls zu einer Exilierten macht, eine grundlegende Überpüfung ihrer journalistischen Tätigkeit und eine Rückbesinnung auf ihren Herkunftsbereich. Elisabeth, die im elterlichen Hause „wie ein Zwitter aus Gast und Mitbesitzerin" (II, 396) auftritt, ist in ihrer ganzen Lebensweise, im Beruflichen und in den menschlichen Beziehungen, im Selbstverständnis und geistigen Heimatbereich gekennzeichnet von diesem Dazwischen, von der Zwischenexistenz. Nach ihren bescheidenen Anfängen in der Wiener Redaktion klettert sie schnell höher auf der Erfolgsleiter mit männlicher Hilfestellung, durch den deutschen Fotografen Willy Flecker und Duvalier, den Fotografen mit Weltruf, der sie bei den Großen der Zeit einführt, so daß sie sich als „beliebte Freundin bedeutender Männer" (II, 414) fühlt. Diese Aufwertung des Ichgefühls wird beeinträchtigt durch die nicht glücklich verlaufenen Beziehungen zu Flecker, zum ersten Mann, dem homosexuellen Amerikaner Hugh, zu dem unausgeglichenen Freund Philippe, einem Helden des Pariser Mai 1968. Die Begegnungen mit dem Selbstmörder Trotta, mit dem brutalen Manes und mit Trottas Vetter Branco führen zwar jeweils eine innere Wende herbei, aber vereinsamen auch die von Beruf, Arbeit und gesellschaftlicher Stellung am Wiedergewinn spontaner Selbstverwirklichung gehinderte Elisabeth. Nach dem abrupt verkürzten Heimatbesuch, der auch die provinzielle Enge Klagenfurts und den Ausverkauf Österreichs an die Deutschen, die sich überall breit machen, schmerzhaft bewußt werden läßt, kehrt sie nach Paris zurück und löst sich von dem ihr nicht genügenden, unreifen Liebhaber Philippe, um sich auf die Kriegsberichterstattung in Saigon vorzubereiten. Zuvor war es am Wiener Flughafen zu dem Zufallstreffen nach langen Jahren mit Branco Trotta gekommen, der ihr auf einem Zettel sein Liebesgeständnis zusteckt, eine Botschaft wie aus einem anderen Leben, denn Elisabeth wird sich auf einmal der verpaßten Lebenschancen bewußt. Das verknüpft sich mit den Einsichten, die sie beim Abschreiten des vertrauten Geländes auf den verschiedenen Wegen zum See gewonnen hat und die sie anregen, aus den bisherigen Erfahrungen und dem immer wieder neuansetzenden Suchen nach einem Lebensweg eine vorläufige Summe zu ziehen: „Nur eine Hoffnung durfte und wollte sie sich nicht offen lassen, denn wenn sie in fast dreißig Jahren keinen Mann getroffen hatte, einfach keinen, der von einer ausschließlichen Bedeutung für sie war, der unausweichlich für sie geworden war, jemand, der stark war und ihr das Mysterium brachte, auf das sie gewartet hatte, keinen, der wirklich ein Mann war und nicht ein Sonderling, Verlorener, ein Schwächling oder einer dieser Hilfebedürftigen, von denen die Welt voll war, dann gab es den Mann eben nicht, und solange es diesen Neuen Mann nicht gab, konnte man nur freundlich sein und gut zueinander, eine Weile. Mehr war nicht daraus zu machen, und es sollten die Frauen und die Männer am besten Abstand halten, nichts zu tun haben miteinander, bis beide herausgefunden hatten aus einer Verwirrung und der Verstörung, der Unstimmigkeit aller Beziehungen." (II, 449 f.)

‚Simultan‘ erzählt abgeklärter, versöhnlicher von den Möglichkeiten und Verhinderungen weiblicher Existenz an der Wende von den sechziger zu den siebziger Jahren dieses Jahrhunderts. Gegenüber den früheren Werken ist diese Prosa bereichert um das stärkere Bewußtsein gesellschaftlicher Problematik, um den Modus realistisch orientierten Erzählens, obwohl diese Geschichten nicht eindeutig mimetischen Charakter haben. Es sind Studien, die alte Unterdrückungsmechanismen in Milieu und sozialer Typik dem neuesten Stand getreu differenzieren. Auch veränderte Verhältnisse kommen in den Blick, die Anlaß zur Hoffnung geben, daß die Verheerung des Einzelnen in diesem Zeitalter der unstimmigen, zerstörerischen Beziehungen ein Ende haben wird. In dem ihr eigenen Märchenton hat Ingeborg Bachmann diese Hoffnung auf das Eintreffen der Utopie in ihrer „Ouvertüre" zu den ‚Todesarten‘ Sprache werden lassen: „Ein Tag wird kommen, an dem die Menschen schwarzgoldene Augen haben, sie werden die Schönheit sehen, sie werden vom Schmutz befreit sein und von jeder Last, sie werden sich in die Lüfte heben, sie werden unter die Wasser gehen, sie werden ihre Schwielen und ihre Nöte vergessen. Ein Tag wird kommen, sie werden frei sein, es werden alle Menschen frei sein, auch von der Freiheit, die sie gemeint haben. Es wird eine größere Freiheit sein, sie wird über die Maßen sein, sie wird für ein ganzes Leben sein ..." (III, 121)

VII. Nachspiel

Über den Tod, den bestürzt machenden frühzeitigen Tod der Dichterin Ingeborg Bachmann ist viel geschrieben worden. Über ihr Sterben, dieses kaum vorstellbar gräßliche Sterben nach wochenlanger Agonie existieren Spekulationen, Gerüchte und verschiedene Versionen. Allgemein wird angenommen, daß die Dichterin ihren Verletzungen nach einem Brandunfall erlegen ist. Danach sei sie mit brennender Zigarette eingeschlafen, ihr Nylonnachthemd habe Feuer gefangen und mit Verbrennungen von 36 Prozent ihrer Körperoberfläche sei sie ins Krankenhaus eingeliefert worden. Hans Werner Henze und andere jedoch erstatteten Anzeige gegen Unbekannt aufgrund des Verdachtes, die Art der flächigen Hautverbrennungen und weitere Umstände ließen auf Einwirkung von außen schließen. Das hat die römische Staatsanwaltschaft zu einem siebenmonatigen Ermittlungsverfahren veranlaßt, das jedoch keine stichhaltigen Anhaltspunkte ergab, die diese Mordthese erhärtet hätten. Zwei weitere Versionen erbringen ganz andere Perspektiven und widersprüchliche Erklärungen. Die eine bezieht sich auf die nachweisliche Abhängigkeit Ingeborg Bachmanns von dem Beruhigungsmittel Seresta, das ihr seit 1967 von dem befreundeten Schweizer Ärztehepaar Auer verschrieben worden ist. Die beiden Bachmann-Herausgeberinnen, Christine Koschel und Inge von Weidenbaum, haben in Entgegnung auf Thesen des Fernsehfilms „Der ich unter Menschen nicht leben kann" von Peter Hamm plausibel zu machen versucht, daß die bei der am 26. September 1972 in das Krankenhaus Sant Eugenio eingelieferten Dichterin auftretenden Entziehungserscheinungen einer Suchtkrankheit auf diese Seresta-Abhängigkeit zurückzuführen gewesen seien. (Süddeutsche Zeitung, 30. 12. 1980) Da die Familie Auer aber die römischen Behörden und Ärzte nicht rechtzeitig davon in Kenntnis gesetzt hätte, jedenfalls nicht bis zum Sterbevortag, sei Ingeborg Bachmann, deren Verbrennungen 2. und 3. Grades nicht tödlich gewesen seien, aufgrund ihres körperlichen Geschwächtseins an den Komplikationen des Drogenentzugs am 17. Oktober 6 Uhr früh gestorben. Damit wehren die Herausgeberinnen die Gegenthese ab, die behauptet, Ingeborg Bachmann habe zu harten Drogen und Stimulantien gegriffen und sei in den letzten Lebensjahren zusehends in Abhängigkeit zu Menschen gekommen, die ihr diese Drogen verschafft hätten. Ihr Tod sei die tragische Folge dieser Verkettungen.

Über die von der Familie auf eine ärztliche Fehlbehandlung zurückgeführte jahrelange Medikamentenabhängigkeit weiß ein enger Freund, Alfred G., folgendes anläßlich der letzten Begegnung mit Ingeborg Bachmann im August 1973 zu berichten: „Ich war zutiefst erschrocken über das Ausmaß ihrer Tablettensucht. Es müssen an die 100 Stück pro Tag gewesen sein, der Mülleimer ging über von leeren Schachteln. Sie hat schlecht ausgesehen, war wachsbleich. Und am ganzen Körper voller Flecken. Ich rätselte, was es sein konnte. Dann, als ich sah, wie ihr die Gauloise, die sie rauchte, aus der Hand glitt und auf dem Arm ausbrannte, wußte ich's: Brandwunden, verursacht von herabfallenden Zigaretten. Die vielen Tabletten hatten ihren Körper schmerzunempfindlich gemacht. Zum erstenmal hatte ich den Mut, mit ihr darüber zu sprechen, und sie ging auch darauf ein: Die Ärzte hatten ihr gesagt, man könne eine Entziehungskur versuchen – zwei Jahre Dauer, fünf Prozent Erfolgschance. ‚Wozu also dann überhaupt?‘ Trotzdem sei nichts von Lebensmüdigkeit an ihr zu beobachten gewesen: ‚Ich habe ein Herz wie ein Pferd.‘ (Börsenblatt des deutschen Buchhandels, 2. 9. 1983, 1817 f.)

Über eines lassen die Versionen vom Sterben der Dichterin nicht im Unklaren: Ihre Selbstzerstörung hatte ein Stadium erreicht, daß ein Unfall oder ein völliger Zusammenbruch und mit ihm das Ende nur noch eine Frage der Zeit zu sein schien.

Ingeborg Bachmann hat im Schreiben Eros und Thanatos, Liebe und Tod, erkundet mit der Konsequenz letzter Hingabe. Sie hat in ihr Leben das Unheil einwirken lassen, bis sie sich, trotz Kraft, Stärke und Widerstand, vom Scheitern nicht ausnehmen konnte. Das macht sie wirklicher, berührbarer, bringt sie näher. Eine einzigartige Künstlerin, eine außergewöhnliche Frau. Die Dichterin Ingeborg Bachmann hat unglaubliche Schönheiten der Sprache auf uns gebracht, mit dem Mut zur Wahrheit, mit der Anmut der Poesie. Ihre Hinterlassenschaft, das Vollkommene und das Unvollendete, fasziniert und prägt sich ein. Unübersehbar der Preis, „den jemand für das Zaubern und Bezaubern zu bezahlen hat." (GuI, 115)

Literaturangaben

Editionen

1. Werke

Werke. Herausgegeben von Christine Koschel, Inge von Weidenbaum und Clemens Münster. 4 Bände. München/Zürich 1978. Band 1: Gedichte, Hörspiele, Libretti, Übersetzungen; Band 2: Erzählungen; Band 3: Todesarten: ‚Malina' und unvollendete Romane; Band 4: Essays, Reden, Vermischte Schriften, Anhang. (Zitiert wird die leicht verbesserte ‚Sonderausgabe', 1982, mit Bandzahl und Seitenzahl im Text; von dieser Ausgabe ist das Meiste in verschiedenen Taschenbuchausgaben einzeln erhältlich im Suhrkamp Verlag, beim Deutschen Taschenbuchverlag (dtv) und in der Serie Piper)

2. Erstausgaben, Einzelausgaben

Die gestundete Zeit. Gedichte. Frankfurt am Main 1953
Anrufung des Großen Bären. München 1956
Der gute Gott von Manhattan. Hörspiel. München 1958
Jugend in einer österreichischen Stadt. Wülfrath 1961
Das dreißigste Jahr. Erzählungen. München 1961
Der gute Gott von Manhattan – Die Zikaden. Zwei Hörspiele. München 1963. (dtv-s, Bd. 14)
Gedichte, Erzählungen, Hörspiel, Essays. München 1964. (Bücher der Neunzehn, Bd. 111)
Ein Ort für Zufälle. Mit (13) Zeichnungen von Günter Grass. Berlin 1965. (Quarthefte, Nr. 6)
Gedichte. Eine Auswahl. (Nachwort: Klaus Schuhmann) Berlin/Weimar 1966
Das dreißigste Jahr. Erzählungen. (Nachwort: Klaus Schuhmann) Berlin/Weimar 1968
Malina. Roman. Frankfurt am Main 1971
Simultan. Neue Erzählungen. München 1972
Undine geht. Erzählungen. (Nachwort: Christa Wolf) Leipzig 1973. (Reclams Universal-Bibliothek, Bd. 530)

Gier. (Fragment). Aus dem literarischen Nachlaß hg. von Robert Pichl. In: *Der dunkle Schatten* (Sammelband), S. 17–61

Wir müssen wahre Sätze finden. Gespräche und Interviews. Hg. von Christine Koschel und Inge von Weidenbaum. München/Zürich 1983 (= GuI)

Ingeborg Bachmann. Bilder aus ihrem Leben. Mit Texten aus ihrem Werk. Hg. von Andreas Hapkemeyer. München/Zürich 1983

Die kritische Aufnahme der Existentialphilosophie Martin Heideggers. Aufgrund eines Textvergleichs mit dem literarischen Nachlaß hg. von Robert Pichl. Mit einem Nachwort von Friedrich Wallner. München/Zürich 1985. (Dissertation Wien 1949 [Promotion 1950], = Diss.)

„Ingeborg Bachmann in ihrem erstgeborenen Land". (Fernsehfilm.) Buch und Gestaltung: Gerda Haller. ORF Wien, 20. 10. 1973

„Der ich unter Menschen nicht leben kann". Eine Recherche. (Fernsehfilm.) Regie: Peter Hamm. Koproduktion NDR/SWF/WDR 1980. (Erstsendung SWF III, 11. 9. 1980) (= Film)

Benutzte Literatur

(Diese Auswahlbibliographie verzeichnet die für diese Darstellung benutzte Literatur. Von den zitierten Titeln sind die im Text angeführten Erstveröffentlichungen von ursprünglich in Zeitungen und Zeitschriften erschienenen Artikeln nicht eigens aufgelistet. Wiederabdrucke finden sich in den einschlägigen Bachmann-Bibliographien von O. Bareiss verzeichnet).

1. Bibliographien

Bareiss, Otto und Frauke Ohloff: *Ingeborg Bachmann.* Eine Bibliographie. Mit einem Geleitwort von Heinrich Böll. München/Zürich 1976. (Verzeichnet 2041 Titel, vor allem auch die umfangreiche Besprechungsliteratur)

Bareiss, Otto: *Auswahlbibliographie zu Ingeborg Bachmann 1953–1979/80.* In: Text + Kritik, H. 6, München 1980, (4. Aufl.), S. 62–76

Bareiss, Otto: *Ingeborg-Bachmann-Bibliographie 1977/78–1981/82.* Nachträge und Ergänzungen. In: Jahrbuch der Grillparzer-Gesellschaft, Folge 3, Bd. 15, Wien 1983, S. 173–217

Bareiss, Otto: *Auswahlbibliographie 1953–1983/84.* In: Text + Kritik. Sonderband: Ingeborg Bachmann. (Gastredaktion: Sigrid Weigel). München 1984, S. 186–215

Bareiss, Otto: *Ingeborg Bachmann-Bibliographie 1981/1982–Sommer 1985.* Nachträge und Ergänzungen. In: Jahrbuch der Grillparzer-Gesellschaft, Folge 3, Bd.16, Wien 1985, S.201–275 (Bareiss verzeichnet außer den üblichen Titeln auch die umfängliche Tageskritik, Übersetzungen in fremde Sprachen, Erwähnungen in literaturwissenschaftlichen Studien und Literaturgeschichten und bei gedruckten und ungedruckten Hochschulschriften auch die Inhaltsangaben).

Registratur des literarischen Nachlasses von Ingeborg Bachmann. Hg. von Robert Pichl. Aus den in der Österreichischen Nationalbibliothek (Wien) befindlichen Quellen erarbeitet von Christine Koschel und Inge von Weidenbaum. Wien, Institut für Germanistik, 1981. (Masch. Manuskript)

2. Sammel- und Sonderbände

Acta Neophilologica. Bd.17: Sonderband: Ingeborg Bachmann. Hg. Janez Stanonik. Ljubljana 1984. Robert Pichl: Zum literarischen Nachlaß Ingeborg Bachmanns: Ergebnisse einer ersten Übersicht, S.5–9; Mirko Križman: Ingeborg Bachmann in einem Vergleich mit der österreichischen dichterischen Tradition, S.11–19; Sigrid Schmid-Bortenschlager: Die österreichisch-ungarische Monarchie als utopisches Modell im Prosawerk von Ingeborg Bachmann, S.21–31; Neva Šlibar-Hojker: Entgrenzung, Mythos, Utopie: die Bedeutung der slovenischen Elemente im Œuvre Ingeborg Bachmanns, S.33–44; Andreas Hapkemeyer: Ingeborg Bachmann: die Grenzthematik und die Funktion des slawischen Elements in ihrem Werk, S.45–49; Anton Janko: Anmerkungen zu slowenischen Übersetzungen einiger Gedichte Ingeborg Bachmanns, S.51–59; Hans Höller: Krieg und Frieden in den poetologischen Überlegungen von Ingeborg Bachmann, S.61–70; Kurt Bartsch: „Es war Mord". Anmerkungen zur Mann-Frau-Beziehung in Bachmanns Roman ‚Malina', S.71–76; Jan-Peter Domschke: Die Träume des Herrn Laurenz, S.77–80.

Acta Universitatis Lodziensis. Folia Litteraria, Bd.11: Anrufung der großen Dichterin. Zum Gedächtnis des 10.Todestages von Ingeborg Bachmann 1973–1983. Hg. von Krzysztof A.Kuczyński. Łódź 1984. Brygida Brandys: Ingeborg Bachmann und die literarische Tradition Österreichs, S.5–17; Norbert Honsza: Eine gefallene Lyrikerin?, S.19–23; Roman Sadziński, Affirmative Negation zur Sprachphilosophie in der Lyrik Ingeborg Bachmanns, S.25–31; Anna Bronżewska: Neurotische Persönlichkeiten unserer Zeit. Einige Bemerkungen zu den Frauengestalten des epischen Werks von Ingeborg Bachmann, S.33–46; Marek Ostrowski: Die Welt der „innerlichen Bewegung" in dem Prosaband ‚Das dreißigste Jahr' von Ingeborg Bachmann. Ein Interpretationsversuch, S.47–58; Karol Koczy: Die Welt einer Frau, S.59–68; Joanna Jabłkowska: Ingeborg Bachmanns ‚Malina‘ und Max Frischs ‚Mein Name sei Gantenbein‘. Varianten derselben Geschichte, S.69–84; Zbigniew Swiatłowski: Auf der Suche nach dem Land Utopia. Zur poetologischen Position von Ingeborg Bachmann und Christa Wolf, S.85–100; Malgorzata Swiderska: Einige Bemerkunqen zum Thema: Ingeborg Bachmann und Ludwig Wittgenstein, S.101–110; Krzysztof A.Kuczyński: Ingeborg Bachmanns Polenreise, S.111–121; Brygida Brandys und K.A.Kuczyński: Ingeborg Bachmanns Aufnahme in der polnischen Literaturkritik, S.123–130; Marta Jakubowicz-Pisarek: Ingeborg Bachmanns Werk im Lichte der akademischen Forschung, S.131–144; Krzysztof A.Kuczyński: Ingeborg Bachmanns Rezeption in Polen. Materialien, S.145–150; Jan Jeziorski: Zeittafel, S.151–155

Der dunkle Schatten, dem ich schon seit Anfang folge. Ingeborg Bachmann-Vorschläge zu einer neuen Lektüre des Werks. Hg. von Hans Höller. Wien/München 1982. Ingeborg Bachmann: *Gier* (Fragment), S.17–61; Robert Pichl: Editorische Notiz, S.63–69; Christa Gürtler, ‚Der Fall Franza‘: Eine Reise durch eine Krankheit und ein Buch über ein Verbrechen, S.71–84; Sigrid Schmid-Bortenschlager: Frauen als Opfer – Gesellschaftliche Realität und literarisches Modell. Zu Ingeborg Bachmanns Erzählband ‚Sumultan‘, S.85–95; Karen Achberger: Bachmann und die Bibel. ‚Ein Schritt nach Gomorrha‘ als weibliche Schöpfungsgeschichte, S.97–110; Kurt Bartsch: Geschichtliche Erfahrung in der Prosa von Ingeborg Bachmann. Am Beispiel der Erzählungen ‚Jugend in einer österreichischen Stadt‘ und ‚Unter Mördern und Irren‘, S.111–124; Hans Höller: ‚Die gestundete Zeit‘ und ‚Anrufung des Großen Bären‘. Vorschläge zu einem neuen Verständnis, S.125–172; Gerhard Wolf: An einem kleinen Nachmittag. Brecht liest Bachmann, S.173–183; Klemens Renolder: Im ungeistigen Raum unserer traurigen Länder. Zu Utopie und Geschichte bei Christa Wolf und Ingeborg Bachmann, S.185–198; Robert Pichl: Ingeborg Bachmanns literarischer Nachlaß. Geschichte, Bestand und Aspekte seiner wissenschaftlichen Auswertbarkeit, S.199–213

Ingeborg Bachmann. Eine Einführung. München 1963. Joachim Kaiser: Ingeborg Bachmann, S.7–12; Ingeborg Bachmann: Literatur als Utopie, S.13–21; Günter Blöcker: Die gestundete Zeit; Siegfried Unseld: Anrufung des Großen Bären, S.26–30; Wolfdietrich Rasch: Eine Interpretation. Anrufung des Großen Bären, S.31–38; Werner Weber: Der gute Gott von Manhattan, S.39–43; Heinz Beckmann: Das dreißigste Jahr, S.44–51; Biographisch-bibliographischer Abriß, S.52–59

Interpretationen zu Ingeborg Bachmann. Beiträge eines Arbeitskreises. München 1976. (= Interpretationen zum Deutschunterricht.) Albrecht Weber: Didaktische Perspektiven zum Werk Ingeborg Bachmanns, S.7–42; Alfred Detter: Zu den philosophischen und sprachtheoretischen Grundlagen, S.43–57; Wolfgang Johannes Fleischer: Alle Tage,

S. 58–72; Walter Muth: Einmal muß das Fest ja kommen. Aus dem Zyklus ‚Lieder von einer Insel‘, S. 73–89; Klaus D. Post: Lieder auf der Flucht I, S. 90–109; Albrecht Weber: Das Gebell, S. 110–124

Modern Austrian Literature. Journal of the International Arthur Schnitzler Research Association, Vol. 18, No.s 3/4, 1985. Special Ingeborg Bachmann Issue. Regine K. Solibakke: „Leiderfahrung" und „homme traqué"; Zur Problemkonstante im Werk von Ingeborg Bachmann, S. 1–20; Angelika Rauch: Sprache, Weiblichkeit und Utopie bei Ingeborg Bachmann, S. 21–38; Sigrid Schmid-Bortenschlager: Spiegelszenen bei Bachmann: Ansätze einer psychoanalytischen Interpretation, S. 39–52; Leo A. Lensing: Joseph Roth and the Voices of Bachmann's Trottas: Topography, Autobiography, and Literary History in ‚Drei Wege zum See", S. 53–76; Peter West Nutting: „Ein Stück wenig realisiertes Österreich": The Narrative Topography of Ingeborg Bachmann's ‚Drei Wege zum See‘, S. 77–90; Monika Albrecht und Jutta Kallhoff: Vorstellungen auf einer Gedankenbühne: Zu Ingeborg Bachmanns ‚Todesarten‘, S. 91–104; Barbara Kunze: Ein Geheimnis der Prinzessin von Kagran: Die ungewöhnliche Quelle zu der ‚Legende‘ in Ingeborg Bachmanns ‚Malina‘, S. 105–120; Jo Ann Van Vliet: ‚Wie alle Glocken schweigen‘: Guilt and Absolution in Ingeborg Bachmann's ‚Psalm‘, S. 121–134; Kurt Bartsch: Ein Ort für Zufälle. Bachmanns Büchnerpreisrede, als poetischer Text gelesen, S. 135–146; Peter Brinkmeyer: Ingeborg Bachmanns ‚Der Fall Franza‘ als Paradigma weiblicher Ästhetik, S. 147–182; Robert Pichl: Das Wien Ingeborg Bachmanns. Gedanken zur späten Prosa, S. 183–194; Renate Delphendahl: Alienation and Self-Discovery in Ingeborg Bachmann's ‚Undine geht‘, S. 195–210; Karen Achberger: Beyond Patriarchy: Ingeborg Bachmann and Fairytales S. 211–222; Ritta Jo Horsley: Re-reading ‚Undine geht‘: Bachmann and Feminist Theory, S. 223–238; Sara Lennox: Bachmann and Wittgenstein, S. 239–260

Text + Kritik. Zeitschrift für Literatur. Hg von Heinz Ludwig Arnold. H. 6: Ingeborg Bachmann. 4. Aufl. München 1980. Hans Bender: Über Ingeborg Bachmann. Versuch eines Porträts, S. 1–9; Peter Mayer: Zeit zum Schweigen?, S. 10–17; Ingeborg Bachmann: Besichtigung einer alten Stadt, S. 18–20; Walter Helmut Fritz/Helmut Heissenbüttel: Über Ingeborg Bachmanns Roman ‚Malina‘, S. 21–27; Franz Josef Görtz: Zur Lyrik der Ingeborg Bachmann, S. 28–38; Wolfgang Hädecke: Die Hörspiele der Ingeborg Bachmann, S. 39–47; Peter Conrady: Fragwürdige Lobrednerei. Anmerkungen zur Bachmann-Kritik, S. 48–55; Otto Bareiss: Chronik zu Ingeborg Bachmanns Leben und Werk, S. 56–61; Otto Bareiss: Auswahlbibliographie zu Ingeborg Bachmann 1953–1979/1980, S. 62–76 (= T + K, 1980)

Text + Kritik. Sonderband: Ingeborg Bachmann. Gastredaktion: Sigrid Weigel. München 1984. Sigrid Weigel: Die andere Bachmann, S. 5–6;

Christa Bürger: Ich und wir. Ingeborg Bachmanns Austritt aus der ästhetischen Moderne, S. 7–27; Rita Svandrlik: Ästhetisierung und Ästhetikkritik in der Lyrik Ingeborg Bachmanns, S. 28–49; Marianne Schuller: Hörmodelle. Sprache und Hören in den Hörspielen und Libretti, S. 50–57; Sigrid Weigel: „Ein Ende mit der Schrift. Ein anderer Anfang." Zur Entwicklung von Ingeborg Bachmanns Schreibweise, S. 58–92; Helga Meise: Topographien. Lektürevorschläge zu Ingeborg Bachmann, S. 93–108; Birgit Vanderbeke: Kein Recht auf Sprache? Der sprachlose Raum der Abwesenheit in ‚Malina‘, S. 109–119; Karen Achberger: Der Fall Schönberg. Musik und Mythos in ‚Malina‘, S. 120–131; Irmela von der Lühe: Erinnerung und Identität in Ingeborg Bachmanns Roman ‚Malina‘, S. 132–149; Marianne Schuller: Wider den Bedeutungswahn. Zum Verfahren der Dekomposition in ‚Der Fall Franza‘, S. 150–155; Sara Lennox: Geschlecht, Rasse und Geschichte in ‚Der Fall Franza‘, S. 156–179; Otto Bareiss: Vita Ingeborg Bachmann, S. 180–185; Otto Bareiss: Auswahlbibliographie 1953–1983/84, S. 186–215 (= T + K, Sb)

3. Selbständige Arbeiten, ausgewählte Hochschulschriften

Angst-Hürlimann, Beatrice: Im Widerspiel des Unmöglichen mit dem Möglichen. Zum Problem der Sprache bei Ingeborg Bachmann. Zürich 1971

Bail, Gabriele: Weibliche Identität. Ingeborg Bachmanns ‚Malina‘. Göttingen 1984

Bothner, Susanne: Ingeborg Bachmann: Der janusköpfige Tod. Versuch der literaturpsychologischen Deutung eines Grenzgebietes der Lyrik unter Einbeziehung des Nachlasses. Frankfurt am Main/Bern/ New York 1986. (Europäische Hochschulschriften, Bd. 906.)

Crews, Elisabeth: Wort und Wahrheit. Das Problem der Sprache in der Prosa Ingeborg Bachmanns. University of Minnesota, Minneapolis/ MN 1977. (Diss., masch.)

Fehl, Peter: Sprachskepsis und Sprachhoffnung im Werk Ingeborg Bachmanns. Mainz 1970. (Diss., masch.)

Fried, Erich: „Ich grenz noch an ein Wort und an ein andres Land". Über Ingeborg Bachmann. – Erinnerung, einige Anmerkungen zu ihrem Gedicht „Böhmen liegt am Meer" und ein Nachruf. Berlin 1983

Funke, Horst-Günter: Ingeborg Bachmann. Zwei Hörspiele. ‚Die Zikaden‘. ‚Der gute Gott von Manhattan‘. Interpretation. München 1969. (Interpretationen zum Deutschunterricht.)

Gürtler, Christa: Schreiben Frauen anders? Untersuchungen zu Ingeborg Bachmann und Barbara Frischmuth. Stuttgart 1983. (Stuttgarter Arbeiten zur Germanistik, Bd. 8.)

Hapkemeyer, Andreas: Ingeborg Bachmanns früheste Prosa. Struktur und Thematik. Bonn 1982. (Abhandlungen zur Kunst-, Musik- und Literaturwissenschaft, 332.)

Hapkemeyer, Andreas: Die Spachthematik in der Prosa Ingeborg Bachmanns. Todesarten und Sprachformen. Frankfurt am Main/Bern 1982. (Europäische Hochschulschriften, Bd. 496.)

Holschuh, Albrecht: Utopismus im Werk Ingeborg Bachmanns: Eine thematische Untersuchung. Princeton University. Princeton 1964. (Diss., masch.)

Jakubowicz-Pisarek, Marta: Stand der Forschung zum Werk von Ingeborg Bachmann. Frankfurt am Main/Bern/New York 1984. (Europäische Hochschulschriften, Bd. 753.)

Johnson, Uwe: Eine Reise nach Klagenfurt. Frankfurt am Main 1974. (Suhrkamp Taschenbuch, Bd. 235.)

Jurgensen, Manfred: Ingeborg Bachmann. Die neue Sprache. Bern/Frankfurt am Main/Las Vegas 1981

Klaubert, Annette: Symbolische Strukturen bei Ingeborg Bachmann. ,Malina‘ im Kontext der Kurzgeschichten. Bern/Frankfurt am Main/New York 1983. (Europäische Hochschulschriften, Bd. 662.)

Mechtenberg, Theo: Utopie als ästhetische Kategorie. Eine Untersuchung der Lyrik Ingeborg Bachmanns. Stuttgart 1978. (Stuttgarter Arbeiten zur Germanistik, Nr. 47)

Pausch, Holger: Ingeborg Bachmann. Berlin 1975. (Köpfe des XX. Jahrhunderts, Bd. 181.)

Reinert, Claus: Unzumutbare Wahrheiten? Einführung in Ingeborg Bachmanns Hörspiel ,Der gute Gott von Manhattan‘. Bonn 1983. (Abhandlungen zur Kunst-, Musik- und Literaturwissenschaft, Bd. 346.)

Scheibe, Susanne: Schreiben als Antwort auf den Abschied. Eine Untersuchung zu Ingeborg Bachmanns ,Malina‘ unter Berücksichtigung des Romans von Emma Santos ,Ich habe Emma S. getötet‘. Frankfurt am Main 1983

Steiger, Robert: ,Malina‘. Versuch einer Interpretation des Romans von Ingeborg Bachmann. Heidelberg 1978. (Beiträge zur neueren Literaturgeschichte. Folge 3, Bd. 41.)

Stoffer-Heibel, Cornelia: Metaphernstudien. Versuch einer Typologie der Text- und Themafunktion der Metaphorik in der Lyrik Ingeborg Bachmanns, Peter Huchels und Hans Magnus Enzensbergers. Stuttgart 1981. (Stuttgarter Arbeiten zur Germanistik, Nr. 96.)

Summerfield, Ellen: Ingeborg Bachmann. Die Auflösung der Figur in ihrem Roman ,Malina‘. Bonn 1976. (Studien zur Germanistik, Anglistik u. Komparatistik, Bd. 40.)

Thau, Bärbel: Gesellschaftsbild und Utopie im Spätwerk Ingeborg Bachmanns. Untersuchungen zum ,Todesarten-Zyklus‘ und zu ,Simultan‘. Frankfurt am Main/Bern/New York 1986. (Europäische Hochschulschriften, Bd. 893.)

Thiem, Ulrich: Die Bildsprache der Lyrik Ingeborg Bachmanns. Köln 1972. (Diss., masch.)

Weber, Hermann: An der Grenze der Sprache. Religiöse Dimension der Sprache und biblisch-christliche Metaphorik im Werk Ingeborg Bachmanns. Essen 1986. (Germanistik in der Blauen Eule, Bd. 7.)

4. Einzeldarstellungen/Würdigungen zu Leben und Werk

Achberger, Karen: Literatur als Libretto. Das deutsche Opernbuch seit 1945. Heidelberg 1980 (Reihe Siegen. Beiträge zur Literatur- und Sprachwissenschaft, Bd. 21.) Zu ‚Der Prinz von Homburg‘ (S. 122–132) und ‚Der junge Lord‘ (S. 182–184)

Aichinger, Ingrid: „Im Widerspiel des Möglichen mit dem Unmöglichen". Das Werk der österreichischen Dichterin Ingeborg Bachmann. In: Österreich in Geschichte und Literatur. Graz. Jg. 12, H. 4, 1968, S. 207–227

Atzler, Elke: Ingeborg Bachmanns Roman ‚Malina‘ im Spiegel der literarischen Kritik. In: Jahrbuch der Grillparzer-Gesellschaft. Folge 3, Bd. 15, Wien 1983, S. 155–171

Bartsch, Kurt: „Die frühe Dunkelhaft". Zu Ingeborg Bachmanns Erzählung ‚Jugend in einer österreichischen Stadt‘. In: Literatur und Kritik, Jg. 14, H. 131, 1979, S. 33–43

Bartsch, Kurt: Die Hörspiele von Ingeborg Bachmann. In: Die Andere Welt. Aspekte der österreichischen Literatur des 19. und 20. Jahrhunderts. Festschrift für H. Himmel. Hg. von K. B., Dietmar Goltschnigg u. a. Bern/München 1979, S. 311–334

Bartsch, Kurt: „Ein nach vorn geöffnetes Reich von unbekannten Grenzen". Zur Bedeutung Musils für Ingeborg Bachmanns Literaturauffassung. In: Robert Musil. Untersuchungen. Hg. von Uwe Baur und Elisabeth Castex. Königstein (Ts.) 1980, S. 162–169

Bartsch, Kurt: „Schichtwechsel"? Zur Opposition von feminin-emotionalen Ansprüchen und maskulin-rationalem Realitätsdenken bei Ingeborg Bachmann. In: Frauenliteratur. Autorinnen, Perspektiven, Konzepte. Hg. von Manfred Jurgensen. München 1985, S. 76–89. (dtv, Nr. 10391)

Batt, Kurt: Die Exekution des Erzählers. Westdeutsche Romane zwischen 1968 und 1972. Frankfurt am Main 1974.

Bender, Wolfgang: Ingeborg Bachmann. In: Deutsche Literatur der Gegenwart in Einzeldarstellungen. Hg. von Dietrich Weber. Bd. 1, Stuttgart 1976, S. 584–604

Bergsten, Gunilla: Liebe als Grenzübertritt: Eine Studie über Ingeborg Bachmanns Hörspiel ‚Der gute Gott von Manhattan‘. In: Deutsche Weltliteratur. Von Goethe bis Ingeborg Bachmann. Festgabe für I. A. Pfeffer. hg. von K. W. Jonas. Tübingen 1972, S. 277–289

Böschenstein, Bernhard: Ingeborg Bachmann. In: Die deutsche Lyrik 1945–1975. Zwischen Botschaft und Spiel. Hg. von Klaus Weissenberger. Düsseldorf 1981, S. 254–263

Brinkmann, Hennig: Worte ziehen Worte nach sich. Entwerfende Zeichen in ‚Undine geht' von Ingeborg Bachmann. In: Wirkendes Wort Jg. 31, H. 4, Juli/August 1981, S. 225–240

Burger, Hermann: Undine bleibt. Zu Ingeborg Bachmanns Gesamtwerk. In: H. B.: Ein Mann aus Wörtern. Frankfurt am Main 1983, S. 56–70

Dierick, Augustinus P.: Eros and Logos in Ingeborg Bachmann's ‚Simultan'. In: German Life and Letters N. S. Vol. 35, No. 1, 1981, S. 73–84

Dodds, Dinah: The Lesbian Relationship in Bachmann's ‚Ein Schritt nach Gomorrha'. In: Monatshefte für den deutschen Unterricht. Vol. 72, No. 4, Winter 1980, S. 431–438

Eifler, Margret: Ingeborg Bachmann: ‚Malina'. In: Modern Austrian Literature. Vol. 12, No. 3/4: Special Issue on Austrian Women Writers. 1979, S. 373–391

Endres, Ria: „Die Wahrheit ist dem Menschen zumutbar". Zur Dichtung der Ingeborg Bachmann. In: Neue Rundschau, Jg. 92, H. 4, November 1981, S. 71–97

Fischerova, Viola: Ingeborg Bachmanns ‚Der gute Gott von Manhattan' – ein Mythos? In: Literatur und Kritik. Jg. 12, H. 115, Juni 1977, S. 279–290

Frieden, Sandra: Bachmann's ‚Malina' and ‚Todesarten': Subliminal Crimes. In: The German Quarterly. Vol. 56, No. 1, January 1983, S. 61–73

Frieden, Sandra: Autobiography: Self into Form. German-Language Autobiographical Writings of the 1970's. Frankfurt am Main/Bern/New York 1983. (Forschungen zur Literatur- und Kulturgeschichte, Bd. 2.)

Gerhardt, Marlis: Kein bürgerlicher Stern, nichts, nichts konnte mich je beschwichtigen. Essays zur Kränkung der Frau. Neuwied/Darmstadt 1982, S. 131–141 (zu ‚Malina'). (Sammlung Luchterhand, 393.)

Gerstenlauer, Wolfgang: Undines Wiederkehr. Fouqué – Giraudoux – Ingeborg Bachmann. In: Die neueren Sprachen. N. F. Bd. 19, H. 10, Oktober 1970, S. 514–527

Die Gruppe 47. Bericht, Kritik, Polemik. Ein Handbuch. Hg. von Reinhard Lettau. Neuwied/Berlin 1967

Heck, Wilfried: Ingeborg Bachmann ‚Die gestundete Zeit'. Eine Interpretation. In: Diskussion Deutsch. Jg. 9, H. 40, April/Mai 1978, S. 151–165

Höller, Hans: Der ‚Todesarten-Zyklus' des 19. Jahrhunderts: Ingeborg Bachmann und Franz Grillparzer. In: Jahrbuch der Grillparzer-Gesellschaft. Folge 3. Bd. 15, 1983, S. 141–153

Hoffmann, Gerhard: Sternenmetaphorik im modernen deutschen Gedicht und Ingeborg Bachmanns ‚Anrufung des Großen Bären'. Germanisch-romanische Monatsschrift. N. F. Bd. 14, H. 2, April 1964, S. 198–208

Holeschofsky, Irene: Bewußtseinsdarstellung und Ironie in Ingeborg Bachmanns Erzählung ‚Simultan'. In: Sprachkunst. Beiträge zur Literaturwissenschaft. Jg. 11, Halbbd. 1, 1980, S. 63–70

Holthusen, Hans Egon: Kämpfender Sprachgeist. Die Lyrik Ingeborg Bachmanns. In: H. E. H.: Das Schöne und das Wahre. Neue Studien zur modernen Literatur. München 1958, S. 246–276

Horn, Peter: Anruf und Schweigen in den Gedichten von Ingeborg Bachmann. In: Acta Germanica. Bd. 4, 1969, S. 67–103

Horsley, Ritta Jo: Ingeborg Bachmann's ‚Ein Schritt nach Gomorrha': A Feminist Appreciation and Critique. In: Gestaltet und Gestaltend. Frauen in der deutschen Literatur. Hg. von Marianne Burkhard. Amsterdam 1980, S. 277–293. (Amsterdamer Beiträge zur neueren Germanistik, Bd. 10.)

Janz, Marlies: Haltlosigkeiten: Paul Celan und Ingeborg Bachmann. In: Das schnelle Altern der neuesten Literatur. Essays zu deutschsprachigen Texten zwischen 1968–1984. Hg. von Jochen Hörisch und Hubert Winkels. Düsseldorf 1985, S. 31–39

Jurgensen, Manfred: ‚Todesarten' der Sprache: Der Erzählprozeß als Ästhetik der Reflexion. Anmerkungen zu Ingeborg Bachmann, Thomas Bernhard und Peter Handke. In: Erzählung und Erzählforschung im 20. Jahrhundert. Hg. von Rolf Kloepfer und Gisela Janetzke-Dillner. Stuttgart 1981, S. 341–358

Jurgensen, Manfred: Ingeborg Bachmann. In: M. J.: Deutsche Frauenautoren der Gegenwart. Bachmann. Reinig, Wolf, Wohmann, Struck, Leutenegger, Schwaiger. Bern 1983, S. 23–52

Jurgensen, Manfred: Das Bild Österreichs in den Werken Ingeborg Bachmanns, Thomas Bernhards und Peter Handkes. In: Für und wider eine österreichische Literatur. Hg. von Kurt Bartsch, Dietmar Goltschnigg u. a. Königstein (Ts.) 1982, S. 152–174

Kienlechner, Sabina: Blick zurück nach vorn. In: Freibeuter. H. 16, Herbst 1983, S. 93–107

Klinger, Kurt: Hofmannsthal und Ingeborg Bachmann. Beispiel einer Nachwirkung. In: Literatur und Kritik. Heft 157/158, August/September 1981, S. 392–406

Koch-Klenske, Eva: Die vollkommene Vergeudung. Eine Lesart des Romans ‚Malina' von Ingeborg Bachmann. In: Die Sprache des Vaters im Körper der Mutter. Literarischer Sinn und Schreibprozeß. Hg. von Rolf Haubl u. a. Giessen 1984, S. 115–131

Kreis, Rudolf: Plädoyer für ein Lesen „am Leitfaden des Leibes". Zu Wilfried Hecks Interpretation von Ingeborg Bachmanns Gedicht ‚Die gestundete Zeit'. In: Diskussion Deutsch, Jg. 9, H. 44, Dezember 1978/Januar 1979, S. 589–603

Lehnert, Herbert: Struktur und Sprachmagie. Zur Methode der Lyrik-Interpretation. Stuttgart 1966, S. 100–106. (Zu „Im Gewitter der Rosen".)

Lennox, Sara: In the Cemetery of the Murdered Daughters: Ingeborg

Bachmann's ‚Malina'. In: Studies in Twentieth Century Literature. Vol.5. No.1 Fall 1980, S.75–105

Lindemann, Gisela: Der Ton des Verratenseins. Zur Werkausgabe der Ingeborg Bachmann. In: Neue Rundschau. Jg.90, H.2, Juli 1979, S.269–274

Lühe, Irmela von der: „Ich ohne Gewähr": Ingeborg Bachmanns Frankfurter Vorlesungen zur Poetik. In: Entwürfe von Frauen in der Literatur des 20.Jahrhunderts. Hg. von I.v.d.L. Berlin 1982, S.106–131. (Argument Sonderband, 92.)

Lühe, Irmela von der: Ingeborg Bachmann. „Daß unsere Kraft weiter reicht als unser Unglück". In: Courage, Jg.8, H.9, September 1983, S.16–22

Lühe, Irmela von der: Schreiben und Leben: Der Fall Ingeborg Bachmann. In: Feministische Literaturwissenschaft. Hg. von Inge Stephan und Sigrid Weigel. Berlin 1983, S.43–53. (Argument Sonderband, 120.)

Marsch, Edgar: Ingeborg Bachmann. In: Deutsche Dichter der Gegenwart. Ihr Leben und ihr Werk. Hg. von Benno von Wiese. Berlin 1973, S.515–530

Mauch, Gudrun B.: Ingeborg Bachmanns Erzählband ‚Simultan'. In: Modern Austrian Literature. Vol.12, No.3/4, 1979, S.273–304

Mauser, Wolfram: Ingeborg Bachmanns „Landnahme". Zur Metaphernkunst der Dichterin. In: Sprachkunst Jg.1, H.3, 1970, S.191–206

Mauser, Wolfram: Ingeborg Bachmann. Flucht-Linien ihrer Lyrik. In: Formen der Lyrik in der österreichischen Gegenwartsliteratur. Hg. von Wendelin Schmidt-Dengler. Wien 1981, S.56–69

Mechtenberg, Theo: Ingeborg Bachmanns ‚Lieder von einer Insel'. In: Germanica Wratislaviensia. Vol.30, 1977, S.119–131

Mejcher, Annemarie: Über Ingeborg Bachmanns Roman ‚Malina'. In: Wissenschaft und Zärtlichkeit. No.7, 1980, S.27–38; No.8, 1980, S.32–43

Michel, Willy: Das Problem der Erzähleraufspaltung. Versuch eines psychologisch-hermeneutischen Zugangs zu Ingeborg Bachmanns Roman ‚Malina'. In: W.M.: Die Aktualität des Interpretierens. Heidelberg 1978, S.142–161

Neumann, Peter Horst: Vier Gründe einer Befangenheit. Über Ingeborg Bachmann. In: Merkur, Jg.32, H.11, November 1978, S.1130–1136

Neumann, Peter Horst: Ingeborg Bachmanns Böhmisches Manifest. In: Gedichte und Interpretationen. Bd.6: Gegenwart. Hg. von Walter Hinck. Stuttgart 1982, S.84–91

Oelman, Ute Maria: Deutsche poetologische Lyrik nach 1945: Ingeborg Bachmann, Günter Eich, Paul Celan. Stuttgart 1980. (Stuttgarter Arbeiten zur Germanistik, Nr.74)

Pichl, Robert: Das Werk Ingeborg Bachmanns. Probleme und Aufgaben. In: Literaturwissenschaftliches Jahrbuch. N.F. Bd.17, 1978, S.373–385. (Im Auftrag der Görres-Gesellschaft für 1976.)

Pichl, Robert: Das Werk Ingeborg Bachmanns – Ein neues Problem für die österreichische Literaturwissenschaft. In: Literatur und Literaturgeschichte in Österreich. Hg. von Ilona T. Erdélyi. Budapest/Wien 1979, S. 247–256

Pichl, Robert: Voraussetzungen und Problemhorizont der gegenwärtigen Ingeborg-Bachmann-Forschung. In: Jahrbuch der Grillparzer-Gesellschaft. 3. Folge. Bd. 14, Wien 1980, S. 77–93

Politzer, Heinz: Ingeborg Bachmann: „Das Spiel ist aus". In: Views and Reviews of Modern German Literature. Festschrift for Adolf D. Klarman. Hg. von Karl S. Weimar. München 1974, S. 171–180

Praag, Charlotte van: ‚Malina' von Ingeborg Bachmann, ein verkannter Roman. In: Neophilologus. Vol. 66, No. 1, 1982, S. 111–125

Probst, Gerhard F.: Mein Name sei Malina – Nachdenken über Ingeborg Bachmann. In: Modern Austrian Literature, Vol. 11, No. 1, 1978, S. 103–119

Probst, Gerhard F.: Ingeborg Bachmanns Wortspiele. In: Modern Austrian Literature, Vol. 12, No. 3/4, 1979, S. 325–345

Probst, Gerhard F.: Zur Symbolik und Kompositionstechnik bei Ingeborg Bachmann. In: Modern Austrian Literature, Vol. 3, No. 3, 1970, S. 19–35

Püschel, Ursula: „Exilierte und Verlorene". Ingeborg Bachmann. In: Kürbiskern, Jg. 14, H. 1, 1978, S. 107–122

Raeber, Kuno: Bis zuletzt in der Schwebe . . . Erinnerung an Ingeborg Bachmann. In: Süddeutsche Zeitung, 12./13. Okt. 1974, S. 85–86. Auch in: Reformatio, Jg. 24, H. 2, Febr. 1975, S. 107–114

Reich-Ranicki, Marcel: Anmerkungen zur Lyrik und Prosa der Ingeborg Bachmann. In: M. R.-R.: Deutsche Literatur in West und Ost. Prosa seit 1945. München 1966, S. 185–199

Reich-Ranicki, Marcel: Ingeborg Bachmann. Die Dichterin wechselt das Repertoire. In: M. R.-R.: Entgegnung. Zur deutschen Literatur der siebziger Jahre. Stuttgart 1979, S. 152–157

Reinhardt, George W.: Form as Consolation: Thematic development in Ingeborg Bachmann's ‚Malina'. In: Symposium, Vol. 33, No. 1 Spring 1979, S. 41–64

Hans Werner Richter und die Gruppe 47. Mit Beiträgen von Walter Jens, Marcel Reich-Ranicki u. a. München 1979

Riedel, Ingrid: Traum und Legende in Ingeborg Bachmanns ‚Malina'. In: Psychoanalytische und psychopathologische Literaturinterpretation. Hg. von Bernd Urban und Winfried Kudszus. Darmstadt 1981, S. 178–207. (Wissenschaftliche Buchgesellschaft. Ars interpretandi, Bd. 10.)

Schadewaldt, Wolfgang: Das Wort der Dichtung. Mythos und Logos. In: Gestalt und Gedanke. Ein Jahrbuch. Hg. von der Bayerischen Akademie der Schönen Künste. Folge 6. München 1960, S. 90–120

Schlenstedt, Dieter: Falle und Flucht. Die ersten Erzählungen von Ingeborg Bachmann. In: Neue deutsche Literatur, Jg.9. H.12, 1961, S.109–114

Schoolfield, George C.: Ingeborg Bachmann. In: Essays on Contemporary German Literature. Hg. von Brian Keith-Smith. London 1966, S.185–212

Seidel, Heide: Ingeborg Bachmann und Ludwig Wittgenstein. Person und Werk Ludwig Wittgensteins in den Erzählungen ‚Das dreißigste Jahr‘ und ‚Ein Wildermuth‘. In: Zeitschrift für Deutsche Philologie. Bd.98, H.2, Juni 1979, S.267–282

Serke, Jürgen: Ingeborg Bachmann. In: J.S.: Frauen schreiben. Ein neues Kapitel deutschsprachiger Literatur. Hamburg 1979, S.122–135

Strobl, Ingrid: Der Fall Bachmann. In: Emma. No.10. Oktober 1983, S.32–35

Summerfield, Ellen: Verzicht auf den Mann. Zu Ingeborg Bachmanns Erzählungen ‚Simultan‘. In: Die Frau als Heldin und Autorin. Neue kritische Ansätze zur deutschen Literatur. Hg. von Wolfgang Paulsen. Bern/München 1979, S.211–216

Summerfield, Ellen: Ingeborg Bachmanns Sprachverständnis. In: Neophilologus. Vol.62, No.1, January 1978, S.119–130

Völker-Hezel, Barbara: Nicht das Reich der Männer und nicht das der Weiber. Ingeborg Bachmanns Blick auf das ganze Unglück. In: Frauen über Frauen, Hg. von Jan Aler und Charlotte von Praag. Amsterdam 1982, S.28–43

Wallner, Friedrich: Die Grenzen der Sprache als Grenzen der Welt. Wittgensteins Bedeutung für die moderne österreichische Dichtung (demonstriert am Beispiel Ingeborg Bachmann). In: Österreich in Geschichte und Literatur. Wien Jg.25, H.2, 1981, S.73–85

Weigel, Hans: Ingeborg Bachmann. In: H.W.: In Memoriam. Graz/Wien/Köln 1979, S.14–27

Weigel, Sigrid: Vom Sehen zur Seherin. Christa Wolfs Umdeutung des Mythos und die Spur der Bachmann-Rezeption in ihrer Literatur. In: Text+Kritik. Bd.46: Christa Wolf. 3. erw.Aufl. München 1985, S.67–92

Witte, Bernd: Ingeborg Bachmann. In: Kritisches Lexikon zur deutschsprachigen Gegenwartsliteratur (KLG). Bd.1. München 1978ff. (12 S. Loseblatt)

Witte, Bernd: Ingeborg Bachmann. In: Neue Literatur der Frauen. Deutschsprachige Autorinnen der Gegenwart. Hg. von Heinz Puknus. München 1980, S.33–43. (Beck'sche Schwarze Reihe, 227)

Witte, Bernd: Schmerzton. Ingeborg Bachmann. Perspektiven einer feministischen Literatur. In: Die Horen Jg.28, H.4, No.132, 1983, S.76–82

Wolf, Christa: Die zumutbare Wahrheit. Prosa der Ingeborg Bachmann. In: C.W. Lesen und Schreiben. Neue Sammlung. Neuwied/Darmstadt 1980, S.172–185. (Sammlung Luchterhand, 295)

Wolf, Christa: Voraussetzungen einer Erzählung: Kassandra. Frankfurter

Poetik-Vorlesungen. Darmstadt und Neuwied 1983, S.127–130; 149–154

Wolf, Gerhard: An einem kleinen Nachmittag. Brecht liest Bachmann. In: G.W.: Im deutschen Dichtergarten. Lyrik zwischen Mutter Natur und Vater Staat. Darmstadt/Neuwied 1985, S.97–119 [mit Faksimiles]. (Sammlung Luchterhand, 626) Auch in dem Ingeborg Bachmann-Sammelband *Der dunkle Schatten . . .*, hg. v. H.Höller

5. Weitere Titel

Büchner, Georg: Werke und Briefe. Nach der hist.-krit. Ausgabe von Werner R.Lehmann. München 1980. (dtv, 2065)

Cixous, Hélène: Weiblichkeit in der Schrift. Berlin 1980

Frisch, Max: Montauk. Eine Erzählung. In: M.F.: Gesammelte Werke in zeitlicher Folge. Bd.VI, 2, 1968–1975. Frankfurt am Main 1976. (werkausgabe edition suhrkamp, 12)

Hage, Volker: Max Frisch. Reinbek bei Hamburg 1983 (Rowohlts monographien, 321)

Hakel, Hermann: Aus den Tagebüchern 1948. In: Vom Reich zu Österreich. Kriegsende und Nachkriegszeit, erinnert von Augen- und Ohrenzeugen. Hg. von Jochen Jung. Salzburg/Wien 1983, 118–121

Irigaray, Luce: Speculum. Spiegel des anderen Geschlechts. Frankfurt am Main 1980. (edition suhrkamp, 946)

Irigaray, Luce: Zur Geschlechterdifferenz. Interviews und Vorträge. Wien 1987

Kein Wunderland für Alice? Frauenutopien. Hg. von Antje Vollmer. Hamburg 1986

Musil, Robert: Der Mann ohne Eigenschaften. Roman. Hg. von Adolf Frisé. Hamburg 1952 (= MoE)

Schwitzke, Heinz: Das Hörspiel. Dramaturgie und Geschichte. Köln 1963

Weil, Simone: Fabriktagebuch und andere Schriften zum Industriesystem. Frankfurt am Main 1978 (edition suhrkamp, 940)

Wittgenstein, Ludwig: Tractatus logico-philosophicus. Logisch-philosophische Abhandlung. Frankfurt am Main 1964 (edition suhrkamp, 12)

Wittgenstein, Ludwig: Philosophische Untersuchungen. Frankfurt am Main 1977 (suhrkamp taschenbuch wissenschaft, 203)

Uneingesehener bibliographischer Nachtrag:

Höller, Hans: *Ingeborg Bachmann, Das Werk. Von den frühesten Gedichten bis zum „Todesarten"-Zyklus.* Frankfurt am Main 1987

Autorenbücher

Es liegen Bände vor über

Alfred Andersch

Gottfried Benn

Thomas Bernhard

Heinrich Böll

Volker Braun

Elias Canetti

Heimito
von Doderer

Alfred Döblin

Friedrich
Dürrenmatt

Günter Eich

Lion Feuchtwanger

Hubert Fichte

Max Frisch

Günter Grass

Max von der Grün

Peter Härtling

Peter Handke

Georg Heym

Stefan Heym

Wolfgang
Hildesheimer

Rolf Hochhuth

Walter Jens

Uwe Johnson

Erich Kästner

Marie Luise
Kaschnitz

Walter Kempowski

Alexander Kluge

Franz Xaver
Kroetz

Siegfried Lenz

Heiner Müller

Adolf Muschg

Hans Erich
Nossack

Ulrich Plenzdorf

Peter Rühmkorf

Nelly Sachs

Arno Schmidt

Anna Seghers

Kurt Tucholsky

Günter Wallraff

Martin Walser

Peter Weiss

Dieter Wellershoff

Gabriele
Wohmann

Christa Wolf

Carl Zuckmayer

Weitere Bände in Vorbereitung

Zur Geschichte der Frauenliteratur
Bücher im Verlag C.H. Beck

Gisela Brinker-Gabler (Hrsg.)
Deutsche Literatur von Frauen
Band 1: Vom Mittelalter bis zum Ende des 18. Jahrhunderts
1988. Etwa 600 Seiten mit ca. 50 Abbildungen. Leinen.

Band 2: 19. und 20. Jahrhundert
in Vorbereitung

Gisela Lindemann
Ilse Aichinger
1988. 112 Seiten. Paperback.
Beck'sche Reihe Band 604

Moray McGowan
Marieluise Fleißer
1987. 174 Seiten. Paperback.
Beck'sche Reihe Band 601

Elsbeth Pulver
Marie Luise Kaschnitz
1984. 175 Seiten. Paperback.

Ehrhard Bahr
Nelly Sachs
1980. 226 Seiten. Paperback.

Klaus Sauer
Anna Seghers
1978. 183 Seiten. Paperback.

Alexander Stephan
Christa Wolf
3., überarbeitete Auflage 1987.
200 Seiten. Paperback.
Beck'sche Reihe Band 603

Autoren der Gegenwart
in der Reihe Autorenbücher

Erhard Schütz
Alfred Andersch
1980. 153 Seiten. Paperback.

Bernhard Sorg
Thomas Bernhard
1977. 222 Seiten. Paperback.

Jay Rosellini
Volker Braun
1983. 200 Seiten. Paperback.

Heinz F. Schafroth
Günter Eich
1976. 155 Seiten. Paperback.

Alexander Stephan
Max Frisch
1983. 179 Seiten. Paperback.

Hanspeter Brode
Günter Grass
1979. 226 Seiten. Paperback.

Rainer Nägele/Renate Voris
Peter Handke
1978. 154 Seiten. Paperback.

Heinz Puknus
Wolfgang Hildesheimer
1978. 165 Seiten. Paperback.

Verlag C.H.Beck, München